한국에서 만나는
세계 거장들의 건축

한국에서 만나는
세계 거장들의 건축

정균영의 **건축여행**

더봄

한국에서 만나는
세계 거장들의 건축

제1판 1쇄 인쇄	2024년 12월 12일
제1판 1쇄 발행	2024년 12월 16일

지은이	정균영
펴낸이	김덕문
책임편집	손미정
디자인	블랙페퍼디자인
영업책임	이종률
제작	정우미디어

펴낸곳	더봄
등록일	2015년 4월 20일
주소	인천시 중구 흰바위로 59번길 8, 1013호(버터플라이시티)
대표전화	02-975-8007 ‖ **팩스** 02-975-8006
전자우편	thebom21@naver.com
블로그	blog.naver.com/thebom21

ⓒ 정균영, 2024
ISBN 979-11-92386-29-4 03910

차례

프롤로그

환경건축의 원조이자 화가인 오스트리아 건축가 프리덴슈라이히 훈데르트 바서Friedensreich Hundertwasser*는 건축을 제3의 피부라고 했다. 실제 피부, 옷, 건축, 사회, 지구환경에 차례로 피부의 순위를 매긴 것이다. 지속가능성이 가장 크게 이슈가 되고 있는 요즘 그의 건축을 보는 관점과 문제의식에 동의할 수밖에 없다. 그만큼 환경, 사회적 소통, 공공성 등을 포함한 지속가능성의 문제는 현대건축에 있어서 끊임없이 탐구하고 해결해야 할 핵심 과제다. 실제 본서에서 소개하려고 하는 모든 건축가와 건축에서 그런 과제가 중요시되고 있음을 알 수 있다. 나는 한술 더 떠 건축을 제2의 육체라 부르고 싶다. 건축은 인간의 삶에 보호막인 피부 이상의 복합적인 영향을 미친다. 인간의 육체적 메커니즘이 정신적인 것을 포함한 삶의 기본적인 것을 지탱해주는 근원이듯이 우리가 거주하고 활동하는 공간과 건축물들은 육체와 정신적 삶 모두에 근원적으로 관여하고 있다. 일본의 거장 안도 다다오는 다음의 인터뷰를 통해 건축이 우리 삶에 얼마나 깊이 있게 관여하고 있는지를 고백하고 있다.

"그리스에서 파르테논을 보았고, 로마에서 판테온을, 그리고 르 코르뷔지에Le Corbusier의 많은 작품을 보았다. 건축이 창조적인 힘이 될 수 있다는 것, 건물이 풍우

로마의 판테온

를 막아주는 것 이상이라는 것을 내가 알게 된 것은 그때였다."[1]

나는 이런 깨달음을 건축을 공부하면서 좀 더 명확하게 얻게 되었다.

중학교 때 기술이라는 과목에서 설계에 대해 처음 알게 됐다. 제대로 된 설계 도구는 없었지만 모눈종이에 간단한 기능의 자와 컴퍼스를 가지고 설계도에 기본적인 것들을 표현하는 게 꽤 재미가 있었다. 비록 단순 평면도에 불과했지만 모눈종이 위에 경계를 만들어 내고, 창과 문을 표시하고, 각종 설계기호를 이용해서 나만의 상상적 공간을 구성해 가는 재미를 느낄 수 있었다. 그 순간 마음은 이미 공간을 체험하고 있었다. 그래서 좋아하는 몇 안 되는 수업 중 하나가 기술 시간이었다. 그때 나는 재미 삼아 미래 나의 집을 상상하면서 설계사 흉내를 내며 평면도를 그려놓기까지 했다. 30대 초반까지 보관해서 가끔 꺼내 보곤 했는데 이사하는 과정에서 짐을 정리하는 와중에 버려진 듯하다. 지금도 그걸 잃어버린 것이 너무 속이 상하다. 나에게는 꿈이고 보물 같은 것인데 말이다.

내가 그린 그 설계도의 집은 낮은 뒷동산 밑자락에 있는 시골 집터에 지어질 현대와 전통이 어우러진 근사한 퓨전 주택이었다. 그 당시 시골 고향집은 대지가 300여 평으로 넉넉했다. 우리 집은 종가이면서 그 시절 시골 여느 보통의 가족처럼 3대가 모여 사는 대가족이라 당연히 3대가 모여 사는 그런 대가족의 삶을 염두에 두고 그린 설계도였다. 좀 더 설명을 하자면 그 당시 로망이었던 2층 양옥 본채에 현대식 앞 정원이 있고, 한국식 벽돌담을 본채에 잇대어 후원과의 경계를 만들어 사극의 무대인 궁궐에나 나올 법한 예쁜 쪽문을 통해 비밀스럽고 아늑한 전통식 후원으로 들어가게 된다. 앞 정원과는 완전히 다른 분위기의 세계가 펼쳐지는 것이다. 그 후원은 나지막한 뒷동산과 인접해 있기 때문에 산과의 경계를 낮은 전통 담장으로 둘러 운치 있게 장식하고, 후원 안에는 한옥 별채와 작은 정자 하나씩을 두었다. 담장 밖에는 시골 뒷산의 흔한 수종인 소나무와 참나무 등이 병풍 역할을 해줄 것이고, 거기에 더해 밤나무와 대나무를 의도적으로 담에 인접해 심어놓으면 장독대가 있는 시골집 뒤꼍의 정취를 살릴 수 있을 뿐더러 풍광도 훨씬 풍부해진다. 후원에 2층 본채와 적당한 거리를 두고 감나무도 한 그루 심어서 가을이 되면 본채 2층에 마련된 넓은 다용도 서재의 통창 가까이까지 나뭇가지가 늘어진다. 그러면 서재는 주홍빛으로 주렁주렁 익은 감과, 잎이 붉게 물든 감나무를 감상하며 가을을 만끽할 수 있는 서정적인 공간이 된다. 서재에서 바라보는 현대식 앞 정원과 후원의 풍광은 계절, 날씨, 시간대별로 다양한 정취와 느낌을 내게 선물해 줄 것이다. 후원의 한옥 별채와 작은 정자는 홀로 즐기거나 혹은 친한 지인들을 초대해서 함께하는 시간들을 더욱 감성 충만하게 만들어 주리라 기대하며 구상했다. 한마디로 본채를 중심으로 앞의 풍광은 현재와 미래의 느낌을 충족시키기 위한 것이고, 후원은 추억을 쟁여놓고 회상하며 현재화시키기 위한 공간이다. 지금은 건축지식을 얹어 번드르르한 말로 이런 공간에 대한 구상들을 표현할 수 있지만 그때는 그러지 못했다. 그러나 언어적 묘사 능력은 부족했지만 중학생 때의 감성만으로도 그 정도의 공간 설정과 구성은 충분히 가능했다. 그때 그런 상상을 하며 평면도를 그려나갔던 설렘과 행복했던 느낌이 지금까지도 생생하게 남아 있다.

건축을 알아가며 또 하나 깨닫게 된 것은 바로 중학생 때 마음 끌리는 대로 그렸던 설계에 건축의 본질이 들어 있었다는 것이다. 즉 물리적 편의 생활을 위하여 본채는 양옥의 형태를 추구했고, 전통 방식의 후원은 정신적이고 감성적 만족을 추구한 것이다. 이는 우리가 건축이라는 공간으로부터 무엇을 얻고 싶고, 어떤 교감을 주고받아야 되는지를 본능적으로 알았다는 것이다. 아마도 건축가들은 이 두 가지 측면을 중학생 때의 나처럼 원시적이지 않고 어떻게 완성도 높게 종합적으로 구현해 나갈 것인가를 두고 평생 씨름하는 사람들일 것이다. 건축이 단순히 기술의 문제만이 아닌 이유기도 하다.

나는 문과 과목과 달리 이과 과목들을 대체로 싫어했다. 그 싫어하던 이과 과목 중에도 좋아하던 것이 두 개 있었는데, 지구과학과 기술 과목의 일부분인 설계제도 실습 시간이었다. 아마 내가 대학에서 이과 전공을 선택했다면 당연히 건축과였을 것이다. 문과적 삶을 살아봤으니 다시 태어나면 건축과에 입학해 건축가의 삶을 한번 살아보고 싶다는 생각을 종종 하곤 한다. 모 건축설계사무소 대표님께 이런 얘기를 했더니 "건축설계는 이과가 아니라 예술 쪽에 가깝다."고 하셔서 머쓱해진 적이 있다. 건축가들마다 조금씩 관점의 차이가 있긴 하겠지만 내가 봐도 건축가에게 그런 감성은 굉장히 중요한 것 같다. 하여간 이과든 예술이든 건축설계사는 나에게 아직도 여전히 해보고 싶은 로망이다.

그렇게 지나간 중·고등학교 시절 이후로 건축에 다시 관심을 갖게 된 계기는 대학에서 들었던 미학 수업 덕분이었다. 대학 때의 전공이 철학이었기 때문에 예술 철학, 미학 수업은 필수였다. 미학 수업의 학기 중 과제가 한국의 전통건축물 중에서 테마를 하나 정해 리포트를 발표하는 것이었다. 나는 한국 전통건축의 단청*에 대해 소주제를 정하고 리포트를 썼는데 진심으로 즐기며 썼던 기억이 있다. 그때 한국 전통건축들에 관한 책들을 겉핥기식으로 접하며 건축에 대한 본격적인 덕질이 시작된 것 같다.

그 이후 분주하게 사느라 서양 건축에 대한 제대로 된 접근은 오랫동안 엄두도 내지 못하고 세월이 흘렀다. 그러던 중 인생 중반에 접어들어 찾은 미술작품 감상 취미가 나의 잠재됐던 건축에 대한 로망을 일깨웠다. 나는 자연스럽게 서양건축의 세계로 빠져들었다. 미술 감상 취미에서 그랬듯이 건축을 좀 더 체계적으로 공부하기 위하여 각종 건축사를 시작으로 건축 관련 책을 모조리 찾아 읽기 시작했다. 집 가까이에 시립도서관이 있어서 한가한 날은 아예 도서관 건축 파트 쪽에 자리 잡고 하루 종일 있는 게 가장 행복한 시간이었다. 건축 관련 책들은 도감과 사진이 많아서 일반적인 전공 도서보다 훨씬 재미있다. 그러다 보면 점점 더 호기심이 커져 책 이외에 각종 멀티미디어 자료와 답사를 병행하게 된다. 그렇게 틈날 때마다 찾아 듣는 온라인 대학이나 전문 강좌에서 제공하는 강의, 세미나, 설계공모전 프레젠테이션, 각종 공사의 시공과정 동영상 등을 찾아보는 것은 커다란 낙이었다. 이과 학습도 좋아하는 게 있으면 이렇게 집중이 잘 된다는 걸 새삼 깨닫게 되었다. 대학에서 철학이나 사회학을 공부할 요량에 수학 따위가 왜 필요한지에 대한 반항심

한국의 단청

으로 고등학교 때 수학을 게을리 해서 수학과 멀어졌었다. 철부지 학생의 생각이었다. 철학의 기본은 논리학이고 현대 사회학에서 통계는 무엇보다 중요하다. 나이 서른이 넘어 경영대학원에서 본격적인 수학이 필요한 통계와 파이낸스 수업을 듣기 위해 《수학의 정석》을 다시 보며 왜 내가 별것도 아닌 이 정도 수준의 수학 공부를 하지 않았지 하는 때늦은 후회도 했었다. 또 공대가 그렇게 싫다고 하면서도 30대 중반 벤처 1세대로 IT 스타트업 회사를 운영하면서 누구보다 열심히 IT 사업의 기술적 생태계에 대해 공부했다. 싫은 걸 억지로 한 게 아니라 동기부여가 되어 빠져들 수 있었던 거다. 그게 원동력이 되어서 지금의 디지털 대전환시대에 대한 흐름을 놓치지 않고 관심과 공부를 이어올 수 있었으며, 공기업의 임원으로 있으면서 디지털 전환에 대한 체질 개선을 리드할 수 있었다. 누구나 못 해서 안 하는 게 아니라 강력한 동기부여와 흥미가 없어서 못 하는 것일 뿐이라는 걸 다시 한 번 건축 취미를 통해 깨닫게 되었다.

부끄러운 얘기지만 나는 스스로 똥손이라 생각해서 취미로라도 본격적인 그림 그리기를 시도하지 않고 있다. 그런데 체험의 수준은 적극적으로 하려고 하며, 좋아한다. 아무리 감상만 하는 취미라도 작품의 느낌을 알기 위해서는 스케치, 회화기법이나 붓 터치, 물감의 질감 등에 대한 생생한 체험이 있어야 감상할 때 작품에 대한 느낌도 제대로 전달받을 수 있기 때문이다. 마찬가지로 건축물도 이론은 물론이고 설계부터 지어지는 과정 전반에 대한 건축에 대한 기본적인 이해가 있어야 제대로 감상할 수 있다는 생각이다. 나한테는 아마추어로서 그런 과정을 하나하나 알아가는 것 자체가 즐거움이었고 행복이었다. 부족하나마 적은 노력이라도 들인 후에 예술가들의 치열했던 창작 과정의 결과물인 미술 작품이나 건축 작품을 마주하고 감상해야 덜 미안하고 즐거움 또한 배가된다는 생각이다.

지나고 보면 시골에서 자란 60대들은 원초적 의미에서 집을 짓거나 건물을 짓는 행위를 생존을 위한 생활로 경험한 세대다. 황토에 볏짚을 썰어 섞어 넣고 만드는 흙벽돌 만들기부터 시멘트벽돌 만들고 쌓기, 담장 만들기, 벽 미장, 타일 붙이기, 원두막 짓기, 목수들이 나무를 잔뜩 쌓아놓고 먹줄과 대패, 끌 등으로 목재를 다듬으며 집을 완성해 가는 한옥 짓기 등. 농촌의 대대적인 주택개량 사업이 진행된 새마을운동 시절에는 초가지붕 걷어내고 기와나 슬레이트 지붕 얹기, 모듈형 시멘트 패널을 조립해서 담장을 만들고, 그걸 활용해 지붕을 얹고 건물로 만들기 등 수많은 일들을 직접 하며 살아왔다. 또 돈이 없으면 건설현장의 노가다로 일하며 현대 건축물들의 시공현장까지 체험하며 살았던 세대다.

젊은 시절 필자는 한 7년 정도 독일, 영국, 미국, 일본 등 다양한 국가에서 체류하며 그 나라의 건축과 도시를 체험할 수 있었는데, 그때의 경험들도 서양건축을 이해하는 데 많은 도움이 되었다. 특히 1990년 일본에서 어학연수를 하면서 경험한 아르바이트 중에 다른 사람 대타로 가게 된 3일 정도의 빌딩건축 현장은 충격이었다. 도심 한복판에서 요란하지 않고 조용하게 올라가는 첨단화된 시공현장과 인부들의 노동 강도가 우리나라와는 차원이 달랐던 경험은 아직까지도 잊을 수 없다. 이후 사회생활 중 많은 세월을 공공 영역에서 활동하며 바라보았던 도시와 건축의 문제도 건축을 바라보는 깊이를 더하게 만들었다. 건축을 공부하며 이 모든 삶의 궤적들 하나하나가 건축과 관련된 소중한 경험이었다는 것을 새삼 알게 됐다.

그래서 요즘은 첨단시대에 맞게 적극적으로 시도해보고 있는 것이 있다. 2D 도면을 구현시키는 CAD, 3D 모델링, 렌더링 등을 동영상 강의를 보고 배워 작은 단위의 설계부터 구체적으로 해보는 것이다. 꽤 재미있다. 기술이 발달하면서 소프트웨어를 조금만 익히면 누구나 할 수 있게 유저 인터페이스가 굉장히 쉬워졌다. 거기에 더해 생성형 인공지능 툴은 상상을 거칠게나마 구현시켜준다. 점점 더 정교해질 것이다. 최소한 자신이 상상하고 있는 건축 콘셉트를 이미지로 실현시키는 정도는 어렵지 않게 할 수 있다.

아는 만큼 보인다고 했다. 요즘같이 국내외를 막론하고 여행을 많이 다니는 시대에 미술 작품과 건축 작품에 대한 약간의 이해만 있어도 여행 자체가 풍요로워지고 훨씬 더 즐거워질 수 있다.

그러나 미술 작품이든 건축 작품이든 꼭 무슨 거창한 감상법이 있는 듯 부담을 가질 필요는 없다. 자기 나름대로 조금만 더 관심 있게 집중해 보고, 자기만의 관점을 가지고 바라보려는 마음만으로도 훌륭한 감상을 할 수 있다는 생각이다. 테크니컬한 감상이야 아무래도 전문적인 공부나 전문가들의 도움을 받아야겠지만, 직접 공간을 체험하며 오감으로 느끼는 심미적 감상, 그리고 스토리텔링이 가미된 감상은 나처럼 아마추어로서 건축에 취미를 가진 사람들도 조금만 성의를 가지면 충분히 누릴 수 있는 영역이다. 내가 건축에 빠져들 수 있었던 요인 중 하나도 건축의 기술과 예술적 표현으로부터 느끼는 원초적 즐거움과 더불어 그것들로부터 시대를 생생히 반영하는 인문, 사회적인 코드들을 읽는 재미가 있었기 때문이다.

내가 이 책을 쓰게 된 것은 바로 국내에 여기저기 산재해 있는 세계적인 건축가들의 작품에 대한 정보를 건축에 관심 있는 대중들이나 나 같은 아마추어 수준의 건축 감상자들과 공유하고, 직접 탐방하여 체험한 즐거움과 행복을 나누기 위해서다. 이런 의미에서 이 책은 전문 평론서나 해설서가 아닌 취미 생활자의 가벼운 건축 탐방기 정도 되겠다. 게다가 요 몇 년 사이에 건축에 대한 대중적 관심이 늘어나고, 건축계 셀럽들의 인기 있는 방송과 유튜브 활동을 통해 건축에 대한 대중적 관심이 넓어진 것도 책을 엮어낼 결심의 계기가 됐다.

그에 더해 비전공자인 필자의 다양한 삶의 경험을 바탕으로 한 건축에 대한 관점이 전공자들의 책과는 또 다른 재미를 독자들에게 줄 수 있겠다는 근자감도 한몫 했다. 세계적인 건축가의 기준이라는 것을 주관적으로 설정하는 것은 애매하고 오해의 여지가 있어서 본서에서는 '건축계의 노벨상'이라 불리는 역대 프리츠커상 수상자들의 작품을 선정 기준으로 삼았다. 역대 프리츠커상 수상자 53명 중 16인의 건축 작품이 한국에 있다. 엄격히 말하면 여기서 다루지 않은 파주 출판단지의 세지마 가즈요의 동녘출판사 사옥까지 하면 17명이다.

요즘 한국 대중들에게 가장 핫한 건축가인 안도 다다오의 작품은 필자가 아는 것만 해도 무려 여덟 점이나 있는데, 이들 모두의 작품 수를 합하면 꽤 많다. 지면 관계상 다 소개하지 못 하는 게 아쉽다. 그리고 여기에 건축가에 대한 이해를 돕기 위해 언급만 하고 설명하지 못 한 거장들의 해외 대표 작품들은 인터넷으로 검색을 해서 좀 더 자세히 알게 되면 또 다른 재미도 느낄 수 있을 것이다. 그 외에도 프리츠커상을 아직 수상하지는 못했지만 대중적으로 프리츠커상 수상자 못지않게 주목받고 있는 몇 명의 세계적 건축가들의 작품도 추가로 선정했다. 그러나 여건상 부산 영화의전당 설계자이자 역사적인 해체주의 7인 전시회 참여자였던 쿱 힘멜블라우, 그리고 스티븐 홀*의 대양갤러리하우스를 다루지 못한 아쉬움도 있다. 아마도 이들은 나중에라도 프리츠커상을 수상할 수 있지 않을까 기대한다. 이 정도면 감히 세계 건축가들의 향연이라 할 만하다. 그에 더해서 스스로 아쉬운 마음이 드는 것은 한국의 현대 건축가들을 소개하지 못한 것이다. 특히 한국 현대건축의 선구자로 쌍벽을 이루는 김중업 선생과 김수근 선생* 두 분은 꼭 소개하고 싶었다. 그러나 이런저런 고려 끝에 훗날 따로 한국 현대건축가들에 대한 책을 쓸 때 좀 더 비중 있게 써보려고 이번에는 소개하지 않았다. 이분들이 한국 현대건축사에서 차지하는 비중은 프리츠커상 수상자들의 위상 못지않기 때문이다. 그 외에 현재도 이들 못지않은 쟁쟁한 한국 건축가들이 활동하고 있다. 소개하고 싶은 명작들도 많다. 기회가 될 때 별도로 소개하려고 한다.

이 책이 건축에 대해 관심을 갖고 있는 대중들에게 오다가다 무심코 지나칠 수 있는 거장들의 건축 작품과 잘 지어진 건물들을 한 번 더 쳐다볼 수 있게 만들었으면 좋겠다. 더 나아가 직접 찾아가 그들의 예술 작품을 즐길 수 있는 건축여행 안내서 및 초보적인 감상 안내서 정도의 역할까지 했으면 한다. 또 이를 계기로 한국 건축가들의 좋은 건축에도 관심을 가짐으로써 한국 건축의 대중적 저변을 넓히는 데 조금이나마 보탬이 되었으면 하는 마음도 있다. 혹여 필자만의 주관적 평이나 내용의 부족함으로 거슬리는 게 있더라도 넓은 마음으로 이해해 주시길 바란다.

미리 알아두면 좋은
간단한 건축 지식

앞서 밝혔듯이 이 책은 학술적이거나 전문 건축 서적을 목표로 하고 있지 않으며, 필자가 그런 정도의 역량도 되지 않기 때문에 그렇게 기술하는 것은 애초부터 불가능했다. 단지 취미 삼아 독학으로 얻은 지식을 바탕으로 건축을 감상하고 체험하는 즐거움을 누려온 입장에서 쓴 가벼운 건축 답사기일 뿐이다. 그래서 가능하면 어려운 용어를 쓰지 않고 최대한 쉽게 쓰려 했다. 그럼에도 불구하고 건축을 감상하고 이해하려면 간단한 사전 지식과 용어 정도는 알아둘 필요가 있다는 생각이다. 이런 간단한 지식만 알고 있어도 건축가들과 그들의 작품을 훨씬 재미있고 의미 있게 감상하고 체험할 수 있다.

흔히 무슨 전문지식이라 하면 다들 따분하고 부담스럽게 생각하는 경향이 있다. 건축사에 나오는 시대별 건축양식에 대한 이야기도 다르지 않다. 머리만 혼란스럽고 너무 복잡해 처음부터 포기하기 십상이다. 또 관련된 전문용어들은 얼마나 다양하고 복잡한가. 건축이 공학의 영역에 있는 것인지, 예술의 영역에 있는 것인지조차도 구분하기 쉽지 않다. 대학에서도 우리나라 같은 경우 공대에 건축과가 있지만 건축이 발달한 나라에서는 예술대학에서 건축을 가르치는 곳이 많다. 게다가 건축가들이 이름을 내걸고 활발하게 활동한 르네상스 이후 현대까지 거장들의 다수가 조각이나 회화, 디자이너 등의 예술가로도 명성을 떨치는 이들이었다.

좀 더 거슬러 올라가면 고대 그리스인들은 예술을 합리적 규칙에 따르는 활동 테크네techne로 보았다. 즉 회화나 조각뿐 아니라 합리적 제작 규칙을 가진 모든 활동을 예술로 본 것이다. 그래서 가구를 만드는 일이나 건축 등도 예술 행위로 취급되었다. 즉 오늘날 구분된 아트와 기술을 의미하는 테크닉의 어원이 같은 데 있는 것이다.

프랑스 예술학계에선 건축을 제1의 예술로 분류하고, 국내 도서관 분류법의 5판까지는 건축 서적이 예술 서적으로 분류되었다. 건축계 최고의 권위를 자랑하는 프리츠커상 선정 기준에도 '건축예술을 통한 재능과 비전, 책임의 뛰어난 결합'이라 명시하여 건축예술로 지칭하고 있다. 프리츠커상 초대 수상자인 필립 존슨*은 아예 대놓고 '건축은 예술'이라고 정의한다.

다만 회화나 조소처럼 비교적 작가의 의도를 자유롭게 표현할 수 있는 순수 예술과 달리 건축예술은 예산, 법규, 기술, 건축주의 요구사항, 장소의 자연적·사회적 환경 등 수많은 제약과 조건 속에서 건축가의 예술적 창작활동이 이루어진다는 점에서 차이가 크다.

그래서 알바루 시자는 다음과 같이 좀 더 냉정하게 구분하고 있다.

"건축은 예술이지만 예술이 건축은 아니다. 건축은 예술의 어머니가 아니다. 건축이 예술을 생성시키지는 않기 때문이다. 건축은 예술처럼 자율적이고 분산에 반대한다."2)

때문에 거장들의 작품을 마주하면 이런 제약과 조건들을 극복하기 위해 고군분투한 흔적이 역력해 보여 더 아름답게 느껴진다.

이런 일련의 건축 작업에는 인문, 사회, 예술, 공학 기술, 경제, 종교, 자연환경 등 모든 영역이 종합적으로 다 녹아들 수밖에 없다. 이런 까닭에 건축 작품 감상은 어느 특정 관점에서만 바라보고 평가할 수 없다.

건축가들 역시 설계를 하고 건축물을 완성하기까지 제각기 이런 다양한 측면이나 과정 중 특별히 더 중요하게 생각하는 부분이나 강조점이 있을 것이다. 그에 따라 완성된 건축물의 내·외부 모양이나 특성도 다 다르게 나타날 것이다. 바로 이런 건물을 짓는 관점 혹은 강조점의 차이가 큰 흐름으로 나타난 것이 건축 사조이고 건축양식이다. 그러나 우리가 간과하지 말아야 할 것은 건축이 예술과 공학의 경계를 넘나들며 이루어지고 있지만 그 바탕에는 공통적으로 인간의 삶을 위한 것이라는, 보다 근원적인 인문사회학적 전제가 깔려 있다는 점이다. 이런 면에서 건축가들의 작업을 바라볼 때 건축주나 이용자들, 그리고 건축이 위치하고 있는 도시의 시민들을 위한 어떤 배려와 고민이 배어 있는가를 꼼꼼히 살펴보아야 한다.

20세기 초에서 21세기로 이어지는 이런 현대건축의 흐름을 이해하기 위해서는 큰 틀에서 최소한 모더니즘과 포스트모더니즘, 해체주의 그리고 하이테크 건축에 대해 대략적인 이해는 하고 있어야 한다. 약간씩 차별화된 지류적 양식들은 이 네 가지 흐름 안에서 존재하고 있다는 생각이다. 건축가들은 딱 부러지게 경계를 긋고 설계를 하지 않는 경우도 많고, 혼합적 표현을 하기도 한다. 그래서 고정된 틀만을 놓고 보면 일반 감상자들 입장에서는 헷갈리고 그 경계가 모호하게 보일 수밖에 없다. 그러나 이 책에 소개되는 건축가들의 건축이 시대적 흐름 속에서 영향을 받았거나 흐름을 적극적으로 주도하고 있기 때문에 이 네 가지 범주 정도를 간단히 알면 좀 더 체계적으로 이해하는 데 도움이 될 것이라 생각한다.

덧붙여서 모든 현대건축가들은 미래 건축에 있어서 '지속가능성'Sustainability이라는 공통의 도전에 직면하고 있다. 그래서 이미 대부분의 건축가들은 그들의 프로젝트에서 이 문제를 핵심 과제로 다루고 있다. 때문에 현대건축을 이해하기 위해서는 간단하게나마 지속가능한 건축의 개념에 대해서도 사전 지식으로 알아둘 필요가 있다.

모더니즘Modernism

　　모더니즘이란 용어는 철학사상에 기반을 둔 용어와 예술양식으로서의 용어에 차이가 있다. 우리는 막연히 산업혁명시대 이후 본격화된 과학문명시대의 서막을 알리는 상징적 용어로 받아들이고 있다. 일종의 근대성Modernity의 다른 표현이라고도 할 수 있겠다. 철학적으로 보면 멀게는 신 중심에서 인간 중심으로 관심이 옮겨가는 르네상스시대 인본주의부터 시작해 본격적으로 18세기 이성 중심의 과학적 합리주의를 주창한 계몽주의에 기반을 두고 있다. 예술사적으로는 19세기 후반 개인들의 주체성이 강조되고 자유로운 개인주의가 확장되는 분위기 속에서 개념이 만들어진다. 회화예술 분야에서는 사실을 이상적으로 재현하는 기성의 예술관이나 전통적 회화기법에 반항하며 과감하게 탈피한 19세기 후반 인상주의*가 등장한다. 광의적 개념에서 대체로 이후 포스트 모더니즘이 등장하는 시기까지를 모더니즘 시대로 분류하고 있다. 협의에서는 본격적인 모더니즘 미술을 추상주의 이후로 상정하고도 있다. 그러나 영국 미술사가 에른스트 곰브리치(1909~2001)도 근현대 사조를 미술사적으로 분류하는 것은 굉장히 힘들다고 토로한 바 있다. 나는 주체성이라는 정신사적 면에서 봤을 때 인상주의가 터닝 포인트라고 생각하는 편이다. 그렇다고 현대미술 자체를 모더니즘이라 부르지는 않는다. 용어로도 contemporary라고 구분한다. 미술 분야에 있어 모더니즘은 이전 재현예술의 전형을 벗어나 개인의 감각적 혹은 관념적 주관성에 기반을 두고 있다고 볼 수 있다. 그것은 객체보다는 주체를, 외적 경험보다는 내적 경험을, 그리고 집단의식보다는 개인의식을 훨씬 더 중요하게 여긴다. 그러나 근대성의 개념을 이성을 도구로 한 과학적 합리주의라는 측면에서 봤을 때는 오히려 건축 분야가 훨씬 더 명료하게 철학적 근대성의 의미를 보여주고 있다는 생각이다. 왜냐하면 인상주의 이후 전개되는 미술들은 냉철하고 합리적인 과학적 이성을 표현하기보다 인간의 이성적 합리주의 사고의 틀을 뛰어넘는 사고실험을 감행해 나가기 때문이다. 따라서 예술사조로서의 모더니즘은 이성적이고 과학적 합리주의라는 개념보다는 오히려 그 틀을 깨는 아방가르드적 의미가 더 커 보인다. 사실상 철학적 의미에서 포스트모더니즘이 예술 사조에서는 모더니즘부터 시작되었다고도 할 수 있을 정도다. 이런 면에서 건축적 모더니즘은 여타 예술 분야와 달리 과학적 합리주의 정신을 충실히 반영하는 철학과 궤를 같이 하고 있다. 이런 철학을 배경으로 감성이나 주관적 사고보다는 과학적 사고에 기반한 극도의 기능적이고 효율적인 건축양식을 창출하려는 시도가 모더니즘 건축이다.

그림을 좋아했던 모더니즘 건축의 선구자 르 코르뷔지에*는 입체파* 화가 오장팡*의 권유로 그림을 시작했었는데, 후에 이성적인 것과 거리가 멀다고 입체주의와 초현실주의*를 배격하고 순수주의Purism*를 선언하기도 했었다. 따라서 현대 건축의 출발점이 된 모더니즘 건축은 유럽 전통건축의 불합리하고 과다한 건축적 장식, 구조, 형태 등에 대한 반성으로부터 시작한다. 그리고 산업화 시대를 맞이하면서 철과 유리, 콘크리트 같은 업그레이드된 건축 재료와 건축 기술은 기성의 건축 요소를 혁신 가능하게 해줌으로써 모더니즘 건축을 태동시키는 밑받침이 되었다.

대표적으로 프랑스의 르 코르뷔지에Le Corbusier, 독일의 루트비히 미스 반 데어 로에Ludwig Mies van der Rohe* 등과 같은 모더니즘 건축의 선구자들은 기능성, 형태의 간결성, 합리성 등을 전면에 내세워 모더니즘 건축의 이상을 제시해 현대건축의 기틀을 제공하고 있다.

미국 마천루 빌딩의 아버지로 불리는 루이스 설리번*의 "형태는 기능을 따른다"Form follows Function는 말은 과도기 모더니즘의 단초를 제공했다는 평가를 받으며 현재도 합리주의 건축의 대표적 언명으로 사용되고 있다. 미스 반 데어 로에나 루이스 칸* 등은 형태는 일단 지어지면 오래 존재한다는 이유로 이 말에 반대했지만 말이다.3) 미스 반 데어 로에의 '적을수록 좋다'Less is More는 모더니즘 건축의 상징적 언명이 되어 있다. 특히 "주택은 살기 위한 기계다."4)라고까지 말한 르 코르뷔지에의

현대건축 5원칙을 구현한 르 코르뷔지에의 빌라 사보아, 파리 근교 푸아시, 1928

미스 반 데어 로에의 바르셀로나 파빌리온, 1929

'현대건축 5원칙'*은 모더니즘 건축의 규범으로까지 작용해 왔다. 이들의 건축 철학
은 전후 복구에 있어서 가장 효율적인 모델로 받아들여져 관공서 건물, 고층 오피
스빌딩, 아파트 등에서 규격화된 형태로 전 세계에 빠르게 확산되었다. 아이러니하
게 미국에서는 모더니즘 붕괴의 상징으로 남아 있지만 오늘날 대한민국에서는 아
직도 용맹을 떨치고 있는 아파트단지가 가장 좋은 예이다. 그래서 전 세계 어디서
나 획일적인 모습으로 존재해 국제주의 양식*으로도 불린다. 대부분의 현대건축은
이런 의미에서 모더니즘 건축 철학의 토대 위에 서 있다고 할 수 있다. 이외에도 독
일 바우하우스의 창립자 발터 그로피우스, 루이스 설리번의 제자 프랭크 로이드 라
이트*, 스웨덴의 알바 알토* 등이 모더니즘 건축을 폭넓게 확장하고 전파시킨 대표

적인 건축가들이다. 본서에 소개되는 건축가들 중에는 리처드 마이어, 데이비드 치퍼필드, 야마모토 리켄이 그런 모더니즘 건축의 원형을 가장 강하게 보여주고 있는 건축가라 할 수 있으며, 시적 모더니스트라 할 만한 알바루 시자, 안도 다다오 역시 그런 맥락을 잘 표현하는 대표적 건축가라 할 수 있다.

포스트모더니즘 Post Modernism

철학적 용어에 변증법이라는 것이 있다. 독일 철학자 헤겔이 인간의 정신과 역사의 발전을 설명하기 위해 만들어 낸 논리다. 간단히 말하면 인간의 정신과 역사는 정正, 반反, 합合의 연속적 과정을 반복하며 완벽한 경지인 절대지絶對知를 향해 발전해 간다는 것이다. 어떤 주류적 흐름이 있으면 그에 대한 비판으로 반작용이 등장하며, 이런 반작용을 거쳐 오류를 시정하며 합으로 수렴되어 다시 주류의 흐름으로 자리 잡는다. 건축양식도 그런 법칙을 벗어나지 않는다. 바로 포스트모더니즘 건축이 모더니즘 건축에 대한 반작용으로 등장한 것이다. 마찬가지로 모더니즘 역시 신고전주의 같은 전통적 건축의 정형에 대한 반작용과 혁신으로부터 비롯된 것이라 할 수 있다.

포스트모더니즘을 번역하면 '탈 근대성' 혹은 '근대 이후'라는 뜻이다. 근대성의 상징이 냉철한 이성에 기반을 둔 과학적 합리주의 정신인데, 이에 대한 해체와 반작용으로 다양한 관점을 건축에 반영해야 한다는 것이다. 모더니즘의 획일적이고 정형화된 건축 정의와 기준에 대한 반발이라 할 수 있다. 그로 인해 도시가 삭막해지고 생기를 잃어가는 것에 대한 반발이기도 하다. 한마디로 기능성과 합리성을 근간으로 표출되는 건축의 획일성에서 탈피해 폭넓은 다양성을 확보하기 위한 시도라 보면 된다.

나는 물리적 실체로 확인되지 않는, 인간이 가지고 있는 여러 가지의 형이상학*적인 면까지 표현하고 포착해 내려고 하는 것이 예술이라고 생각한다. 근본적 해체의 이념으로서 포스트모더니즘 철학은 그런 것조차 거부하지만. 문학은 시와 소설 등의 형식을 빌려서, 음악은 소리의 선율을 통해서, 미술은 그림이나 조각을 통해서 그것을 표현하려 한다. 독일 신예 철학자 마르쿠스 가브리엘*은 '미래 인공지능시대는 인간의 영역을 모두 알고리즘화 할 수 있어 인공지능이 대신할 수도 있다'는 《사피엔스》의 저자 유발 하라리*나 신경과학주의자들의 생각에 단호히 반론을 제기한다. 그런 형이상학적인 영역은 알고리즘으로 대체될 수 없다는 것이다. 논쟁의 찬반 여부를 떠나 인간의 형이상학 측면은 아직까지는 인간의 정체성을 구분짓는 고유한 영역으로 다루어지고 있음을 부인할 수 없다. 건축도 물리적 실체를 세우고 짓지만 그 안에 단순한 기능성을 넘어 그런 인간의 형이상학적인 면이 짙게 투영된다. 특히 최근의 현대건축 흐름은 그런 경향이 훨씬 강하다. 현대건축의 초장을 연 모더니즘 건축은 바로 그런 것을 간과한 것이라 생각한다.

이런 이유로 포스트모더니즘에 있어서 역사와 전통, 다양한 장소, 미적 표현 등 여러 맥락들이 고려 대상이 될 수밖에 없었다. 그래서 포스트모더니즘 건축들은 모더니즘 건축에 비해 다양한 건축적 맥락을 중요시하며, 상당히 감성적이고, 자유로운 형태로 표현된다.

이런 생각에 기반을 두고 포스트모더니즘의 포문을 연 미국 건축가 로버트 벤츄리Robert venturi(1925~2018)*는 'Less is Bore'(적을수록 지루하다)라는 말로 모더니즘 건축철학의 상징 문구인 미스 반 데어 로에의 'Less is More'(적을수록 좋다)를 저격했다.

이후 건축에서 포스트모더니즘은 상당히 폭넓은 양상으로 전개된다. 전통과 문화, 사회성, 역사성, 지역이나 주위 분위기와 어우러지려는 맥락context 하에 디자인적으로 보다 다양하고 풍부한 표현을 하려는 시도 등이 그렇다. 그래서 초기 포스트모더니즘은 모더니즘의 단점을 보완하는 수단으로 19세기 이전 역사적 양식의 모티브를 재사용했다. 그러나 시간이 지나면서 과도한 상업적 표현과 중·상류층 이

로버트 벤츄리, 바나 벤츄리 하우스, 펜실베이니아 체스넛 힐, 1964

상의 건축으로 이용되는 경향이 짙어지면서 점차 대중사회로부터 유리되고 비판에 직면한다.

이런 한계 속에서 또 다른 새로운 길을 찾아 나선 일단의 사람들이 해체주의 건축가들이다.

해체주의

철학적으로 해체주의는 포스트모더니즘의 또 다른 표현이지만 건축적으로는 같은 뿌리인 포스트모더니즘의 한계에 대한 비판으로부터 시작되었다. 모더니즘을 극복하기 위해 나온 포스트모더니즘 건축에서 추구하는 맥락에 기반을 둔 재현적, 감성적 표현들 속에도 여전히 모더니즘을 비롯한 전통적 건축의 개념들이 가지고 있는 고정관념은 깨지지 않고 있다고 보았다. 그래서 해체주의는 바로 기존 건축이 고정해 놓고 강요해왔던 그런 건축의 개념과 문법에 대한 전면적 해체를 시도한 것이다. 기존의 기하학적 정형성, 안정된 비율, 틀에 박힌 기능적 개념, 공간의 위계적 질서 등등에까지 완전히 열린 상태에서 새로운 건축언어와 문법으로 작업을 해나간다. 이에 대한 이론적 기반을 제공하고 있는 사람이 프랑스 해체주의 철학자 자크 데리다*다. 그의 이론을 건축계가 차용하여 하나의 건축이론으로 정립했다. 그 중심에 선 사람들이 1988년 필립 존슨의 주선으로 뉴욕 현대미술관에서 열린 해체주의 건축 전시회에 참가한 건축가들이다. 거기에 참여한 유명한 7인이 피터 아이젠만*, 프랭크 게리, 렘 콜하스, 자하 하디드, 베르나르 츄미*, 다니엘 리베스킨트, 쿱 힘멜블라우다.

이들은 형태적으로 정형적인 것보다 사선과 비정형적 곡선 등 자유로운 형태를 적극적으로 디자인에 사용하며, 중력을 거스르는 듯한 캔틸레버 구조*와 보이드*를 통해 형태적 비율을 깨고 기존 공간의 개념과 위계를 해체해 경계를 모호하게 한다. 그러나 순수예술 분야가 예술의 기능, 목적까지 해체하고자 시도했던 것과 달리 건축은 그 목적과 기능을 재해석할 수는 있을지언정 포기할 수는 없는 운명을 가지고 있다. 해체주의 건축은 이런 복잡하고 어려운 형태의 설계를 하기 위해 자연스럽게 첨단 디지털 건축 툴도 적극적으로 사용한다. 또 이들의 건축은 도시에서 하나의 커다란 예술적 조형물 같은 느낌을 주며, 도시의 맥락에서도 굉장히 튀는 건물로 랜드마크 역할도 톡톡히 한다. 그래서 이들의 건축을 보면 건축이란 무엇일까, 라는 근본적인 생각을 다시 한 번 자연스럽게 하게 된다.

프랭크 게리, 댄싱 하우스, 체코 프라하, 1996

하이테크High Tech 건축

하이테크 건축은 첨단 기술을 적극적으로 건축에 활용하고 있는 High Technology 건축의 축약된 용어다.

건축 양식적으로 앞에 설명했던 모더니즘과 포스트모더니즘 중 어느 쪽에 더 맥이 닿아 있는지 살펴보면 특징을 더 쉽게 이해할 수 있다. 미국 건축이론가 찰스 젱크스charles Jenks*의 관점에 따르면 근대건축이 간과해온 형태 의미론적 측면과 지역문화와의 연속성 등 여러 문제를 해결하기 위하여 역사와 전통을 참조하여 새로운 방향성을 모색하는 탈근대주의Post-Modernism 건축이 포스트모더니즘이다. 반면에 근대건축의 구조, 기능, 기술 등의 합리적 해결방식을 받아들여서 첨단 현대 기술로 발전시킴으로써 새로운 하이테크 미학을 창조하려는 것이 후기 근대주의Late-Modernism다. 이를 우리는 보통 하이테크 건축으로 부르고 있다.

모더니즘 건축은 구조와 형태, 공간구성 면에서 간결성과 합리성을 추구한다. 반면 포스트모더니즘은 건축을 기능성과 합리성 면에서만 바라보지 않고 맥락을 중요시하기 때문에 다양한 해석과 시도를 한다. 이런 차이에도 불구하고 모더니즘이나 포스트모더니즘 건축은 그들의 철학을 실현시킬 수 있는 높은 수준의 엔지니어링 기술을 필요로 하고 있다는 공통점을 가지고 있다. 그러나 그들에게 엔지니어링 기술은 각각이 추구하는 건축철학을 실현시킬 보조수단일 뿐이다.

그런데 하이테크 건축은 이런 보조수단에 머물러 있던 엔지니어링 기술을 건축의 주연으로 끌어올린 것이다. 이런 면에서 하이테크 건축은 현대건축에서 하나의 커다란 건축양식이나 흐름으로 분류될 수 있다. 현대건축에서 어느 건축이든 첨단 기술을 빼놓고 설명할 순 없다. 하지만 구조나 설비에 관련된 첨단 기술들이 건축 매스에 숨어 있거나 가려져 있는 것이 아니라 독자적인 하나의 건축요소로서 적용되고 당당히 표현된다면 그건 또 다른 이야기이다. 예를 들면 건물 코어에 숨겨져 있는 엘리베이터 구조가 하나의 장식적, 구조공학적 기술의 표현으로 건물 외부에 드러난 건축요소로 역할을 할 수 있다. 바로 이런 것이 하이테크 건축의 간단한 예라 할 수 있다.

　필자는 밴드음악을 좋아한다. 전통적인 밴드음악을 보면 드럼이나 기타 등 악기들은 보컬을 위한 배경 사운드를 내는 역할을 한다. 각 밴드의 색깔은 보컬과 그를 받쳐주는 악기연주의 기법이나 테크닉에 의해 바뀔 뿐, 보컬과 배경 사운드의 콜라보라는 기본 구도는 바뀌지 않는다. 그러나 요즘 밴드 음악은 밴드 연주가 배경 사운드 생성에만 머무르지 않는다. 각종 하이테크 전자음 기술을 응용해 보컬의 영역까지 개입한다. 보컬이 전통적 의미에서의 보컬이 아니다. 전자음과 보컬의 목소리 경계가 의미가 없을 정도의 토털 음악을 구사한다. 마치 하이테크 건축이 기존 건축디자인과 구조 설계, 설비 설계의 경계를 허물고 상호 간섭하며 토털 건축의 전형을 보여주는 것과 비슷하다. 즉 하이테크 건축은 기존의 구조공학적 요소나 설비 요소들을 업그레이드시키고 과감하게 노출시켜 디자인적 요소로 적극 활용하면서 합리적 기능성과 심미성을 동시에 추구하고 있다. 또 그런 첨단기술은 사회성을 강화시키는 데도 적극 동원되고 있다. 건축공학적 요소들을 건축 미학으로까지 승화시키고 사회성까지 달성하고자 하는 하이테크 건축은 이 과정에서 모더니즘 건축이 추구했던 기능적 실용성, 간결성, 합리성 등을 강하게 옹호하고 있기도 하다. 그래서 찰스 젱크스도 후기 모더니즘이란 용어로 표현한 것이다. 후기 모더니즘은 모더니즘의 기본 정신은 유지하되 그것을 표현하고 실현시키는 방법론적 측면에서 보다 확장되고 혁신된 시도라 할 수 있다. 이런 면에서 하이테크 건축은 이런 후기 모더니즘적 시도를 가장 드라마틱하게 보여주고 있다고 생각한다.

　하이테크 건축은 이런 시도들을 위하여 디지털 기술을 적극 활용한 엔지니어링 솔루션을 내놓고 있으며, 강철·기능성 유리·알루미늄 등 단순하고, 가볍고, 밝고 투명한 첨단 재료들을 주로 사용하고 있다. 건축의 지속가능성 측면에서도 환경 친화적인 최적의 효율성을 실현하고자 한다. 물론 지구환경이 악화하면서 모든 현대건축가들이 '미래의 지속가능성에 부합하는 건축을 어떻게 할 것인가'에 대한 고

렌조 피아노 & 리처드 로저스, 퐁피두센터, 파리, 1977

민을 더 적극적으로 하는 추세다. 지속가능사회경제와 기업의 ESG 경영을 연구하고 전파하는 일을 하는 필자의 입장에서 지속가능한 건축은 어떻게 실현되어야 하는가의 문제는 건축을 대하고 평가하는 데 있어서 가장 중요한 관점이기도 하다. 뒤에 대표적인 하이테크 건축가들의 훌륭한 작품 감상 내용을 보면 이해하기 쉬울 것이다. 다행히도 노먼 포스터, 리처드 로저스, 렌조 피아노 같은 최고의 하이테크 건축 거장들이 국내에서 작품의 향연을 펼치고 있다.

이상과 같은 커다란 건축양식의 흐름을 이해하고 있으면 건축가들의 작품을 감상하고 이해하는 데 큰 도움도 되고 재미도 있을 것이다. 그러나 너무 그런 고정적인 틀에만 얽매여 작품을 이해하고 감상하는 것도 문제를 야기할 수 있다. 앞에서도 언급했듯이 한 건축가의 건축 작업에 대한 생각은 그 자체로도 복합적일 수 있고, 의뢰자의 입장을 비롯한 여러 변수들이 개입되기 때문에 틀에 박힌 감상의 태도가 오히려 그 건축의 있는 그대로의 모습을 보는 데 방해가 될 수도 있기 때문이다.

지속가능성 Sustainability

지구의 기후위기와 환경문제가 고조되면서 인류 전체의 생존문제가 대두되기 시작하자 이 문제에 공동으로 대응하기 위한 '세계 환경 및 개발위원회'가 만들어지고 1987년 초대 위원장인 브룬트란트의 이름을 딴 보고서가 발표되었다. 이 보고서에서 "지속가능발전이란 미래세대가 자신들의 필요를 충족시킬 수 있는 능력을 훼손하지 않으면서 현재 세대가 자신들의 필요를 충족시키는 발전"이라고 정의했다. 이후 UN 글로벌 컴팩은 최초로 ESG라는 용어를 등장시키며 지속가능성의 문제를 Environment(환경), Social(사회), Governance(지배구조)라는 핵심 주제로 묶어냈다. 2015년에 UN은 총회에서 17가지 주목표와 169개의 세부 과제를 정해 '지속가능개

발목표'(Sustainable Development Goals)를 채택하게 되었다. 이후 논의는 계속 발전해 나갔다. 세계 기후협약회의, 환경회의 등을 거치며 국제적 규범으로 발전시키며 지속가능한 발전운동으로 확산시켜 나갔다. 이런 국제적인 움직임은 개별국가들에게도 실행력을 담보할 수 있는 법규를 만들게 했다. 당연히 민간 기업 분야에서도 이에 발맞춰 주주Shareholder의 이익뿐만이 아닌 사회를 구성하는 폭넓은 이해관계자 Stakeholder들 공동의 이익을 위한 ESG경영 실천을 결의하기 시작했다. UN IPCC 보고서는 2013년 기후변화의 책임이 인류일 가능성을 95% 이상이라고 발표했다. 그 기후변화의 원인으로 온실가스를 들고 있으며, 온실가스의 주범으로 이산화탄소를 꼽았다.

이렇듯 지속가능발전의 핵심에는 기후환경문제가 있다. 그런 기후환경문제는 화석연료 사용을 통한 에너지로부터 비롯되고 있다. 그래서 모든 분야에서 탄소배출의 제한과 통제는 지속가능성 문제의 핵심 과제로 자리 잡고 있다. 결국 에너지 문제로 귀결될 수밖에 없다. 이에 더해 인류의 공동체를 위협할 문제로 노동, 인권, 전쟁 등의 사회 문제와 기업이나 공동체 운영을 위한 투명한 거버넌스의 문제를 다루고 있다. 국제사회는 이미 탄소배출권 거래 제도를 시행하고 있으며, 향후 '탄소국경조정제도'를 도입할 것을 예고하고 있다.

우리나라도 기업의 ESG 정보공개 제도를 마련하고 2025년, 2030년 단계적으로 상장사들의 ESG 정보 의무공시를 예고하고 있다. 정부는 기후변화에 관한 정부 간 협의체인 IPCC가 제시한 탄소중립Net-zero* 로드맵에 맞춰 2050년 탄소중립을 선언한 바 있다. 대외 무역을 하는 기업들은 모든 제품에 ESG 기준을 충족시켜야 하는 상황에 직면해 있다.

UN 환경계획 보고서에 의하면 이런 산업현장에서 건설업이 차지하는 탄소배출 비중이 37%, 에너지 소모량은 36%라고 발표한 바 있다. 탄소배출과 에너지는 건설 과정, 건축자재 생산 및 운반, 건물 운영 및 유지 과정, 그리고 철거 및 폐기 과정 등 건축의 전 생애 주기 동안 발생한다. 당연히 국가와 도시는 건축 분야에 강도 높은 기준과 법규를 요구할 수밖에 없다. 건축가들은 바로 이 과정에서 과제 해결의 키를 쥐고 있는 사람들이다. 이들은 여기에 건축이 도시와 공동체 사회에 미치는 환경 외적인 문제들, 즉 사회적 소통, 공공성, 정서적 배려까지 지속가능성의 문제 안에서 같이 고민해야 한다. 그래서 건축 분야에 있어서 환경 보존과 에너지 소비의 최소화는 물론 여타 사회적 문제를 포함한 지속가능성의 문제는 굉장히 큰 이슈이며, 미래 건축의 핵심 과제일 수밖에 없는 것이다. 현대 건축가들이 이 문제에 대해 공통적으로 심각하게 다루지 않을 수 없는 이유다. ZEB_{Zero Energy Building}나 녹색건축인증제, GR_{Green Remodeling} 등은 대표적인 건축 관련 환경 가이드이다.

1

모더니즘에
새 숨결을
불어넣은
구세주들

포스트 모더니즘 이후 해체주의 건축과 하이테크 건축 등 눈이 부실 정도로 현란한 첨단 건축들이 각 도시의 랜드마크로서 기세를 올리고 있다. 그러한 요즘 모더니즘 건축을 떠올리는 것은 굉장히 진부하게 생각될 정도다. 더구나 이후의 건축들이 모더니즘의 차가움과 획일성, 그리고 몰감성에 대한 반발로부터 시작돼 급기야 1972년에는 모더니즘의 사망선고*까지도 들어야 했던 터라 더 그런 분위기다.

그러나 현대건축의 클래식이라 할 수 있는 모더니즘의 생명력은 그렇게 쉽게 꺾이지 않았다. 그게 바로 클래식의 힘이 아닌가 싶다. 모더니즘의 세례를 받지 않은 현대건축이 어디 있겠는가. 물론 엄격한 의미에서 순수한 모더니스트는 없다고 말할 수 있다. 하지만 정도의 차이일 뿐 기저에는 면면히 모더니즘의 피가 흐르고 있음을 부인할 수 없다.

이런 와중에도 유독 모더니즘적 클래식을 좋아한 건축가들이 있다. 이 장에서 소개하는 건축가들은 눈에 띄게 그런 모더니즘적 핵심 전형을 많이 지키고 표현해낸 건축가들이다. 그런데 이들은 지키는 데만 머무르지 않는다. 비판적 요소들을 적극적으로 극복하기 위해 디자인으로, 건축 프로그램으로 각자의 스타일로 보완을 해나간다. 모더니즘에 새로운 생명력을 불어넣는 작업이다. 이들의 손길을 통해 모더니즘 건축이 내용적으로 풍요로워진 것이다. 그래서 이들은 보란 듯이 현대의 다른 건축들 속에서 건재함을 과시하고 있다. 데이비드 치퍼필드와 야마모토 리켄이 최근 2년 프리츠커상 수상자로 선정된 것도 이를 입증해 주고 있다. 나는 그래서 이들을 모더니즘의 구세주로 부르고 싶다.

강남파이낸스센터

필자가 2001년도에 강남 테헤란로 역삼동에서 IT 벤처기업을 운영하고 있을 때 인근에 어마어마한 빌딩이 하나 들어섰다. 강남파이낸스센터다. 당시 최고층 빌딩으로 여의도 63빌딩이 있었고, 삼성동에 무역센터라는 높은 빌딩이 있었지만 전체 규모로는 가장 큰 오피스 빌딩이었다. 그때는 아직 건축에 본격적인 관심을 갖기 전이라 몰랐지만 이후 건축에 관심을 갖게 되면서 그게 굉장히 유명한 미국 현대건축가 중 한 명인 케빈 로시Eamonn Kevin Roche(1922~2019)의 설계작이라는 것을 알게 되었다.

"설계는 사용자와 보는 사람의 관점으로부터 시작된다. 관련된 두 종류의 사람들이 있다. 사용하는 사람들과 그 옆을 지나가는 사람들, 매일 그 건물을 보는 사람들과 그 건물을 한 번 보거나 그 건물을 그들의 문화유산의 일부로 의식하는 사람들이 있는 것이다."[5]

인터뷰를 통해 나타나듯이 케빈 로시는 건축의 다양한 이해관계자들에 대한 배려를 깊이 고민한 건축가다. 특히 사용자들의 관점을 굉장히 중시한다. 그래서 그는 건축을 설계할 때 사용자들에 대한 인터뷰를 꼼꼼히 하는 것으로도 잘 알려진 건축가다.

사실 케빈 로시를 모더니즘적 건축의 근간을 확고하게 지키고 있는 리처드 마이어나 데이비드 치퍼필드 등과 같은 건축가들의 장에 묶어놓고 모더니즘적 관점에서 다루는 것은 무리가 있을 수 있다. 오히려 모더니즘의 무미건조함에서 벗어나려 했던 포스트모더니즘이나 첨단 기술의 반영을 통해 건축의 합목적성을 달성하려 했던 하이테크 건축가에 부합할 수도 있다. 그럼에도 불구하고 그의 건축에는 재료나 공간구축 면에서 모더니즘적 장점들을 부인하지 않고 보완해 나가려는 모습이 자연스럽게 보이기 때문에 같은 장에서 다루게 됐다.

아일랜드 출신인 케빈 로시는 1945년 국립 아일랜드대학 건축과를 졸업하고, 1948년 미국으로 건너가 일리노이공대에서 르 코르뷔지에와 함께 모더니즘 건축의 상징으로 일컬어지는 미스 반 데어 로에로부터 사사받았다. 1951년부터는 에로 사리넨Eero Saarinen(1910~1961)*의 건축사무소 블룸필드 힐스에서 본격적인 건축가로서 활동하기 시작했다. 사리넨의 건축사무소에는 쟁쟁한 건축가들이 활동했는데, 앞에서 언급한 포스트모더니즘 건축의 장을 마련한 미국의 동 세대 대표 건축가 로버트 벤츄리도 그중 한 명이다.

1961년 사리넨이 사망한 후 케빈 로시는 사리넨을 대신해 그가 완성하지 못한 뉴욕 JFK국제공항 등 주요 프로젝트들을 완성한다. 그 이후 존 딩켈루와 함께 사리넨 건축사무소에서 독립해 자신만의 건축사무소를 운영하며 왕성한 활동을 이어갔다. 기본적으로 그의 건축은 스승인 미스 반 데어 로에의 영향을 받아 모더니즘적 건축요소를 기초로 삼고 있다. 그러나 그 당시 기능 중심의 획일적이고 단순화된 모더니즘적 건축양식에 대한 새로운 성찰이 일어나게 된다. 그 중심에 있던 대표적인 건축가가 같은 사리넨 건축사무소에서 활동한 바 있는 로버트 벤츄리다. 로버트 벤츄리는 미스 반 데어 로에의 'Less is More'(적을수록 좋다)에 대응해 'Less is Bore'(적은 것은 지루하다)라는 말로 포스트모더니즘의 포문을 연다. 로버트 벤츄리는 건축의 사회적 소통, 맥락 등을 중요하게 생각했다. 이런 생각과 움직임은 폭넓은 공감대를 형성해가며 1960년대 이후 건축가들의 생각에 많은 변화를 불러일으켰

케빈 로시, 뉴욕 포드재단 빌딩, 1968

다. 케빈 로시 역시 스승인 미스 반 데어 로에의 건축철학에만 머물러 있지 않고 시대적 흐름에 공감하며, 보다 감성적이고 사회 지향적인 생각들을 과감하게 스승의 건축 철학에 결합시켜 그의 건축에 표현하고자 했다. 그 결과 그의 건축은 형태와 색조의 단조로움에서 벗어나 좀 더 시각적으로 풍성하고 공간적으로 사용자 친화적인 편안한 분위기를 연출한다. 이런 그의 특징을 잘 나타내 주는 것이 그의 대표작 중 하나인 뉴욕 포드재단본부 빌딩이다. 그는 세계 최고의 땅값에 자리 잡고 있는 맨하탄 오피스 빌딩들의 숨 막히는 공간에 기존의 고밀도, 고효율의 공간 공식을 깨고 과감한 유리 실내 정원을 배치한다. 그를 통해 사용자들과 시민들에게 숨 쉴 공간을 제공한 것이다. 이런 사회에 대한 강한 친화성은 1969년에 지어진 캘리포니아 오클랜드 박물관에서도 나타난다. 스승 미스 반 데어 로에의 건축언어인 철골트러스, 커튼월, 반사 유리 등 첨단 기술과 재료들을 사용하면서도 그 속에 따스한 온기를 불어넣는 데 심혈을 기울인 것이 그의 작업의 특징이라 할 수 있다.

케빈 로시의 대표작으로는 앞서 이야기한 뉴욕 포드재단 빌딩, 오클랜드 미술관과 로체스터공대, 메사추세츠대학 미술센터 등이 있다. 그는 미국 건축의 3세대 대표 건축가로서 프리츠커상 초대 수상자인 2세대 건축가 필립 존스에 이어 1982년 네 번째 프리츠커상 수상자가 되었고, 2019년 96세의 나이로 생을 마쳤다. 다행히 국내에도 서울 강남파이낸스센터 빌딩이 있어 그의 건축세계의 단면이나마 직관하고 체험해 볼 수 있다.

강남파이낸스센터는 대지면적 3,980평에 건립된 지하 8층, 지상 45층, 높이 206m의 초고층 빌딩이자 건축 연면적 64,300평에 달하는 국내 최대 규모의 업무용 빌딩이다. 당연히 압도적일 수밖에 없다. 그 당시 명칭은 I-Tower(아이타워)로 현대산업개발의 본사 사옥이었는데, 1997년 외환 위기가 터지고 스타빌딩을 거쳐 우여곡절을 겪은 끝에 지금의 강남파이낸스센터GFC로 불리게 되었다. 멀리서 보면 빌딩의 존재감이 더 부각된다.

강남파이낸스센터 외관, 2001

그때도 GFC는 첨단 시스템을 갖춘 내로라하는 인텔리전트 빌딩으로 손꼽혔다. 리히터 규모 6~7의 강진에도 견딜 수 있도록 설계됐으며, 오피스 공간에는 기둥이 없어 공간 활용도가 높다는 장점도 있다.

2013년에는 미국 그린빌딩위원회US Green Building Council가 개발해 시행하고 있는 친환경 건축물 인증제인 LEED의 플래티넘 등급을 받아 오늘날 점점 더 강조되는 친환경성에서도 인정을 받고 있는 빌딩이기도 하다. 수려한 커튼월 유리창으로 마감된 건물 매스는 미스 반 데어 로에가 설계한 모더니즘 건물의 상징인 맨하탄의 씨그램빌딩과 많이 닮아 보인다. 피라미드 형태의 상층부 디자인만 없다면 더 흡사

강남파이낸스센터 후문 입구

강남파이낸스센터 로비

강남파이낸스센터 측면 하단부

할 것이다. 실내로 들어가면 3층 높이의 아트리움으로 되어 있는 로비 부분이 다른 대형빌딩들에 비해서 의외로 넓지 않아 보인다. 3층까지는 은행 등이 입주해 있어 외부인에게 개방된 공간이다.

전체적으로 공간 효율성을 확보하기 위한 오피스 빌딩의 공간 구성방식으로 보인다. 다만 뉴욕 포드재단 빌딩과 같은 서프라이즈 서비스 공간은 확보하지 못한 것 같다. 아마도 그럴 여지가 있었으면 케빈 로시의 성향으로 보아 뭐라도 해 놓았을 것 같다. 이 빌딩의 디자인 콘셉트가 '인간과 미래의 조화'이니 그 콘셉트에 충실하기 위해서 그랬을 것이다. 전체적으로는 오피스 빌딩으로서의 기능에 충실한 실용적인 건물이라는 느낌이 들었다.

리처드 마이어 | 백색건축의 거장

강릉 씨마크호텔

동해 경포대 해수욕장에 가면 해수욕장 끝 언덕에 리처드 마이어가 국내에서 유일하게 설계한 유려한 백색 빌딩이 한눈에 들어온다. 강릉 씨마크호텔이다. 마치 푸른 동해를 향해 커다란 닻을 펼치고 항해를 하는 듯하다. 건물은 푸른 바다와 뚜렷하게 대비돼 순백의 아름다움을 극대화시킨다. 건물의 파사드*에 캔틸레버 구조로 붙여놓은 격자 문양의 객실 발코니가 모서리 부분에서는 바람에 펄럭이는 깃발처럼 연출돼 자연스럽게 바람을 뚫고 나아가는 역동성까지 보여주고 있다.

두바이의 7성급 호텔 버즈 알 아랍 주메이라는 바다에 떠 있는 범선의 닻 모양으로 세계적 유명세를 타고 있다. 디자인적 표현이 아주 직설적이다. 동해의 씨마크호텔을 보며 건축적 표현은 직설적이기보다 은유적일 때 더 아름답다는 것을 느끼게 된다. 모더니즘의 정형을 깨트리지 않고 이런 시적 표현을 세련되게 할 수 있는 건축가가 바로 리처드 마이어다.

미국 뉴저지 출신인 리처드 마이어Richard Meier(1934~)는 코넬대학교에서 건축을 공부하고 뉴욕을 기반으로 활동한 미국의 대표적인 현대건축가 중 한 명이다. 그는 현대건축의 정형을 확립한 르 코르뷔지에를 가장 세련되게 계승한 건축가라고도 할 수 있다.

강릉 씨마크호텔 전경, 리처드 마이어, 2015

"내가 르 코르뷔지에의 작품을 모르고 사랑하지 않았다면 나의 건축은 만들어지지 않았을 것이다."[6]라고 할 만큼 그의 시그니처와도 같은 백색과 단순 간결함, 투명성, 합리성 등은 르 코르뷔지에를 그대로 계승하고 있다고 해도 과언이 아니다. 오히려 르 코르뷔지에의 그런 특징들을 더욱 강렬하게 구현하고 있다고 볼 수 있다.

그의 건축 여정을 보면 대학 졸업 후 뉴욕의 대표적인 건축설계 사무소 SOMSkidmore, Owings and Merrill*과 마르셀 브로이어의 사무소에서 경험을 쌓고 1963년 독립해 본격적인 활동을 시작하였다. 그 당시까지 미국을 비롯한 세계의 도시들에서는 모더니즘에 기반을 둔 국제주의 양식의 건축이 풍미하고 있었다. 그러나 1960년대 말이 되면서 붕어빵 찍어내듯 건축되는 획일적인 국제주의 양식에 반기를 들며 포스트모더니즘이 고개를 들기 시작한다. 마이어는 그 선두에 선 사람 중 한 명인 사촌 피터 아이젠만을 따라 1970년대에 뉴욕 5*라는 아이비리그 출신 5명의 건축가그룹 일원으로 활동한다. 모든 초창기 현대건축 거장들이 그들의 건축 여정에서 모더니즘 건축에 출발점을 두고 있듯이 이들 역시 모더니즘 건축으로 출발했지만 포스트모더니즘 건축을 지지하는 활동을 하며 그들의 건축세계를 확장해 나갔다. 그럼에도 불구하고 그룹의 일원 중 리처드 마이어는 꿋꿋하게 르 코르뷔지에적 모더니즘 건축의 원형을 가장 인상 깊게 발전시켜나간 건축가라 할 수 있다. 특히 기능적이고 단순명쾌함을 추구하면서도 맥락적 요소들까지 소홀히 하지 않는 태도는 그의 건축이 현재까지 호평을 받고 있는 이유다. 리처드 마이어는 그의 프로젝트에 관해 이런 말을 한 적이 있다.

"모더니즘이 목욕물과 함께 있는 아기를 던져버릴 필요는 없다. 나는 나 자신을 현대건축의 연속선상의 일부라고 본다. 그 구조 안에서 아직 해야 할 탐색이 있기 때문이다."[7]

모더니즘의 근간을 지키면서 그것에 대한 비판적 요소들을 극복하겠다는 의지의 표현이라 볼 수 있다. 이런 그의 건축 작업이 세계 건축계로부터 인정받아

1984년 프리츠커상 수상자로 선정되었고, 2008년에는 미국 건축협회가 수여하는 AIA골드 메달*까지 수상했다. 그의 대표적인 건축 작품들을 보면 왜 그가 백색건축의 거장이라 불리고, 르 코르뷔지에적 모더니즘 건축의 특징들을 아름답고 강렬하게 구현하고 있는지 금방 알 수 있다.

다음은 그의 백색 건축 철학을 잘 보여주는 백색 예찬의 글이다.

"백색은 모든 자연색 내에 존재하는 가장 기본적인 색채로 백색 표면을 이용하면 딱딱한 벽과 부드러운 개구부 그리고 빛과 그림자의 연출이 가능하다. 백색은 가장 아름다운 색이며, 항상 빛에 의해 전달되고 변화되며, 하늘과 구름과 태양 그리고 달이 그러하듯 백색은 순결의 상징이며, 백색은 절대성을 보유하고 있다."[8]

이런 그의 대표작으로는 더글라스 하우스, 애틀란타 하이 뮤지엄, LA의 게티센터 등이 있다.

국내에서는 강릉 경포대 씨마크호텔이 그의 건축적 진수를 담고 있다.

강릉 씨마크호텔은 옛 현대호텔 자리에 새로 건축을 해 2015년 오픈한 지하 4층 지상 15층의 5성급 특급호텔이다. 이 호텔은 지역의 랜드마크이자 2018년 평창올림픽의 주요 숙소 역할, 그리고 신라시대 유적지인 점 등을 고려해 호텔 본연의 기능 외에도 공공성과 역사성을 반영하는 것이 설계의 키워드였다. 특히 환경적으로 기존의 수림을 보존하고 지형을 훼손하지 않기 위하여 기존 건물의 터 내에서 모든 것을 해결하려 했다고 한다.

그래서 호텔 본동 내에 있던 연회장은 초기 설계를 변경해 호텔 뒤쪽에 따로 배치해 본동과 브리지로 연결해 놓았다.

건물은 철근콘크리트조, 철골조, 커튼월* 유리벽으로 이루어졌다. 차를 끌고 호텔 진입로를 따라 언덕 위의 호텔 로비 입구까지 천천히 오르면 이 건물의 코어 역할을 하는 거대한 백색 콘크리트 파사드를 마주하게 된다.

리처드 마이어,
더글라스 하우스,
미시건 하버스프링스,
1973

리처드 마이어,
게티센터, LA, 1997

백색 콘크리트 파사드에 최소한의 작은 직사각형 창구멍만 드문드문 나 있다. 그 느낌은 심플한 기학학적 추상 조각이나 회화를 보는 듯했다. 거대한 콘크리트 매스*의 모서리는 곡면으로 처리돼 자칫 위압적일 수 있는 호텔과의 첫 만남을 부드럽고 편하게 맞이할 수 있게 만들어 준다. 이 외벽의 외장재는 PC 콘크리트 패널*로 제작되어 오픈 조인트된 것인데, 광촉매 작용을 하도록 처리되어 표면 오염을 최소화할 수 있는 기능적 요소도 가지고 있다.

사실 백색 건물의 경우 그 유지관리가 여간 힘든 게 아니다. 씨마크호텔은 외부뿐 아니라 내부도 모두 백색으로 마감되어 있다. 아마도 내부까지도 온통 백색으로 처리된 호텔의 유지관리를 위해 호텔 측 관리자들의 노력이 많이 필요할 것이다. 특급호텔은 보통 호텔 로비에 들어서면 럭셔리한 인테리어가 가장 먼저 눈에 들어오는데, 여기는 외부의 소나무와 망망한 동해바다가 커튼월 창을 통해 눈에 들어온다.

오히려 건축가는 온전히 외부의 망망대해를 관입시키기 위해 로비 인테리어를 최소화해 비워놓은 것 같다. 리처드 마이어가 백색 건축을 고집하는 이유도 이런 외부를 자연스럽게 온전히 담아낼 수 있기 때문이다. 특히 외부에 화강암 바닥재로 처리된 넓은 데크와 로비 바닥은 마이어의 다른 건축에서도 단골로 보여주듯이 경계가 없이 이어져 바다와, 데크, 로비 내부가 일체감을 이루며 온전히 바다를 품은 느낌이 든다.

로비와 이어지는 외부 데크 부분에는 얇은 수공간을 펼쳐놓아 그런 느낌을 극대화시키고 있다. 동해를 마주하고 있는 로비 커튼월 투명창을 따라 길게 놓인 탁자와 의자, 그리고 그 위쪽에 탁자를 따라 장식된 펄럭이는 황금 리본이 그 단조로움에 잔잔한 변화를 주고 있다. 독일의 세계적 조명 디자이너 잉고 마우러*의 작품이다. 또 하나 재밌는 장면은 위층 레스토랑과 라이브러리로 올라가는 나선형 계단이다. 이 두 요소는 외부의 자연과 더불어 로비의 인테리어를 구성하고 있는 최소한의 장치인 듯싶다.

씨마크호텔 후면

씨마크호텔 정면 로비 입구

씨마크호텔 본관에서
연회장 부속 건물로 이어지는 브리지

호텔은 4층 높이의 포디움*에 호텔 객실 동이 세워져 있는데, 5층에 있는 야외 인피니티 풀 역시 이 건물이 제공하는 특별한 선물 중 하나다. 바다에 직접 가지 않고 바다에 들어와 있는 느낌, 그리고 거기서 바라보는 건물의 객실 백색 입면은 또 한 번 건축적 감동을 선사한다. 인피니티 풀과 바다가 합일돼 마치 호텔 건물이 물 위로 솟아나 있는 착각을 불러일으킨다.

대부분의 객실은 바다를 향해 있고, 내부 공간이 넓은 투명유리의 커튼월 창과 백색으로 마감되어 방 규모와 상관없이 넓고 시원한 느낌을 준다. 특히 발코니의 난간을 모두 투명 강화유리로 처리하여 바다가 그대로 방까지 들어오는 개방감을 극대화 해주고 있다. 장인의 섬세함과 배려가 엿보이는 장면이다.

씨마크호텔에서 리처드 마이어는 그의 건축적 특징과 장점들을 비교적 유감 없이 보여줬다는 생각이다. 공공건축에 비해 건축주의 건축적 요구사항이 많은 상업용 건축임에도 불구하고 치밀한 기능적 효율성, 편의성뿐만 아니라 아름다움까지

씨마크호텔 로비에서 바라본 바다

씨마크호텔 로비와 이어지는
바다 쪽 테라스와 수공간

모두 만끽할 수 있어 좋았다.

강릉에는 리처드 마이어의 건축적 특징을 체험할 수 있는 또 한 곳이 있다. 최근 2024년 2월에 개관한 강릉시 솔올시립미술관이다. 공공건축인 미술관이라는 점에서 씨마크호텔과는 성격을 달리한다. 이미 리처드 마이어는 미술관 건축에 대한 경험이 많이 축적된 건축가다. 로스앤젤레스 게티센터, 애틀랜타 하이 뮤지엄, 프랑크푸르트 장식예술 뮤지엄, 바르셀로나 현대 미술관 등 십여 곳 정도에 이른다.

솔올미술관은 엄격히 말하면 리처드 마이어의 작품은 아니다. 그러나 그가 설립하고 그의 건축철학을 계승하고 있는 마이어 파트너스가 설계를 맡았다. 연덕호 건축가가 수석 디자이너를 맡고 있다. 마이어는 이 설계에 관여하지 않았다고 한다. 그럼에도 그의 건축언어가 상당히 반영되어 있다.

바다를 향해 탁 트인 로비와 천장에서 펄럭이는 잉고 마우러 작품

로비에서 위층으로
올라가는 오브제 같은
스파이럴 계단

조형적 생동감과 개방성을 부여하는 발코니들

데이비드 치퍼필드 | 평범함 속에 비범함을 담는 건축가

아모레 퍼시픽 본사 사옥

"건물이 있기 전보다 건물이 생기고 난 뒤 주변 환경이 더 좋아졌느냐, 사람들의 삶이 더 나아졌느냐를 따져 봐야 한다. 특별한 순간이나 판타지를 경험하게 하는 것보다 더 중요한 것은 순수한 건축이 아주 일상적인 것들과 관계를 맺는 것이고, 이 건물을 매일 봐야 하는 시민에게 정서적으로 기여하는 건축물을 설계할 책임을 지는 것이다. 그래서 내게는 사람들이 좋아하는 건축가가 되는 것보다, 사람들이 좋아하는 건물을 만드는 것이 더 중요하다."[9]

데이비드 치퍼필드의 미니멀리즘적 디자인과 사회적 기능성을 중시하는 건축 지향점을 확인할 수 있는 인터뷰 내용이다.

1953년 런던에서 태어난 데이비드 앨런 치퍼필드David Alan Chipperfield(1953~)는 킹스턴 예술학교에서 공부한 후 런던의 건축협회학교에서 건축을 전공했다. 그는 데이비드 치퍼필드 건축가 사무소를 설립하기 전에 노먼 포스터와 리처드 로저스를 포함한 여러 유명 건축회사에서 근무하며 실무를 익혔다. 수십 년에 걸쳐 그의 회사는 세계 주요 도시에 사무소를 두고 전 세계적으로 다양한 프로젝트를 수행하며 성장해왔다.

이런 건축적 기여를 인정받아 2010년 RIBA 로열 골드 메달*과 2013년 프리

데이비드 치퍼필드가 리모델링한 노이에스 뮤지엄, 베를린, 2009

미엄 임페리얼을 포함한 수많은 상을 받았으며, 마침내 2023년 프리츠커상 수상자로 선정되기에 이른다. 프리츠커상 심사위원회는 데이비드 치퍼필드의 건축에 대해 "우리는 데이비드 치퍼필드의 건물을 한눈에 알아볼 수 없다. 다만 상황에 따라 특별하게 디자인된 치퍼필드의 건물을 볼 수 있을 뿐이다."라고 평했다. 데이비드 치퍼필드가 트랜드나 특정 스타일에 얽매이지 않고 프로젝트마다 각각의 상황에 특화된 건축작업을 해내는 건축가임을 잘 나타낸 평이라 할 수 있다.

데이비드 치퍼필드의 건축은 단순명료함, 정제된 재료 사용, 그리고 프로젝트의 맥락에 대한 섬세한 이해로 특징지어진다. 그의 디자인 철학은 간결함과 기능성, 그리고 건축적 장소성에 대한 깊은 존중으로부터 비롯된다. 치퍼필드의 건축 작업을 몇 가지로 요약하자면 다음과 같이 설명할 수 있다.

첫째가 미니멀리즘 미학인데, 치퍼필드는 과잉을 배제하고 필수적인 요소에 집중하는 미니멀한 디자인을 선호한다. 그의 건축물은 깨끗한 선과 단순한 형태로 구성되어 있으며, 이는 공간의 명료성과 시각적 평온함을 배가시킨다. 이 접근 방식은 사용자가 건축공간을 더 직관적으로 이해하고 경험할 수 있도록 한다.

둘째는 맥락적 충실함이다. 각 프로젝트는 그것이 위치한 주변의 역사적, 문화적, 그리고 자연적 맥락에 깊이 뿌리를 두고 있다. 따라서 그의 건축은 장소의 특성을 반영하고 강화하는 방식으로 통합되어 건물과 장소 사이의 의미 있는 대화를 생성한다.

셋째 재료의 진실성이다. 치퍼필드는 건축 재료를 선별할 때 그것의 본질적인 특성과 아름다움을 최대한 이끌어내는 방식을 추구한다. 자연재료의 질감, 색상은 건축물에 시간성과 장소성을 부여하며, 목재·돌·콘크리트와 같은 재료는 가장 자연스러운 형태로 사용되어 감각적이고 진정성 있는 경험을 선사한다.

넷째 자연광의 활용이다. 대개의 거장들과 마찬가지로 자연광은 치퍼필드 건축에서도 중요한 역할을 한다. 그는 창문, 천창, 그리고 아트리움이나 중정을 통해 빛을 건축 공간 안으로 유도하여 공간의 분위기와 기능성을 향상시킨다. 이런 자연광의 변화는 건물 내부의 시간적 경험을 풍부하게 하며 동시에 에너지 효율성을 증진시킨다.

마지막으로 내·외부 공간의 연결성을 들 수 있다. 치퍼필드는 내·외부 공간의 경계를 모호하게 만들어 건물과 그 주변 환경 사이의 시각적, 물리적 연결을 강화한다. 이를 통해 외부 풍경이 내부 공간의 연장선으로 느껴지게 하며, 건축물 사용자가 주변 환경과 더 깊은 관계를 맺을 수 있도록 한다. 개방된 평면 구성과 투명한 파사드는 이러한 연결성을 촉진하는 주요 수단이다.

이런 건축적 특성들은 그의 주요 작품들에서 쉽게 확인할 수 있다

독일 베를린에서 진행된 노이에스 뮤지엄 재건 프로젝트는 건축의 역사성 보존이라는 측면에서 역사적 요소와 새로운 요소의 매끄러운 통합을 이끌어냈다는 찬사를 받고 있다.

독일 마르바흐에 위치한 현대문학박물관은 그것이 위치한 자연환경과 소장하고 있는 문학 작품을 아름답게 보완하는 우아한 디자인으로 스털링상을 수상했다.

영국에 지어진 헵워스 웨이크필드는 조각가 바바라 헵워스에게 경의를 표하는 미술관으로, 장소의 산업 유산을 잘 반영한 대표적 작업이다.

데이비드 치퍼필드의 건축은 빠른 속도로 현란하고 다양하게 변화해가는 현대건축의 흐름 속에서 오히려 차분하고 절제된 미학을 보여줘 왔다. 또한 그의 작업에서는 과거와 현재, 건물의 주변과 자연환경, 그리고 인간의 경험 형성과 건축의 역할과의 관계에 대하여 깊이 고뇌하고 탐구해온 흔적이 자연스럽게 드러난다.

이런 점에서 한국 용산의 아모레 퍼시픽 본사 건물도 그의 진면목을 볼 수 있는 대표작이라 할 만하다.

건물이 지어진 걸 보면 건축주를 위한 것인지, 사용자를 위한 것인지, 건축가를 위한 것인지 구분할 수 있다. 건축가들은 자칫 건축가를 위한 건축에 대한 유혹에 빠질 수 있다. 자신만의 스타일과 정체성을 보여주려는 욕심은 창작활동을 하

아모레 퍼시픽 사옥 남서쪽 전경

루버 입면과
보이드

1층 기단부 열주로 형성된 회랑

는 사람들이라면 누구나 다 있다. 순수예술의 영역에서는 오히려 높이 평가받을 일이다.

그러나 건축의 영역으로 들어오면 이야기가 좀 다르다. 건축은 제한의 비즈니스다. 여러 제한된 여건 속에서 건축주와 사용자, 그리고 건축가의 창의성이 어우러져야 하는 특징이 있기 때문이다. 필자는 도미니크 페로의 '이화여대 ECC'와 헤르조그 & 드 뫼롱의 '송은아트스페이스'가 그런 면에서 탁월한 건축이라는 느낌을 받았다.

용산에 있는 데이비드 치퍼필드의 아모레 퍼시픽 본사 사옥 역시 대형프로젝트이고 상업적 목적의 민간 건축임에도 불구하고 이 모든 제한들을 수용하면서 건축가의 창의적 아이디어를 잘 관철시킨 탁월한 건축이라 할 수 있다. 이 건물의 경우 설계자는 프로젝트 완공 후 현상 공모 설계안이 100퍼센트 이상 실현된 안이라고 만족감을 느끼며 건축주를 비롯한 프로젝트 관련자들에게 감사를 표했다고 한다. 그는 전 세계에서 그가 진행한 건축 중에 이처럼 자신의 설계안을 완벽하게 반영한 작품은 이곳이 유일하다고 했다고 한다.

장 누벨이 말한 것처럼 '건축가에 의한, 건축가를 위한 건축'의 함정에 빠지지 않기 위하여 데이비드 치퍼필드는 이렇게 말했다.

"회의를 할 때 항상 사용자가 참여하고 있다는 생각을 하며 프로젝트 회의를 한다."[10]

자신의 설계 의도가 완벽하게 반영되었다고 말하는 것은 건물에 관련된 여러 이해관계자들의 입장을 조율하고 수렴한 내용이 자신의 설계 의도와 합일을 이루었다는 이야기일 것이다.

치퍼필드의 건축에 있어 친환경은 물론이고 사회적 관계성과 도시에서의 건축물의 역할은 굉장히 중요한 화두다. 관련된 여러 인터뷰를 보면 아모레퍼시픽 사옥을 지을 때 그는 무엇보다도 그런 점을 가장 크게 고민했음을 알 수 있다. 우선 그는 공모 시 설계 조건이 30층 박스형 빌딩이었음에도 과감히 그보다 낮은 23층 설계안을 제안했었다. 이 지역이 용산의 고층빌딩이 즐비하게 들어선 업무지역임에도 불구하고 그리 높지 않은 층고의 건축을 제안한 것부터가 범상치 않다. 게다가 그 건물에는 직원들뿐만 아니라 일반 시민들을 위한 개방된 공간이 엄청나게 많이 차지하고 있다. 그러니 그 설계안을 선택한 건축주도 대단하다고 하겠다.

건물은 신용산 지하철역에 인접해 있다. 역에서 바로 건물로 이어지는 출입구가 두 개나 있다. 건물 연결 입구 디자인도 화장품 회사의 분위기에 맞게 우아하고 화사하다. 필자는 건물 전체의 외관을 보기 위해 입구를 나와 길 건너편으로 갔다. 하얀색 알루미늄 수직 루버들로 베일에 싸인 듯 신비롭고 웅장한 정방형 평면의 직육면체 건물 매스감이 도심 빌딩들 속에서 유난히 시선을 사로잡는다.

실무담당을 맡았던 국내 협력 건축사무소는 심의와 인허가 과정에서 이 육중한 직육면체 단일 건물이 주위 건물들과 어떻게 어울릴 수 있는지에 대한 이슈가 제기됐을 때 설계의 합당함을 오랫동안 입증하고 설득해야 했다고 한다.

더 인상적인 것은 엄청나게 커다란 직육면체의 보이드가 넓은 파사드 상층부에 뚫려 있는 것이었다. 공개된 사진이나 영상을 보면 이런 보이드가 방향을 달리하며 5층, 13층, 17층에 있고, 건물 중심부는 옥상부터 5층까지 정방형 수직으로 뚫려 있어 5층 옥상정원이 중정을 이루고 있는 구조다. 옥상정원은 일반인 출입제한이 되어 있어 직접 가서 보지 못한 것이 아쉽다. 영상으로만 보아도 이런 보이드들이 이 건물에 주는 생동감과 기능적 효능감은 감동적이다. 건물 아래층은 노출콘크리트 기둥들이 고대 신전의 열주처럼 떠받치고 있다.

이 건물 역시 굉장히 단순하고 육중한 형태를 가졌음에도 불구하고 열주들 위에 올려진 매스가 가벼운 흰색 실루엣처럼 치장된 알루미늄 루버 덕분에 산뜻하고 가볍게 보인다.

길이 4.5~7m에 이르는 이런 알루미늄 루버들이 이 건물의 전체 외관을 두르기 위해 21,500개가 사용되었다고 한다. 루버 하나하나는 비행기 날개 곡선을 닮아

각이 지지 않아 전체가 부드러운 느낌을 준다. 웅장하고 산뜻한 건물 외관을 감상하며 건물에 다가서면 건물을 떠받치고 있는 열주들의 모습이 장관이다. 노출콘크리트 기둥이 만드는 열주가 그리스 로마의 석주 못지않은 아름다움을 발산하고 있었다. 1층 내부를 형성하는 유리벽을 경계로 꽤 폭이 넓은 공간의 회랑을 이 열주들이 만들어 내고 있다. 회랑은 건물 사방을 그렇게 돌아가며 형성되어 있고, 건물 출입구 또한 사방에 나 있었다. 사람들에게는 광장의 기능을 할 수 있을 정도로 편안하고 여유 있는 다목적 공간이다. 이 사면이 마주하고 있는 풍경은 작은 공원부터 혼잡한 도로까지 다양하다. 외부 공간 처리부터 건축가의 공공 친화적인 면모를 보여주고 있다.

출입문을 열고 들어가면 내부에 형성된 또 하나의 비현실적인 모습의 실내광장을 마주하게 된다. 3층까지 이어진 중앙의 아트리움 로비 공간과 유리 천창에서 노출콘크리트 격자를 타고 내려와 로비 바닥과 주위 벽에 산란하는 빛은 환상적이다. 그도 그럴 것이 유리천장은 옥상부터 수직으로 뚫어 놓은 중정의 유리 바닥인데, 그 위에 수 공간을 만들어 놓았기 때문이다. 유리천장 위의 물과 그를 통해 들어오는 빛의 굴절과 산란이 내부 로비공간을 훨씬 더 환상적이고 풍요롭게 만들어 준다. 로비 에스컬레이터로 연결돼 3층까지 개방된 아트리움 공간은 말 그대로 그곳에 오는 모든 시민 대중을 위한 공용공간이다. 시민들은 도심 한가운데의 빌딩 안에서 안락하고 훌륭한 공원 하나를 선물 받은 셈이다. 그리고 지하부터 3층까지 창가로 배치된 각종 상점과 전시관, 도서관 등 편의시설을 맘껏 이용할 수도 있다.

이 건물에는 총 7개의 출입구가 있는데 이는 업무공간인 건물 보안을 위해서도 관리상 굉장한 불편함을 감수해야 하는 구조다. 그럼에도 과감하게 이런 개방성을 허용하고 있는 것은 건축주와 건축가의 사회적 관계성에 대한 철학이 있기 때문이다.

이 건물을 보다 보면 외관이건 내부건 모든 것이 사각형의 집합체란 생각이

3층에서 바라본 로비

천장이 정사각형의 격자로 처리되어 있다.

들 정도로 사각형에 몰입된다. 건물, 특히 건물 평면부터 내부의 천장 마감 무늬, 창틀, 거기에 드러나 있는 노출콘크리트의 무늬까지 죄다 정사각형이 지배하고 있다.

건축가는 이렇게 말하고 있다.

"아모레퍼시픽 본사의 기본적 열망은 아름다움이나 명확성, 조화였다. 그래서 설계에서부터 구조, 마감재, 시스템 모든 것이 질서정연하게 통합되어 있는 건물이다. 만약 질서에 맞지 않는 무언가가 있다면 콘셉트의 균형이 깨져서 지금 이 공간에서 느낄 수 있는 어떤 편안함이나 고요함을 느낄 수 없을 것이다."[11]

데이비드 치퍼필드는 필로티와 합리적인 구조를 통한 평면의 자유로움과 효율성을 추구하고, 벽을 해방시켜 개방감을 확보하고, 옥상정원을 만들어 자연적 환경까지 건축내부로 끌어들이려고 했던 르 코르뷔지에의 체계적으로 잘 정리된 모더니즘적 이상을 지루하지 않은 풍성한 방식으로 실현해 놓았다.

모더니즘은 세계대전 후의 전후 복구라는 정치적, 사회적 고민 속에서 어필할 수 있었지만 그 획일성과 건축의 여러 맥락적 요소에 대한 무관심으로 비판에 직면했었다. 치퍼필드는 이 프로젝트를 통해 그런 비판적 이슈를 극복하고 모더니즘의 이상을 계승하면서, 공동체가 붕괴되고 사회적 소통이 단절돼가는 21세기 사회적 고민에 대한 답을 탁월한 솜씨로 재해석해 보여주고 있다는 생각이 들었다. 필자는 그래서 아모레 퍼시픽 사옥을 겉으로는 단아하고 단순하면서 내용적으로는 가장 풍요로운 모더니즘 건축이라 평하고 싶다.

판교 타운하우스 & 세곡동 강남 에버시움

내가 지방자치 관련 연구소에서 활동할 때 찬반이 극명하게 갈리는 한 자치 단체의 행정구역 통합문제에 깊이 관여한 적이 있다. 나는 그때 논리적으로 설명할 수 없는 여러 형태의 공간의 의미들이 공동체나 개인의 정체성 형성에 얼마나 강력한 영향을 미치고 있는지를 실감했다. 우리 국민은 지금껏 수없이 치른 선거를 통해 크고 작은 구역이나 공간을 중심으로 만들어진 공동체 의식이 얼마나 정치적 선택을 좌지우지하는지를 매번 목도하고 있다. 그 공동체 의식이 긍정적이든 부정적이든 말이다.

사회심리학적으로 보면 인간은 의미 없는 단순한 그루핑을 통해서도 그 그룹에 대한 정체성이 생겨난다고 한다. 또 단순히 같은 공간을 공유하고 시간을 보내는 것만으로도 강한 유대감이나 공동체적 정체성이 만들어진다고도 한다. 그만큼 공간이 사회 공동체의 정체성 형성에 영향을 미치는 힘은 강력하다. 이번에 소개되는 건축가는 그런 공간이 만들어 주는 사회적 힘을 누구보다 잘 알고 중요시하는 건축가다.

이 책을 다 쓸 무렵 2024년 프리츠커상 수상자가 발표됐다. 이번 수상자 야마모토 리켄은 평소 일본건축에도 각별한 관심을 갖고 있던 터라 각종 건축 관련

매체를 통해 접해왔던 건축가였다. 야마모토 리켄은 안도 다다오, 이토 토요* 등과 함께 일본의 대표적 제3세대 건축가라 할 수 있다. 국내에 지어진 그의 작품도 접근성이 좋은 강남과 판교에 있어 그리로 지나갈 때 틈을 내어 들러볼 수 있었다. 그렇지만 솔직히 그가 프리츠커상을 수상하리라고는 예측하지 못했다. 그의 건축이 강한 사회 지향성을 가지고 있어 근래의 프리츠커상 선정기준의 흐름에 부합하고 있긴 하지만, 그간 일본이 워낙 많은 수상자를 배출했기 때문에 다른 국가의 건축가가 선정될 것이라 예상했다.

아마 일본 건축가를 예상했다면 내 수준에서는 대중적으로 알려진 쿠마 겐고나 후지모토 소우* 등을 떠올렸을 것이다. 그렇다고 야마모토 리켄의 무게감이 떨어진다는 것은 아니다. 야마모토 리켄은 일찌감치 일본의 주택건축에 문제의식을 갖고 주택 건축의 대안 제시를 통해 가족과 공동체의 유대감을 회복시키는 데 주도적 역할을 한 건축가이기 때문이다. 그럼에도 언급한 건축가 외에도 쟁쟁한 후보들이 일본과 다른 국가에 많았기 때문이다. 그에 더해 2023년에 데이비드 치퍼필드가 수상한 영향도 있어 이번 정도는 선정기준이 그와 맥을 같이 할 것으로 생각했던 이유도 있다.

1945년 중국 베이징에서 태어난 야마모토 리켄Yamamoto Riken(1945~)은 전쟁이 끝난 뒤 일본으로 이주해 요코하마에서 자랐다. 니혼대와 도쿄예술대학원에서 건축을 공부했다. 1973년 '리켄 야마모토&필드 숍'이라는 건축설계 사무소를 세우고 건축 여정을 시작한다. 그는 출발부터 사회적 책임을 구현하는 실천적 방도로서의 건축을 추구했다. "공간을 인식하는 것은 공동체를 인식하는 것과 다르지 않다."[12]는 지론은 야마모토 건축이 사회와 공동체를 향하고 있음을 함축적으로 보여주고 있다.

프리츠커상 심사위원단은 "야마모토는 공적인 영역과 사적인 영역을 연결하고 사람들이 정체성, 정치적 신념, 경제적 능력 등의 차이를 넘어 조화로운 사회를 만들 수 있는 영감을 줬다."면서 "주택을 이웃과 절연된 상품으로 만든 묵은 조건들을 거부하고 자유와 사생활에 대한 전통적인 개념을 해체했다."고 선정 이유를 밝혔다. 심사위원장인 칠레 건축가 알레한드로 아라베나*도 "도시의 미래에 우리에게 가장 필요한 건 사람들이 모여서 상호작용할 수 있는 기회를 증가시키는 건축물을 통해 조건을 만드는 것인데 야마모토는 공동체 공간을 통해 일상에 존엄성을 가져오는 건축가."[13]라고 평했다.

야마모토 리켄은 디자인적으로 보면 평범하며 군더더기 없는, 미니멀한 모더니즘의 기본에 비교적 충실한 건축을 한다. 그래서 강철, 콘크리트, 유리 등을 주재료로 해서 단순하고 명료한 건축스타일을 보여주고 있다. 그러나 건축 프로그램적으로 보면 공동체에 대한 철학을 기반으로 건축의 공간구성을 통해 다소 무미건조하고 차가워 보이는 모더니즘 건축양식에 따뜻한 삶의 온기를 불어넣는다. 하드웨어적인 건축이 프로그램의 재구성을 통해 공간을 살아가고 있는 우리 삶에 온기를 불어넣는 것이라 할 수 있다.

공간의 개방성을 통한 내·외부 공간의 경계가 모호한 소통구조와 공용공간의 창출은 그래서 사회적 온기를 불어넣는 그의 건축 작업의 특징으로 자리 잡고 있다. 그가 공간의 경계를 허물고 상호 관입을 유도하는 수단으로 유리의 투명성을 많이 활용하는 이유이기도 하다.

"저는 많은 사람이 '지역사회권'과 같은 거주방식을 원하도록 공간을 만들 필요가 있다고 봐요. 그것이 건축가의 책임이라 생각합니다. '지역사회권'은 하나의 커뮤니티가 하나의 장소를 가지고 있는, 장소와의 관계에서 벌어지는 커뮤니티입니다. '지역사회권'은 단순히 거주만을 위한 것이 아니라 그곳에서 경제활동과 에너지를 생산하고 그것을 효율적으로 소비하는 것을 뜻하죠. 어린이 양육이나 고령자 요양을 위한 상호부조 시스템으로, 완전히 새로운 사고의 주거 방식을 제안하는 것입니다."[14]

위의 인터뷰를 통해 알 수 있듯이 야마모토 리켄은 모더니즘 양식의 실용성과 합리성을 수단으로 공동체가 서로 벽을 낮추고, 배타적이지 않으며, 소통하고 공유케 함으로써 사회 유기적 건축을 완성해온 건축가라 말할 수 있다.

    그의 대표작 중 2000년에 지어진 히로시마의 소방서는 7층짜리 상자 형태로 모든 면이 유리 루버로 덮여 있어 내부에서 일어나는 활동을 훤히 들여다 볼 수 있다. 이는 "소방서는 지역사회를 형성하는 데 매우 중요한 역할을 해야 한다."는 야마모토의 평소 생각을 반영하고, 소임을 맡은 소방관들 또한 존경받아야 하는 존재임을 부각시킨 것으로 평가된다.

야마모토 리켄, 히로시마 소방서, 2000

1991년 호타쿠보 집합주택, 1999년에 건축된 사이타마현립대학교 캠퍼스, 2008년 건축된 훗사시청Fussa City Hall 등 다른 주요 작품들에서도 그런 그의 건축적 특징과 철학이 잘 반영되어 있다. 국내에서는 그 스스로도 모범사례로 꼽고 있는 공동주택단지인 판교 타운하우스, 강남 보금자리 아파트 등에서 그의 건축적 진가를 볼 수 있다.

야마모토 리켄,
훗사 시청사,
2008

야마모토 리켄,
사이타마 현립대학 캠퍼스,
1999

행동경제학자이자 '넛지'의 공동 저자로 잘 알려진 리처드 탈러의 이론에 따르면 사람들의 행동을 자연스럽게 바꿀 수 있는 것은 강요나 규제가 아니라 자연스런 환경이다. 부드러운 개입에 의하여 많은 것이 변할 수 있다는 얘기다. 그런 건축의 부드러운 프로그램적 개입을 통해서 현대인들의 파편화되고 고립된 삶을 최소한의 소통이라도 이루어지는 공동체적인 주거생활로 변화시키고자 한 좋은 사례가 야마모토 리켄의 판교 타운하우스 집합주택이다. 판교 타운하우스는 평소 마을 공동체적 환경을 추구했던 리켄의 주거 건축 철학이 강하게 구현된 주택단지다. 건축가는 전체 건축물을 클러스터로 배치하고 공동 데크Common Deck를 만드는 두 가지 아이디어를 제안했다.

부지에는 총 9개의 클러스터가 있고, 각 클러스터는 3~4층 규모의 약 9~13개 주거 단위로 구성되어 있다. 2층의 공동 데크는 '시키'Shiki라고 불리는 각 주거 단위 2층의 투명한 공간을 연결한다. 시키는 거실, 홈 오피스, 아틀리에 및 기타 여러 기능으로 사용할 수 있는 거대한 현관과 같다고 밝히고 있다.

산비탈에 지어진 단독주택 클러스터는 건물들을 서로 마주보게 배치해 놓고 설계 제안처럼 2층의 공동 데크 마당을 통해 주거단지 2층이 서로 연결되도록 해 놓았다. 단지의 공간 구성을 통해 자연스럽게 개방적이고 상호 관입적인 커뮤니티 공간을 마련해 놓은 것이다. 지하에는 공동 주차장이 마련돼 있다. 각 독립 단지의 건물들은 리켄의 다른 건축들처럼 아주 평범하고 미니멀한 사각 박스형의 흰색 철근 콘크리트에 개방감 큰 유리창으로 되어 있다. 각 단독주택들 1층은 거실, 시키라 불리는 사방이 투명유리로 된 2층 다용도 공간, 3층의 침실 등으로 구성돼 있다. 그래서 2층 다용도 공간이 앞집과는 데크 마당을 사이에 두고 훤히 들여다보이는 투명 유리벽과 문으로 마주하고 있으며, 언제든 연결된 데크 마당을 통해 이웃들과 오가며 소통할 수 있는 구조다. 철저히 사생활을 보호하는 구조로 지어진 우리 아파트 문화에서는 파격적인 구조다. 2층의 앞집 사람들은 커튼을 치고 있지 않으면 서로 무엇을 하는지 훤히 들여다 볼 수 있다. 심지어 공동 데크로 연결된 하

야마모토 리켄, 판교 타운하우스, 2010

1층에 마련된 중정

지하주차장 입구

공동 데크 마당

나의 클러스터 내 가구에 사는 모든 사람들은 그 공용 데크 마당을 오가며 서로를 엿볼 수 있다.

건축가는 1층 거실과 3층을 프라이버시 공간으로 두고, 2층을 의도적으로 투명 유리벽과 문으로 데크 마당과 연결하여 이웃과의 소통을 도모한 것이다. 입주자들은 초기에 이런 구조에 불만을 제기했다고 한다. 분양율도 낮았다. 그러나 입주자가 채워지고 시간이 지나며 사람들은 거기에 적응해 나가기 시작했다. 2층 시키 공간을 부담이 없는 여가활동 공간으로 꾸미기 시작했고, 데크를 마당처럼 사용하며 이웃들과 자연스럽게 소통하기 시작했다. 각자의 집 앞에 화분을 놓아 정원을 만들고 함께 그 열린 공간을 꾸미고 활용하며 마을공동체의 유대감을 쌓아갔다. 일간지의 인터뷰를 통해 입주자들은 처음에는 어색하고 불편했으나 지금은 이웃과 유대감이 쌓이며 아주 만족한다고 이야기하고 있다. 그래서 설계자에게 이메일로 감사의 인사까지 전했다고 한다.[15]

건축가는 세곡동의 보금자리 아파트인 강남 에버시움에서도 같은 시도를 한다. 판교하우스와는 대형 아파트 단지라는 면에서 조건과 환경이 다르지만 저층부와 고층부로 이루어진 아파트 설계를 통하여 비슷한 구조를 만들어 낸다.

대모산 자락에 단차가 있게 조성된 아파트 단지는 판상형으로 동서로 길게 이어진 4층의 저층부와 그 위의 폭이 줄어든 고층부로 이루어져 서로 일조와 조망이 가리지 않도록 엇갈리며 배치되어 있다. 두 동이 짝이 되어 마주 보고 있는 형태로 하나의 클러스터를 이룬다. 마주 보는 두 동은 외부를 향해 난 긴 복도식 출입문을 갖고 있으며, 복도의 외벽은 큰 격자 프레임만으로 마감해 맞은편 동이 다 보이도록 최대의 개방감을 확보하고 있다. 복도는 마치 긴 회랑과도 같은 분위기가 난다. 맞은편 동과의 사이 공간은 온전히 사람만이 다닐 수 있는 중정 역할을 한다. 주민들은 이 공용공간을 판교 하우스에서와 마찬가지로 정원처럼 가꾸며 소통해 나간다.

단차를 이용해 만든 각 동의 반지하 주차장 위와 저층부의 옥상은 정원과 휴식공간으로 만들어 놓았으며, 그곳은 브리지를 통해 단지 내 다른 클러스터로 이동하는 연결통로가 되기도 한다. 전체적으로 판교 하우스와 같은 개념의 설계다. 이웃과 단절돼 있고 철저히 개별적으로 고립된 현 아파트단지의 구조에 공동체적 삶의 숨구멍을 마련하기 위한 건축가의 분투가 느껴진다. 아마도 아파트 입주자들에게는 분명 호불호가 있을 것이다. 그러나 건축가의 이런 최소한의 부드러운 개입마저 없으면 우리 아파트 문화에 변화는 없을 것이다.

야마모토 리켄은 기존 아파트나 집합주택의 프로그램 변화를 통해 공간과 삶의 새로운 관계 모색을 국내의 두 주택단지에서 적극적으로 시도한 건축가이다.

도보 전용 공용 공간

앞 동과 마주 보는
개방된 복도

1층 복도

저층부 옥상정원에서 다른 동으로 이어지는 브리지

그러나 거기에 활용된 그의 하드웨어적 수단은 지극히 평범하고, 실용적이며 단출하다. 디자인적인 측면에서 비율이 잘 맞춰진 기하학적 정형을 좀처럼 흐트러뜨리지 않고 있다. 그가 디자인에서 유독 격자형 패턴을 마치 코드처럼 즐겨 사용하는 것도 특징적이다. 주재료도 강철, 콘크리트와 유리만을 사용하여 일체의 군더더기가 없다. 초기 모더니즘 건축의 원형을 보여주는 듯하다. 하지만 건축적 프로그램의 발상 전환을 통해서 아파트 공동체의 고립되고 냉랭한 이미지를 상쇄시키며 부활시키고자 한다. 마치 모더니즘의 은사 르 코르뷔지에의 집합주택 '유니테 다비타시옹'이 추구했던 이상을 부활시키고자 하는 것처럼.

도미니크 페로 | 지속가능한 건축을 추구하는 미니멀리스트

이화여대 ECC

도미니크 페로는 한국과 인연이 많은 프랑스 건축가로, 풍경과 건축 사이의 경계를 허무는 혁신적인 디자인으로 알려져 있다. 특히 광화문광장 설계공모 심사위원과 2021년 제3회 서울 도시건축비엔날레 총괄감독을 맡은 바 있는 등 서울과는 깊은 인연을 맺어오고 있다.

1953년 4월 9일, 프랑스 클레르몽페랑에서 태어난 도미니크 페로Dominique Perrault(1953~)는 미니멀리즘 형태의 사용, 환경과의 통합, 지하 공간 탐구를 특징으로 하는 독특한 건축 스타일을 만들어 왔다.

페로는 파리의 국립고등미술학교École Nationale Supérieure des Beaux-Arts에서 건축을 공부했으며, 이후 국립도로교통학교École Nationale des Ponts et Chaussées에서 도시계획에 대해 계속 공부했다. 그의 경력은 1981년 파리에서 자신의 회사, 도미니크 페로 건축 Dominique Perrault Architecture, DPA을 설립하면서 중요한 전환점을 맞았다. 1997년 미스 반데어 로에 상 등 여러 권위 있는 건축상들을 수상하면서 세계적인 건축가로 자리 잡았다.

하이테크 건축가들이 모더니즘의 이상을 혁신적 기술을 통해 업그레이드시키며 계승하고 있다면 도미니크 페로나 데이비드 치퍼필드 같은 거장들은 보다 정서적이고 실용적으로 업그레이드시키며 계승하고 있다는 생각이다.

이런 페로의 건축은 극도의 단순화와 정제된 형태로 미니멀리즘 미학을 추구한다. 그는 복잡성을 줄이고 기하학적인 형태와 몇 개의 선을 통해 공간의 본질을 드러낸다. 이런 디자인 접근 방식은 기능적이면서도 시각적으로 명료한 공간을 창조할 수 있게 한다.

또 페로 작업의 특징 중 하나는 그의 건물이 주변 풍경과 이음새 없이 스며드는 것이다. 그는 사이트의 자연적 특성과 지형을 면밀히 분석하고 건축물을 자연 속에 숨기거나 주변 환경과 일체감을 이루도록 한다. 그래서 그를 땅 재단사geo-coutorier라 부른다.

페로는 지상뿐만 아니라 지하 공간의 가능성에도 주목한다. 그는 지하 공간을 단순한 기능적 공간이 아닌, 창의적이고 생동감 있는 공간으로 변모시킬 수 있는 기회로 보아 프로젝트의 기능적 및 미학적 가능성을 확장하고 있다. 이를 통해 그는 도시 환경에서 새로운 공간적 경험을 창조하고, 건축물의 기능적 영역을 확장한다.

재료 면에서도 금속 메시와 유리와 같은 산업 재료를 사용하는데, 이는 기능적이고 미학적인 목적을 모두 충족하기 위해 사용된다. 이러한 재료들은 그의 디자인에서 투명성, 가벼움, 개방감을 나타내는 데 효율적으로 이용되고 있다.

그의 대표작으로는 30대 초반 젊은 시절 설계자로 선정된 프랑스 파리 국립도서관이 있는데, 이는 프랑스 대통령 미테랑이 의욕적으로 추진한 대규모 건축 프로젝트 '그랑 프로제'Grands Projets*의 한 축이기도 했다. 1995년 완공된 이 프로젝트에서 네 개의 거대한 유리 매스는 열린 책을 닮았으며, 상징적 의미와 건축을 통합하는 페로의 능력을 보여주었다. 논란이 없지 않았다. 비평가들은 도서관의 디자인과 기능성에 대해 논쟁을 벌였으며, 방대한 지하 저장 공간과 높은 유리 탑의 실용성과 관련된 문제가 지적됐음에도 불구하고 도서관은 페로의 경력에서 기념비적 프로젝트로 남아 있다.

1992년 베를린의 올림픽을 위해 파리 도서관보다 좀 더 앞서 지어진 벨로드롬 및 수영장은 투명성과 빛에 중점을 두었다. 특히 벨로드롬은 그것의 매끄럽고 미니멀한 디자인과 주변 풍경과의 조화로 주목받았다.

룩셈부르크에 2008년 완공된 유럽연합 사법재판소는 페로의 미니멀리즘 미학과 환경과 통합된 공간을 창조하는 그의 역량을 잘 보여주는 예이다.

위의 대표작들을 통해 도미니크 페로의 건축 특징들이 각 프로젝트에 일관되게 나타나는 것들을 볼 수 있으며, 그만의 독특한 건축적 접근 방식과 철학을 이해할 수 있다. 이런 면에서 국내 이화여대 복합 캠퍼스 프로젝트는 페로 건축의 특징을 명확히 보여주는 또 하나의 대표작이라 할 만한데, 그가 지하공간을 어떻게 창의적인 건축언어로 풀었는지 가까이서 경험할 수 있는 귀한 선물이다. 또 여수 예올마루 공연장에서도 그의 작품을 경험해 볼 수 있다. 이 밖에도 서울시가 추진하는 영동대로 지하 5층 복합환승센터 설계를 맡아 프로젝트를 진행하고 있는데 그가 우리에게 어떤 공간을 보여줄지 벌써부터 기대된다.

이화여대 ECC는 해체주의 건축으로 세계적 명성을 떨친 동대문 DDP의 설계자 자하 하디드와 경합해 설계를 맡게 된 프로젝트다.

"어떻게 건축물을 만드느냐보다 왜 건축물을 만드냐가 더 중요하다."

"건축은 자연이고 자연은 건축이 된다."[16)

ECC를 보면 도미니크 페로의 이런 생각들이 어떻게 반영되어 있는지를 확실히 알 수 있다. 건축가들 나름대로 특징이 있고 그들만의 매력이 다 있지만 필자가 가장 좋아하는 건축가 중의 한 명이 도미니크 페로다. 건축을 왜 하느냐의 문제를 그의 건축철학과 작품을 통해서 명료하게 확인할 수 있기 때문이다. 그것도 굉장히 감동적인 방식으로 보여준다. 필자가 지속가능한 사회경제의 문제를 가지고 활동하고 있는 만큼 지속가능성의 관점은 건축을 평가하고 감상하는 데 있어서도 근간을 이루고 있다. 그렇다고 그 잣대만을 절대시하는 것은 아니다. 이런 점에서 도미니크

도미니크 페로, 이화여대 ECC 진입부, 2008

페로의 ECC는 국내에서 진행된 거장들의 프로젝트 중 필자에게 다방면으로 만족감을 심어준 최고의 작품이다. 비좁은 부지에 극도의 효율성과 효용성을 찾아내야 하는 건축주의 깊은 고민을 자신의 방식으로 어떻게 이렇게 찰떡같이 풀어낼 수 있었을까를 생각하면 전율이 느껴질 정도다. 큰 상의 수상자로 선정되는 것은 여러 변수가 작용하는 것이지만, 그래도 이런 건축가에게 아직 프리츠커상 수상이 수여되지 않았다는 것이 의문이다. 그런 아쉬움의 대상자가 어디 한두 명이겠느냐만.

건축가는 인터뷰에서 이 프로젝트에 관해 이렇게 이야기했다.

"우리는 캠퍼스의 공원, 건물의 현재 상태뿐만 아니라 캠퍼스의 추억을 프로젝트로 다루려고 했다. 건물을 아래로 묻는 것을 통해 대지를 점유하고 건설되는 인공구조물과 대지의 경계를 없애려는 의지를 표현했다. 잠긴 공간은 상부 공간을 개방해 급속도로 팽창하는 거대 도시의 숨통을 틔워줄 공간이 된다.

ECC가 갖고 있는 여러 장소 중에서도 정문, 대강당과 함께 이화인과 학교 관계자 모두에게 중요한 장소로 기억되고 있는 ECC는 본관과의 연계성과 대운동장의 추억을 갖고 있기에 이대의 상징적인 장소로 인식되고 있다.

정문에서 캠퍼스 전체를 바라볼 수 있고, 본관에서는 도시의 뷰가 한눈에 들어오는 장소이다. 또한 주변의 영국식Anglo-Saxon Campus 고건물들의 분포와 새로운 집합적 기능을 조직하는 축이기도 하다."[17]

건물 외형의 기획설계 자체도 친환경적이지만 건물을 유지시켜 주는 설비 기술도 뛰어나다. 땅속의 에너지를 이용한 지열순환 시스템과 건물 구조체에 숨은 파이프로 에너지를 보내 건물의 온도와 환경을 유지하기 위한 CCAConcrete core activation 공법과, 지하 외벽을 이용한 Thermal Labyrinth로 에너지 사용을 최소화하는 방법을 택하고 있다. 지속가능성 관점에서 패시브 건축의 전형이다.

위 인터뷰를 보면 ECC의 콘셉트를 쉽게 이해하고 감상할 수 있다.

ECC가 생기기 전 이화여대 캠퍼스를 생각하면 이 건축물이 만들어낸 변화의 위대함을 실감할 수 있다. 외부인의 입장에서 봤던 이대 캠퍼스는 다른 대학들에 비해 스테레오타입으로 만들어 놓은 캠퍼스의 정형에 정체되어 있던 모습으로 각인되어 있다. 디폴트화 되어 있던 숨 쉴 수 있는 공간인 운동장을 감히 건드릴 생각을 누가 할 수 있었을까? 그렇다고 필요한 건물을 안 지을 수도 없는 것이고. 수도권에는 이런 윈-윈하고자 하는 깊은 고민 없이 비좁은 캠퍼스에 틈만 있으면 빼곡히 건물을 올려대는 학교들이 부지기수다. 학교 구성원들은 그래서 점점 더 숨이 막혀간다. 그런데 이화여대는 그걸 놀랍도록 현명하게 해결했다.

정문을 들어서면 마주했던 운동장의 개방감 대신 녹색 정원의 골짜기가 탁 트인 전경으로 방문자를 맞이해준다. 본관을 가운데로 양옆에 늘어선 예전 건물들도 어쩐지 덩달아 얌전해진 듯하다. 앞에 펼쳐진 이대 캠퍼스는 숲속의 캠퍼스가 된 듯하다. 골짜기 길이가 약 200미터로 알려진 중심부 성큰 가든은 놀라움 그 자체였다. 스테인리스 프레임과 유리 커튼월로 이루어진 골짜기 양옆의 벽체를 초입에

지하 4층 성큰 가든에서 바라본 스페인 스텝

서서 내려다보는 몰입감은 압권이다.

이 지하형태로 이루어진 복합건물은 모두 지하 6층으로 이루어졌는데, 지하 5~6층은 주차공간이고 1~4층은 학생들의 다양한 활동을 위한 복합공간으로 설계되었다. 그런데 놀라운 것은 학생들이 활동하는 그 지하1~4층이 모두 투명 유리벽을 통해 외부로 개방돼 있다는 점이다. 노래 가사를 패러디하자면 지하인 듯, 지하 아닌, 지하 같은 건축이라고나 할까. 내려가면 마치 영화에서 모세가 홍해바다를 가르고 지나갈 때와 같은 느낌의 장면이 펼쳐진다. 그러고 보니 이화여대가 미션스쿨이다. 내려가다 보면 각 층마다 출입문이 하나씩 단계적으로 나 있었다. 참 자연스러운 동선이다.

맨 저층 바닥까지 가면 또 다른 풍경이 펼쳐진다. 남북으로 올려다보는 풍경은 내려다보는 풍경 못지않은 감동을 선사한다. 재미있는 것은 북쪽 본관을 향해 나 있는 계단, 로마 스페인광장에서 따온 일명 'Spanish Steps'이다. 이 공간은 성큰 가든 내의 또 다른 소통공간이자 핫플레이스였다. 지나는 사람뿐 아니라 여기저기 모여앉아 도란도란 얘기하고 있는 모습이 한가롭고 자유로우며 정겨웠다. 지하광장에 공연이 펼쳐질 때면 훌륭한 객석의 역할도 한다고 한다. 미적으로나 쓰임새로나 나무랄 데 없는 공간이다. 최저 층 바닥에 들어왔는데도 전혀 답답함이나 위압감이 없이 자연스럽고, 오히려 아늑하다. 거기 서서 정문 쪽으로 바라보이는 제한된 도시 풍경은 세상으로 나가는 문 그 자체다. 프레임을 통해서 보는 세상이 어떤 경우에는 훨씬 아름다워 보인다. 사진이 그렇듯 건축의 창이나 프레임이 그런 역할을 한다. 그래서 훌륭한 건축가일수록 외경을 끌어들이는 프레임을 잘 만든다.

양쪽으로 서 있는 4층 높이의 유리벽을 보고 있으면 지하가 아닌 빌딩가의 여느 유리커튼월 빌딩 앞에 서 있는 듯하다. 유리벽을 정면에서 보는 것과 옆에서 보는 것이 다른데 그 이유는 유리벽 외부에 스테인리스로 된 얇고 긴 패널을 루버형태로 조립해 놨기 때문이다. 그 스테인리스는 거울 같아서 빛과 물체를 반사하고 있다. 꽤 튼튼해 보이기 때문에 디자인적 역할뿐 아니라 커튼월을 지지해주는 구조

내부에서 바라본 성큰 가든

강의실

적인 역할도 하고 있는 것으로 보인다. 지하 4층 입구를 통해 안으로 들어가면 또다른 공간 경험이 기다리고 있다.

성큰 가든 바닥 층인 지하 4층 입구에 들어서면 우선 지하 1층 천장까지 뚫려 있는 아트리움 형식의 로비를 마주하게 된다. 거기에는 각종 편의시설들과 각 층으로 올라가는 철재 난간의 계단이 배치되어 있다. 그런데 맨 꼭대기 층인 지하 1층까지 통으로 시공된 커튼월 유리창을 통해 들어오는 자연광과 개방감으로 지하공간이라는 것이 무색해진다. 철근콘크리트 기둥과 뼈대, 벽의 해방을 통해 구현된 커튼월 유리창, 단순하고 자유로운 평면 공간으로부터 나오는 효율적 공간 배치는 왜 이 건축가가 모더니스트인지를 그대로 보여준다.

유리 파사드를 통해 빛은 각층의 강의실 및 연구실이 들어서 있는 개방된

강당 쪽 로비

엘리베이터에서 바라본 스테인리스 절벽

복도까지 깊이 들어온다. 또 복도에 접해 있는 각 연구 공간들의 벽도 통유리와 커튼을 이용해 자연광의 혜택을 최대한 이용하고 있다. 모든 발상이 다 스마트하다. 2층의 넓은 다목적 공간에 마련된 테이블 여기저기에 앉아 공부를 하고 있는 학생들의 모습이 평화로워 보인다. 맞은편 동과는 지하 4층 외부로 나와 바로 갈 수도 있지만 북쪽 끝에서 ㄷ자로 연결되어 실내로 이동할 수도 있다. 스페인 스텝 아래 공간과 도로의 지하까지 활용하여 강당 등 여러 다목적 공간들을 마련한 것도 이 건물의 공간 활용 효율성을 보여주는 한 장면이다.

맞은편 공간으로 이동하면 그곳에는 엘리베이터가 설치돼 있다. 등굣길이나 다른 건물에서 수업하고 나오는 길에, 혹은 걸어가기에는 이동이 좀 불편할 때 등 모든 경우의 수를 감안해 이 건물에 진입할 수 있게 경로가 다양하게 열려 있음을 알 수 있다. 필자는 엘리베이터를 타고 내려간 것이 아니기 때문에 엘리베이터 공간을 지하 4층에서 접하게 됐다. 엘리베이터 타워가 있는 창 쪽에서 올려다 보이는 맞은편 절벽의 광경은 놀라움 그 자체였다. 스테인리스 조각으로만 이어 붙여 마감한 절벽의 메탈감은 거대한 설치미술 그 자체였다. 아래 바닥은 얕은 수공간으로 조성하여 반짝이는 메탈과 어우러져 빛의 산란을 맘껏 유희할 수 있게 만들어 놓았다. 유리타워로 된 이 엘리베이터를 경험하기 위해 올라갔다 다시 내려오는 것은 필수다. 올라가면서와 내려오면서 메탈 수직 동굴을 경험하는 것은 다른 느낌이기 때문이다. 필자는 개인적으로 내려오면서 동굴의 깊숙한 느낌을 체험하고 아래에서 거대한 메탈 벽을 마주하는 것이 좀 더 드라마틱했다.

다시 지하 4층 출구로 나와 스페인 스텝을 통해 지상으로 서서히 이동했다. 중간 중간 서서 성큰 가든 아래쪽과 남쪽을 높이에 따라 조망하는 재미도 쏠쏠하다. 이 계단에 앉아 야외 공연을 관람하는 상상도 해보았다. 아마도 고대 그리스·로마의 야외 원형극장에서 공연을 보면 비슷한 느낌이 들지 않을까 싶다. 앉아서 지인들과 이야기할 때는 로마의 스페인광장으로, 공연을 관람할 때는 고대 그리스의 원형극장으로 변신하는 이 공간이야말로 스토리가 있는 낭만적인 공간이다. 계

지상에서 바라본 정문 방향

건물 지상에 마련된 정원길

단을 올라 지상에서 내려다보는 성큰 가든의 깊이감과 펼쳐지는 전경은 교문 쪽에서 진입할 때와 정반대다. 들어오는 길이 넓은 숲속 교정의 아카데믹한 분위기로 몰입되는 느낌이라면, 내려가기 전 바라보이는 전경은 스키점프라도 하듯 성큰 가든의 슬로프를 타고 내려 다시 힘차게 도약해 현실의 세상 속으로 날아 들어가야 하는 느낌이다.

　건축이라는 것은 기능적 객관성으로 존재하기도 하지만 동시에 각 개인에게 다양한 주관적 상상력과 경험을 선사해준다. 이게 건축에 빠질 수밖에 없는 매력 아닌가 싶다. 탐방을 마무리하며 나올 때는 편안하게 성큰 가든의 지하 건물 위에 조성된 정원 길을 따라 학교 전경을 사방으로 살펴보며 나왔다. 등하교길 학생들은 다양한 경로를 통해 각각의 강의동으로 오갈 수 있다. 그것도 각각의 길이 다 특별하다. 이런 캠퍼스를 설계해 준 건축가에게 절로 고마움이 묻어날 것 같다.

2

자연을 품고
싶어 하는
건축의 시인들

사실은 이 장의 타이틀을 낭만적 모더니스트들이라 쓰고 싶었다. 여러 건축적 맥락을 중요시한다는 점에서 교조적인 프레임으로 보면 모더니스트가 아니라 할 수도 있다. 그러나 이들은 기본적으로 모더니즘에서 추구하는 미니멀한 건축을 추구한다. 포스트 모던의 모더니즘에 대한 반감이 아니라 모더니즘에 대한 애정에서 출발한 건축가들이다. 이들은 그래서 그런 모더니즘에 부드럽고 따뜻한 감성을 불어넣고 싶어 한다. 그만큼 이 장에서 소개하는 건축가들은 우리의 감성을 부드럽게 어루만진다. 이런 이들에게는 영혼의 건축가라는 별칭이 제법 잘 어울린다. 특히 안도 다다오 같은 경우는 앞 장에서 다루고 싶을 정도의 모더니즘적 건축을 지향하는 건축가다. 최근 들어서 약간의 변화를 시도하고 있는 듯 보이기도 하지만, 그는 앞 장에서 소개된 건축가들보다 모더니즘 코드를 굉장히 서정적으로 풀어간다.

그리고 이들이 쓰는 건축언어는 정서적으로 자연, 지역 및 장소 친화적이다. 건축 재료적으로도 노출 콘크리트를 기본으로 한 자연적이고 토착성 강한 재료들을 즐겨 쓰기 때문에 훨씬 친근하고 푸근하게 느껴진다. 특히 이들이 자연과 더불어 끌어들이는 빛은 훨씬 더 서정적으로 조율된다. 그래서 이들의 건축은 자연에 있을 때 특히 아름답다. 그만큼 자연과 지역에 잘 녹아드는 건축 작업을 한다. 이 장에서는 이들의 건축으로부터 서정적인 건축이 무엇이며, 건축의 절제미가 무엇인지를 볼 수 있을 것이다.

미메시스 아트 뮤지엄 & 소요헌

흔히 알바루 시자를 모더니즘 건축의 시인, 혹은 시적 모더니스트라 부른다. 건축을 하는 사람치고 예술적이지 않은 사람이 있을까? 그만큼 건축은 예술과 과학과 인문·사회과학이 한데 어우러져 있는 결정체라고 할 수 있다.

이런 건축의 특성들은 다양한 건축가들을 통해 제각각 다르게 표현된다. 어떤 건축가에게는 예술적 표현이, 어떤 건축가에게는 기술적 표현이, 또 누구에게는 인문학적 표현이나 사회적 표현들이 두드러지게 구현되곤 한다. 알바루 시자는 다음과 같이 건축의 예술성에 대해 규정하기도 했다.

"건축은 예술이지만 예술은 건축이 아니다. 건축이 예술을 생성시키지 않기 때문이다. 건축은 예술처럼 자율적이고 분산에 반대한다."[18]

그러나 우리가 세계적 건축가들의 작품을 체험하고 감상할 때 그들의 건축에는 건축적 주요 요소들이 기본적으로 탄탄하게 전제되어 있다는 점을 염두에 둘 필요가 있다. 연장선에서 예술적 측면에도 당연히 건축가들은 각기 다른 그들의 미적 관점을 작품에 어떤 식으로든 표현해 내고자 한다. 알바루 시자 비에이라Alvaro Siza Vieira(1933~) 역시 르 코르뷔지에의 모더니즘 건축으로부터 영향을 많이 받은 건축가로서 르 코르뷔지에의 건축 문법이 많이 남아 있는 건축가 중 한 명이다. 그러면서도 자연과 지역의 콘텍스트를 중요하게 생각한다. 그러다 보니 자연스럽게 그의 건축들은 자연과 주위환경에 잘 어우러져 시적 느낌으로 다가오기도 한다.

그가 건축스케치를 할 때면 항상 건축할 부지가 잘 보이는 카페에 앉아서 건축될 곳을 조망하며 한다는 이야기는 유명하다. 이는 그만큼 그가 설계에서 주위 환경과의 콘텍스트를 아주 중요하게 생각한다는 것을 보여주는 일화이다.

그는 포르투갈의 아름다운 도시 포르투 근교에서 태어나 공부하고 지역을 기반으로 활동한 건축가이다. 포르투 미술대학 건축학부의 페르난두 타보라 교수에게 배우고, 이후 동료 건축가로서 같이 작업을 하기도 했다. 시자의 건축은 기본적으로 르 코르뷔지에의 모더니즘을 베이스로 하고 있다. 그에 더해 자연적, 지역적 맥락을 강하게 반영하며 그만의 건축세계를 구축한다. 그의 건축적 특징을 보면 단순하고 명료한 형태에 직선과 곡선이 절묘한 조합을 이루고 있으며, 건물 내·외부 벽체가 백색의 노출 콘크리트 방식으로 처리되고 있다. 또한 그는 건축의 내외적으로 자연광의 흐름을 잘 활용하고 있는데, 실내조명도 자연광을 최대한 끌어들여 인공조명을 최소화하고 있다.

이러한 인공조명조차도 대부분 간접조명으로 처리되고 있어 백색과 조화를 이루며 편안하고 포근한 공간감을 준다.

그는 1992년 프리츠커상을 받으며 사람들에게 거장으로서의 입지를 각인시켰다. 그의 명성에 걸맞게 세계 각지에 그의 작품들이 있지만, 특히 그의 고향 포르투에는 지역 출신 건축가답게 그의 작품들이 즐비하다. 포르투는 가히 알바루 시자의 도시라 해도 과언이 아닐 것 같다.

한국에도 스스로 최고의 작품이라 자부하고 있는 파주 출판단지 미메시스 아트 뮤지엄, 경북 군위의 소요헌, 아모레퍼시픽 용인연구소 미지움, 안양 예술공원의 알바루 시자홀이 있어 그의 건축세계를 다양하고 깊이 있게 감상하고 체험해 볼 수 있다.

그의 대표작으로는 포르투 근교 해변 레사 다 팔메이라 야외수영장, 산타마

알바루 시자, 레사 다 팔메이라 수영장, 포르투갈, 1966

알바루 시자, 산타마리아 성당, 포르투갈, 1996

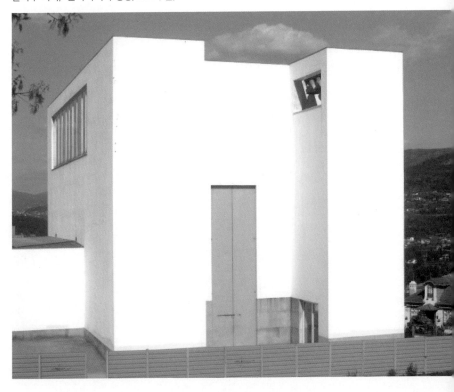

2_ 자연을 품고 싶어 하는 건축의 시인들

리아 성당, 세랄베스 재단 미술관 등이 있다. 특히 조용한 바닷가에 있는 팔메이라 야외 수영장은 건축의 존재감을 드러내지 않고 자연에 최대한 융합한 대표작으로 남아 있다.

우리나라에는 건축의 경연장 같은 곳이 몇 군데 있다. 우선 세계적 건축가들의 화려한 솜씨의 경연장인 한국의 오모테산도라 할 만한 청담동의 명품 브랜드 플래그숍 군집이 있다. 그리고 안도 다다오, 톰 메인, 2024년 서펜타인 갤러리*에 초대받아 '군도의 여백'이라는 파빌리온을 전시 중인 조민석 등 한국 유명 건축가들의 작품이 있는 강서구 마곡 첨단산업지구, 그리고 도심 재생에 성공하고 있는 광진구 성수동이 있다. 이곳은 김찬중이 이끄는 더 시스템 랩 같은 한국의 창의적 건축가들이 디자인한 건축들과 데이비드 치퍼필드의 크래프톤 사옥이 예정돼 있는 젊은 이들의 핫 플레이스이기도 하다. 더해서 대학로가 있는 혜화동도 건축학도들에게는 한국 현대건축의 모태를 볼 수 있는 성지이다. 국내 현대건축 선구자 김수근의 공간 사옥, 구 샘터 사옥, 아르코미술관, 아르코예술극장 등과 더불어 안도 다다오의 재능교육 JCC 아트센터, JCC 크리에이티브센터 등을 만날 수 있기 때문이다. 또 특정 구역은 아니지만 안도 다다오, 이타미 준, 마리오 보타, 도미니크 페로, 쿠마 겐고, 국내의 승효상, 조민석, 유현준, 이종호 등 수많은 유명 건축가들의 작품을 만날 수 있는 제주 서귀포지역도 건축여행을 모아서 할 수 있는 곳이다.

그런데 파주 출판단지 역시 둘째가라면 서러울 정도의 건축 핫 플레이스이다. 그도 그럴 것이 파주 출판단지는 다른 지역과 달리 단지 전체가 건축적 계획하에 건물들이 하나하나 지어진 곳이기 때문이다. 바로 여기에서 알바루 시자의 최고 역작으로 평가받고 있는 미메시스 아트 뮤지엄을 만날 수 있다. 이 마을에서 우리는 시자 외에도 승효상, 조성룡, 민현식, 김인철, 최문규, 김준성 등 우리나라 건축을 대표하는 건축가들의 작품도 만나볼 수 있다. 본서에서는 다루지 않았지만 2010년도 프리츠커상 수상자인 SANAA*의 세지마 가즈요의 설계작인 도서출판 동녘의 본사 사옥도 볼 수 있다.

　이처럼 건축 여행으로도 하루가 부족한 지역이 파주 출판단지다. 알바루 시자의 미메시스 아트 뮤지엄은 그중에서도 가장 야심찬 작품이라 볼 수 있다. 실제로 그의 건축 완숙기인 80을 바라보는 나이에 설계한 작품이기도 하고, 스스로도 자기 건축의 가장 완성도 높은 작품이라고 만족을 표시했기 때문이다. 동아일보에서는 한국의 가장 아름다운 100대 건축 중 16위에 이 미메시스 아트 뮤지엄을 올려놓기도 했다.

　미메시스 아트 뮤지엄은 큰 도로와 건물 하나를 사이에 두고 등지고 있어 잘

세지마 가즈요, 도서출판 동녘 사옥, 파주

알바루 시자, 미메시스 아트 뮤지엄, 파주 출판단지, 2012

웅장하고 유려한 매스

눈에 띄지 않는다. 그러나 큰 도로에서 미술관이 있는 옆길로 접어들면 알바루 시자 특유의 매스감을 자랑하는 노출콘크리트 벽체를 만나게 된다. 사진이 흰색으로 나온 것도 있는데 실제로는 회색과 흰색 중간쯤 되는 어중간한 톤이다.

입구 쪽으로 방향을 틀면 직사각형의 벽면이 곡면으로 바뀌며 두 개의 거대한 곡면 덩어리로 형성된 계곡을 마주하게 된다. 건물과 같이 하늘을 보면 마치 수만 년의 풍화작용을 거쳐 매끄럽게 형성된 그랜드 캐니언의 곡면 계곡에 서서 보는 듯한 착각을 일으킨다. 뒤쪽에서 올 때는 전혀 예상할 수 없는 반전이다. 그동안 시자가 구현해온 콘크리트 매스 건축의 절정을 보는 듯한 조형감이다.

시자는 미국 건축협회보 인터뷰에서 "사실 건축가보다는 조각가를 꿈꾸었다. 엔지니어였던 아버지의 뜻에 따라 건축과를 선택했는데 이마저도 여차하면 조각으로 바꿀 생각을 하고 그림과 조각, 건축을 모두 하는 학교로 진학했다"[19]고 했다. 이런 그의 그림과 조각에 대한 재능을 생각하면 조형물 같은 매스 설계는 너무나 자연스러운 결과물이다. 계곡 안쪽으로 곡면을 따라 인도되는 입구, 그 과정에서 만나는 1층 전시실의 통창 구조와 캔틸레버 형식으로 자연스럽게 만들어진 진입로의 처마들이 너무 자연스럽다. 2층에 난 통창은 조각 끌로 파내듯이 매스 아래 모퉁이에 사선으로 깊이 파놓은 것도 인상적이다. 맞은편 날개 건물의 1층 카페에서 이 유려한 미술관이 주는 문화적 호사를 즐기는 사람들의 표정들도 꽤나 즐거워 보인다.

시자가 설계한 대표적 미술관으로 포르투갈의 세베레 미술관과 브라질의 이베레 카르마고 재단 뮤지엄이 있는데, 미메시스 아트 뮤지엄은 과감한 곡면의 예술을 구사한 이베레 카르마고 재단 뮤지엄과 같은 형태적 조합을 이루고 있다. 이베레를 직접 가보지는 못하고 사진으로만 봤지만 그래도 필자에게는 미메시스 아트 뮤지엄의 매스감이 더 대담하고 황홀하게 다가온다.

미메시스 아트 뮤지엄은 지하 1층과 지상 3층 규모의 두 동이 날개 모양으로 지어져 있다. 알바루 시자는 웅크린 고양이의 모양을 생각하며 스케치했다고 한다.[20] 지하 1층엔 주로 창고와 기계실이 위치해 있고, 지상 1층은 접수처와 전시 공간, 그리고 카페테리아가 있다. 2층은 메자닌mezzanine*이라는 중이층 공간이며, 관리실과 상점, 직원 화장실 등이 있다. 마지막 3층은 상설 전시 공간이 주이며 간접조명으로drop ceiling(이중천장 설치) 자연광을 가장 효과적으로 받는 공간이다.

1층 현관으로 들어서면 미니멀리즘의 극한을 체험하는 듯하다. 흰 벽, 흰 대리석 바닥, 그리고 빛. 딱 세 가지만으로 이루어진 공간은 선계에 있는 착각을 불러일으킨다.

그 안에서 빛과 조응하는 수직선과 가로 곡선의 향연은 그것만으로도 추상 예술 그 자체다. 흰색은 모든 것을 받아들인다고 했던가? 그래서 그런지 흰색 곡면 벽에 걸려 전시되는 미술작품들은 관람객들을 더 몰입하게 만든다. 이런 심미감은 사무실 공간인 2층을 지나 3층에서 절정에 이른다. 2, 3층은 1층과 달리 갈색 원목 마룻바닥으로 처리돼 나머지 흰색과 대비되면서 단조로움에 변화를 주고 있다. 특히 눈에 들어오는 것은 이중천장을 설치해 천창에서 들어오는 빛을 반사시켜 간접조명처럼 은은한 자연광으로 홀에 분배해 주고 있는 장면이었다. 전시된 미술작품들은 그런 자연의 빛으로 덧칠되며 비로소 완성되고 있다는 생각마저 들었다.

파리 오랑주리 미술관은 평생 빛의 변화가 주는 인상을 화폭에 담으려 했던 클로드 모네의 '수련' 작품을 실감나게 관람할 수 있도록 천창에서 자연광이 쏟아지도록 설계되었다. 또 안도 다다오의 대표작 중 하나인 나오시마 섬 지중미술관의 모네관에서도 같은 발상으로 천창을 통해 들어온 시시각각 변하는 자연의 빛만으로 감상할 수 있게 만들었다.

이처럼 서양 미술사에서 빛을 화폭에 담아내는 다양한 솜씨를 미술가들이 펼쳐 왔듯이 건축에서도 공간에 자연의 빛을 끌어들이고 조율하기 위해 많은 거장들이 분투해 왔다. 알바루 시자는 그런 거장들 중에도 가장 훌륭하게 그 일을 해온 건축가 중 한 명이다.

관람을 마치고 내려가기 전 전시 공간 한가운데에서 오브제처럼 구현된 기

1층 전시실

2층으로 올라가는 계단

3층 전시실

천창에서 전시실과
작품으로 떨어지는 빛

3층 전시 공간

2층 메자닌에서 바라본 카페테리아

하학적 조형미를 감상하는 것도 놓칠 수 없는 한 장면이다. 북쪽 날개로 내려오면서 1층과 수직으로 연결돼 메자닌으로 처리된 2층에서 1층의 카페를 바라보면 외관과 달리 이 미술관이 주는 개방감을 제대로 느낄 수 있다.

철학과 학부 때 접했던 지식에 의하면 이 미술관의 이름인 미메시스mimesis는 고대 그리스어의 모방자, 연기자라는 뜻의 mimos에서 온 말이다. 플라톤과 아리스토텔레스에 있어서는 철학적 용어로 쓰인다. 플라톤에게 있어서 예술 행위의 모방 혹은 재현은 이데아를 모방하고 있는 현실의 모방으로서 미메시스이다. 때문에 그는 현실의 모방은 이데아Idea적 진리에 대한 거짓, 가짜, 이중 왜곡 행위라 보고 예술을 폄하했다. 그러나 아리스토텔레스는 예술을 본질의 가장 핵심적인 것Eidos을 재현하는 것이라 보았기 때문에 예술 행위를 높이 평가했다. 미메시스 아트 뮤지엄의 미메시스는 그곳에서 전시되는 미술작품과 그것들을 위한 알바루 시자의 건축적 표현이 바로 아리스토텔레스의 예술에 대한 찬사를 반영한 것임을 짐작케 한다.

알바루 시자 하면 떠오르는 건축이 포르투갈 해변 바위 위에 지은 보아노바 레스토랑과 바위를 이용해 만든 해변 수영장이다. 시자가 추구하는 자연에 녹아든 건축의 전형을 가장 잘 보여주는 대표작이기 때문이다. 한마디로 자연에 동화된 건축들이다. 또 야생의 자연에서 건축이 갖는 본질적인 의미를 떠올리게 만든다.

건축은 동굴과 같은 자연으로부터의 최소한의 피난처와 보호막의 역할로부터 시작한다. 지형과 주위 환경을 이용한 최소한의 행위만으로도 훌륭한 건축물이 만들어질 수 있다. 우리는 지금 그 방식에서 굉장히 멀리까지 왔다. 그럼에도 여전히 건축가들은 건축의 원형과 본질에 대한 고민을 끊임없이 하고 있다. 어떤 이는 그것을 현대적으로 변형하려 하고, 어떤 이는 그것으로부터 탈피해 새로운 시도를 하고자 하고, 또 어떤 이는 그 문제에 대해 더 깊이 다가가려 한다. 시자가 포르투갈 해변에 지은 보아 레스토랑과 팔메이라 수영장은 가장 후자의 모습에 가깝다.

한국에 있는 건축 중에는 대구시 군위군 산골 숲에 있는 소요헌이 바로 그

알바루 시자, 보아노바 레스토랑, 포르투갈, 1963

알바루 시자, 소요헌 원경, 경북 군위, 2017

러하다는 생각이다. 사유원이라는 수목원을 기획한 건축주 유재성 회장과 한국의 대표적 건축가 중 한 사람인 승효상 건축가는 사유와 명상을 테마로 하는 수목원에 알바루 시자를 초대했다. 예술적 조예가 깊었던 건축주나 빈자의 건축, 비움의 건축을 추구하는 모더니스트이자 미니멀리스트 승효상 건축가 역시 이 숲속의 사유와 명상, 그리고 쉼을 위한 건축을 생각했을 때 알바루 시자가 가장 먼저 떠올랐을 것이다. 특히 소요헌은 시자의 1992년 스페인 마드리드에 지어질 '피카소 박물관'의 설계 당선작인데, 아쉽게도 유치에 실패해 건축이 무산되어 잠자고 있던 설계

소요헌 내부

를 어렵게 설득하여 한국에 가져온 것으로 알려져 있다.

'자유롭게 거닐며 다니는 집'이라는 뜻을 가진 소요헌은 장자의 소요유에서 이름을 가져왔다고 한다.[21] 장자 하면 노자와 더불어 대표적인 동양의 자연철학자이다. 자연 자체의 순리를 거스르지 않고 거기에 물 흐르듯 따르려 했던 그들의 철학이야말로 알바루 시자가 자신의 건축에 담고 싶어 했던 것 아닌가 싶다. 사유원 수목원 안에는 시자의 설계작이 세 개가 있다. 하나는 작은 성당인 '내심낙원'이란 경당이 있고, 소요헌, 그리고 건축주의 의뢰로 지어진 전망대 소대가 있다. 이 세 작품 모두 노출콘크리트로 시공된 아주 미니멀한 건물이다. 노출콘크리트 매스감을 바탕으로 기하학적 형태와 선을 뚜렷이 하며, 거기에 적절한 빛을 끌어들이는 장치까지 시자 건축의 특징을 잘 보여준다. 수목원을 산책하다 보면 시자의 건축들과 승효상 건축가의 건축들이 중간 중간 섞여있어 사색과 쉼의 공간을 내어준다. 소요헌은 그중에서도 비움을 통해 자연 속에 고요한 안식처를 제공하고 있다.

입구 진입로에서 마주하는 느낌은 마치 숲속에서 방황하다 피난처를 만난 느낌이다. 원시적 느낌의 두터운 콘크리트 질감으로 이루어진 자연 한가운데 마련된 Y자형 공간은 동굴에서 거친 자연을 피해 안식을 찾은 느낌이다. 거기에는 상징적으로 시자가 설계한 긴 의자가 놓여 있다. 그 의자에 앉아 콘크리트 캐노피* 아래 공간에서 바라보는 중정 같은 정원은 한국의 안마당 같은 분위기가 물씬 풍긴다. 쉬면서 멍때리기 딱 좋은 장소다. 또 건물의 후미지고 어두울 수 있는 공간에는 생명의 빛을 들여오는 것을 잊지 않았다. 자연에 현대문명의 이기인 노출콘크리트가 어울리기는 한 것인가 하는 의문을 품을 수 있다. 여러 가지 부재들이 섞여 요란하게 치장되었다면 그럴 수 있다. 그러나 이 건축물에는 그런 것들이 일절 배제되었다. 설비도, 전기도, 조금의 장식물도 없는 말 그대로 자연에서 온 재료 그대로 비어 있는 콘크리트 공간이다. 이미 커다란 바위 같은 존재로 서 있다.

조금 아래로 내려오면 산에 외뿔처럼 우뚝 솟아나온 전망대인 '소대'가 있다. 마치 피사의 사탑처럼 앞으로 기울어져 있다. 꼭대기로 올라가는 계단 내부의 콘크리트는 나무와 같은 질감을 내기 위해 나무결 무늬로 마감되어 있다. 참 디테일하다. 빛과 경치를 끌어들이기 위해 올라가는 중간과 꼭대기에 낸 개구부 프레임을 통해 보는 앞뒤의 전망은 이 수목원의 또 하나의 재밋거리다.

골짜기를 사이에 두고 맞은편 산등성 바로 아래에 자리 잡고 있는 내심낙원이란 작은 성당인 경당의 인상은 작지만 강렬했다. 알바루 시자 건축의 엑기스만 딱 보여준 건물 같기 때문이다. 알바루 시자는 이와 비슷한 '카펠라도몬테'라는 아주 미니멀한 직육면체 박스 형태로 이루어진 작은 교회를 포르투갈 리조트 내에 선

소요헌 Y자 오른쪽 내부

알바루 시자의 작품

알바루 시자, 소대, 2019

나뭇결을 살린 소대 벽

알바루 시자, 내심낙원, 2017

보인 바 있다. 내심낙원 성당은 멀리서 보면 숲속에서 흰색의 직육면체와 중첩된 삼
각형 지붕이 빼꼼히 고개를 내밀고 있는 모습이다. 다가서면 삼각형 지붕이 캔틸레
버 형식의 포치Porch* 역할을 하면서 있는데 굉장히 가분수적인 모습을 하고 있다.

　　시자는 그가 자주 사용하고 있는 기하학적 형태언어를 이 작은 성당에서 분
명하게 보여주고 있다. 거기에 초록의 숲과 확연히 대비되는 흰색의 매스는 성당의
순결함까지 더해져 인상이 더욱 강렬해진다. 내부로 들어가면 천장이 지붕의 형태
그대로 삼각형과 사각형으로 이루어져 있어 독특한 분위기를 자아낸다. 제대와 알

경당 내부 예배실

바루 시자가 직접 설계한 십자가, 그리고 양쪽 두 개의 긴 의자와 일반 의자 하나로 구성된 내부는 정말 간결하다. 천장에 달랑 하나 있는 조명등 빛과 함께 십자가가 있는 벽면을 타고 내려오는 빛을 따라가 보면 육면체 천장 바로 아래 벽면에 앙증맞은 창이 하나 나 있다. 창이 나 있는 각도나 위치가 익살스럽지만 벽에 자연광을 쏘아 반사시키기 위해 저런 고민을 했을 건축가를 생각하면 감동적이기까지 하다.

이 경당 안에 들어오면 종교를 불문하고 누구나 한 번쯤 기도하고 묵상하지 않을 수 없을 것 같다. 필자는 이 작은 경당에서 오히려 알바루 시자 건축의 정수를 체험하고 확인했다는 생각이 들 정도였다. 이 밖에도 사유원에서는 승효상 건축가의 역작과 대한민국 최고의 조경 전문가인 정영선 선생의 조경을 만나볼 수도 있다.

뮤지엄 산 & 본태박물관 & 유민미술관 & 글라스 하우스 & LG아트센터

삭막하기 그지없는 콘크리트를 가지고 드라마틱하게 스토리텔링을 잘해나가는 건축가는 많지 않다. 그중에서도 군계일학처럼 빛나는 건축가가 바로 안도 다다오(일본 오사카, 1941~)다.

그의 건축적 태도를 명확히 보여주는 인터뷰가 있다.

"건축은 두 가지 요소로 이루어진다. 논리적이고 명확한 공간, 논리적 혹은 지성적 질서를 가진 공간을 창조해야 한다는 점에서 지성적 요소가 있다. 동시에 그 공간에 생명을 주기 위해서는 감성을 이용해야 한다. 이것들이 건축적 공간을 창조하는 두 가지 주요한 측면이다. 하나는 이론적이고 실용적인 측면이고 다른 하나는 감각적이고 직관적인 측면이다."[22]

안도 다다오는 누가 뭐래도 르 코르뷔지에를 동경하고 그의 건축을 흠모하며 그 근간을 계승하고 있는 모더니스트다. 그러나 프로그램적으로 보다 낭만적이고 시적으로 계승한다. 인터뷰는 모더니즘적 건축정신에 대한 그의 발전적 계승 방향을 잘 보여주고 있다. 거기에 동양적이고 일본적인 정서의 표현을 강하게 더해 안도 다다오표 모더니즘을 구현해 왔다.

아마도 대한민국에서 가장 대중적이고 인기 있는 세계적인 건축가를 꼽으라면 일본인 건축가 안도 다다오일 것이다. 건축에 큰 관심이 없는 사람도 안도 다다오 정도는 상식으로 알고 있을 정도니까.

그가 이렇게 우리나라 사람들에게 인기가 있는 데는 몇 가지 요인이 있다. 그의 건축만큼이나 드라마틱한 건축가로서의 스토리텔링을 가지고 있다는 점과, 그의 건축에서 현대건축의 세련된 특징과 더불어 같은 동북아 문화권인 우리와 일본에 공통으로 배어 있는 동양적 정서가 함께 보이기 때문일 것이다. 또 임팩트 있는 그의 건축 작업이 한국에서도 많이 이루어졌기 때문에 그의 건축을 체험하고 감상할 기회가 많이 있어서이기도 하다.

무엇보다 그의 유명한 인생역정 하나만으로도 대중이 감동할 이유가 충분하다. 일본 건축계는 일본의 국가건축가라 불리는 단게 겐조 이래 계보를 이어오는 엘리트 건축가들이 주도해왔다. 역대 일본 프리츠커상 수상자들의 면면을 보면 거의 그 계보 안에 있는 건축가들이다. 그런 곳에서 공업고등학교 기계과를 졸업하고 권투선수, 트럭운전사로 활동하다 우연히 서점에서 르 코르뷔지에에 관한 책을 읽다 건축에 반해 무작정 건축에 입문하고, 정규교육 없이 오늘날 세계 건축 거장의 반열에 올라선 이가 안도 다다오다. 그래서 그 스토리가 더 감동을 준다.

그는 르 코르뷔지에에게 건축을 배우고자 유럽으로 건너갔지만 아쉽게도 그가 타계하는 바람에 직접 배우지 못하고 그의 건축적 발자취를 탐구하는 것으로 대신해야 했다. 그러면서 7년 동안 유럽의 건축탐구 여행을 하며 고대부터 현대에 이르는 거장들의 작품을 몸으로 체험하며 건축적 자양분을 쌓았다. 귀국 후 그는 안도 다다오 건축연구소를 열고 본격적인 건축가로서의 여정에 들어선다. 그는 첫 작품으로 스미요시에 지은 '아즈마하우스'라는 조그만 노출콘크리트 주택으로 건축계에 이름을 알리게 된다. 이때 지어진 노출콘크리트를 주요 벽체로 하는 시공법은 르 코르뷔지에에 이어 그를 노출콘크리트의 대가로 올려놓는 시발점이 되었다.

그는 이 폭 3미터의 조그마한 박스형 주택건물에서도 중정을 배치해 개방감을 주어 외부의 자연을 적극적으로 끌어들이려 했다. 어떠한 상황에서도 건축공간

안도 다다오, 아즈마하우스, 일본 스미요시, 1976

에 자연과의 소통을 이루어내고자 하는 그의 건축철학은 안도 건축의 또 다른 중요 요소이기도 하다. 참고로 지금은 흔한 노출콘크리트 시공방식은 르 코르뷔지에가 철근 콘크리트의 선구자 프랑스 오귀스트 페레Auguste Perret*로부터 노하우를 전수받아 유니테 다비타시옹 아파트에서 대중적으로 선보이며 대중화시켰다. 그의 영향을 받은 안도 다다오가 정교화시켜 예술의 경지까지 올려놨다고 할 만큼 안도의 콘크리트를 대하는 태도는 진심이었다. 그는 이렇게 말했다.

"콘크리트가 주는 자유 덕분에 형태를 고안할 수 있고, 그리고 그 형태가 나로 하여금 새로운 종류의 공간을 창조하도록 해주기 때문에 콘크리트를 좋아한다."[23]

안도 다다오의 정교하고 매끄러운 노출콘크리트의 질감과 조형미는 그 당시 콘크리트의 질과 시공기술이 좋았던 일본 건축기술이 있었기 때문에 가능했다. 이후 그는 일본 건축계의 주목을 받으며 그만의 건축세계를 구축해 나간다. 대표적으로 우리가 잘 알고 있는 빛의 교회, 물의 교회, 바람의 교회 시리즈를 통해 그는 그의 건축세계를 상징적으로 확고하게 보여줬다. 이 안에 안도 다다오의 건축적 특징들이 모두 함축되어 있다.

그는 건축을 단순히 건축물 자체에 국한시키지 않고 건축물이 위치하고 있는 외부공간에서부터 건축적 프로그램을 시작하여 내부 공간까지 신비롭게 끌고 간다. 마치 그의 드라마틱한 인생역정과도 닮아 있는 듯하여 더 감동적이다. 주변부를 아우르는 외부 공간과 내부 공간에 이르는 프로그램의 여정에서 빛, 바람, 하늘과 같은 자연과 쉬지 않고 끊임없이 교감하며 그것들과 동행한다.

그는 이런 작업들에 대한 그의 생각을 인터뷰에서도 확고히 밝히고 있다.

"자연은 생명의 원천이기 때문에 인간은 자연의 주기 안에서 살아야 한다. 사람과 자연 사이의 대화는 내 설계 과정의 근본이다. 자연을 건축물에 입히면 시간이 흐르며 빛, 그림자, 비, 바람이 움직이고 공간으로 풍부한 표현이 스며든다."[24]

오랜 시간 안도 다다오의 작업은 일본 내에서 이루어져 그의 건축 작품 절대

안도 다다오, 빛의 교회, 일본 이바라키, 1989

다수가 일본에 있지만 그 과정에서 수많은 건축상을 수상하고, 1995년에는 프리츠 커상까지 수상하게 되면서 세계적 건축가로 족적을 남기고 있다. 그중에서도 한국과는 활발히 교류하면서 많은 작업을 해오고 있는데, 하나하나가 그의 건축적 특징들을 잘 보여주고 있는 역작들이어서 대중들이 찾는 주요 명소로 자리 잡고 있다. 가평 한화 인재경영원, 여주시 마음의 교회, 제주도 본태박물관, 유민 미술관, 제주도 글라스하우스, 혜화동 재능교육 JCC아트센터, JCC크리에이티브센터, 강서 마곡의 LG아트센터, 원주 뮤지엄 산, 여주 페럼 클럽하우스(페럼cc) 등이 그의 작품들인데 여기서는 몇 개 정도만 소개한다.

'뮤지엄 산'에 들른 것은 10월의 가을이다. 미술관으로 가는 길은 어느덧 단풍으로 하나둘 물들고 있었다. 날씨까지 청량해 그야말로 미술관 구경하러 가기 딱 좋은 날이었다. 안도 다다오는 한국에서 다수의 프로젝트를 했는데 뮤지엄 산은 여러 면에서 그의 건축적 진면목을 다양하게 보여줄 수 있는 대표작이라 할 만하다. 심지어 영국 파이낸셜타임스는 "어디에도 없는 꿈의 미술관"이라 극찬했다.

제주도에 있는 본태박물관이나 유민미술관, 글라스 하우스 등을 앞서 보고 답사를 하는 것이라 이미 뮤지엄 산의 이미지도 어느 정도 머릿속에 그려져 있었다. 자료나 사진을 통해서도 간접체험을 한 터라 느낌도 대충 알 것 같았고.

오후 2시쯤 되어서 미술관에 도착했다. 차를 외부 주차장에 대고 내부 주차장으로 걸어 들어갔다. 내부 주차장으로 들어가는 길에 정문임을 알리는 돌과 노출콘크리트의 입구가 크게 서 있었다. 그 사이로 역시 노출콘크리트 지붕을 열주가 길게 늘어서서 받치고 있는 웰컴센터 건물부터가 'welcome to 안도 다다오'였다. 뮤지엄 산의 시퀀스는 외부 주차장부터 이미 본격적으로 시작되고 있다는 느낌이 들었다.

이곳은 안도가 그의 특기인 건축적 시퀀스를 맘껏 구사할 수 있는 최적의 조건을 가지고 있다. 산등성 한가운데 자리 잡은 넓은 장소와 조용하고 한적한 자연

안도 다다오, 효고 현립미술관, 일본 효고현, 2002

경관, 그리고 미술관이라는 매력적인 건축 주제는 건축가의 창작욕과 기량을 한껏 끌어내기에 부족함이 없다. 이런 건축을 맡을 수 있는 건축가는 참 행복한 건축가다. 건축가는 미술관과 한참 떨어져 있는 웰컴센터부터 미술관 본관과 똑같은 열정을 배분하고 있었다. 입장권을 끊고 미로 같은 복도를 따라 외부로 나오면 약간 높은 돌담을 사이에 두고 난 진입로가 여기부터 미술관이라는 표정을 분명히 하고 있다. 매순간 쉴 새 없이 바뀌는 새로운 장면을 경험하는 것이 안도 다다오 건축의 재미 아니겠나.

　　진입로에 들어서면 야외 조각정원을 옆에 두고 미술관까지 오솔길이 나 있다. 이른바 꽃의 정원이다. 안도는 뮤지엄 산을 관람하는 동안 네 개의 정원을 경험할 수 있게 만들어 놓았다. 초입부터 시작해 조각 정원, 꽃의 정원, 물의 정원, 돌의 정원이 그것이다. 들꽃과 자작나무 오솔길을 따라 감춰진 미술관을 찾아 걸어가는 과정은 코스 요리의 에피타이저에 해당된다 할 수 있을 것 같다.

　　똑같은 경험을 제주 유민미술관에서도 했다. 안도는 일본 나오시마 섬의 미술관에서도 같은 전개를 하고 있다. 아니 안도의 건축 모든 곳에는 이런 기승전결의 시퀀스가 있다. 미슐랭 레스토랑의 메뉴 코스 하나하나가 그 메뉴를 완성하는 것이듯 건축도 멀리서 바라보이는 장면부터 시작해 내부 공간까지의 전 과정에 대한 경험 자체가 건축의 완전체이다.

　　미술관 진입로에 들어서면 왼쪽에 땅속으로 파묻힌 듯한 노출콘크리트 건물이 하나 나온다. 그곳으로 들어가면 천장에 그 유명한 빛의 교회에서 연출됐던 십자가 빛 장면이 똑같이 연출된다. 뭔가 메인에 들어가기 전에 엑기스를 맛본 것 같은 황홀감이 느껴진다.

　　오솔길을 따라 미술관에 다 왔을 때도 안도는 미술관의 모습을 콘크리트 담장으로 막아 놓고 보여주지 않는다. 20센티 정도의 깊이로 얕게 깔린 넓은 수공간, 일명 물의 정원과 그를 가로지는 담장 너머로 미술관은 지붕만 조금 보일 뿐 여전히 그 모습에 대한 궁금증을 고조시키며 관람객을 유인한다. 안도는 주요 장면이

안도 다다오, 뮤지엄 산, 원주, 2013

웰컴센터 내부 통로

뮤지엄 진입로 꽃의 정원

바뀔 때마다 돌벽과 콘크리트 구조물로 입구를 세워 놓는다. 그래서 마치 겹겹이
서 있는 문을 하나하나씩 열고 들어가는 느낌이다.

　　담장을 따라가다 돌아서면 드디어 웅장하고 수려한 미술관 본체의 모습이
워터가든 물 한가운데 지어진 듯이 자태를 드러낸다. 언뜻 보기에는 높은 돌벽의
견고한 매스가 일본 고대 성채의 벽과 같은 느낌도 준다. 해자와 같은 수공간과 어
우러져 있어 그런 느낌이 더 배가된다. 그러나 그 돌벽의 질감은 위압적이라기보다
는 따뜻한 느낌이다. 노르스름하거나, 아이보리 빛깔로 따스한 분위기를 자아내는
건물 외벽과 스톤가든은 파주석과 원주 귀래면 석산에서 가져온 귀래석으로 만들
어졌다 한다. 물의 정원 바닥의 검은색 조약돌은 충남 서산의 해미석을 갖다 깔아
놓은 것이다. 밑에 깔린 검은색 조약돌로 인해 수공간은 거울처럼 햇빛의 방향에

빛의 공간

뮤지엄 외부 수공간

뮤지엄 입구 진입로와 알렉산더 리버만의 조형 작품

따라 주위의 다양한 풍경을 비춰준다.

자연의 거울 같은 수공간을 가르고 미술관 현관 입구까지 가는 길 초입에는 러시아 출신 조각가 알렉산더 리버만*의 '아치 웨이'Arch Way라는 강렬한 붉은색 작품이 또 마지막 대문처럼 서 있다. 여기까지 오는 여정만으로 이미 안도 다다오 건축 특징의 많은 부분을 보여주고 있다. 수려한 건물과 주위를 둘러싸고 있는 넓은 수공간, 초가을 단풍과 파란 하늘, 거기에 물에 비친 경치들까지 그야말로 모든 게 아름답게 조화를 이루고 있었다.

내부에 들어서면 노출콘크리트와 돌벽이 만들어 내는 미로 같은 이동 경로들이 천장 틈 사이에서 새어나오는 은은한 조명과 어우러져 꽤 따뜻한 분위기를 만들어 낸다. 안도는 내부에서도 쉬지 않고 이동하면서 다양한 장면을 만들어 낸다. 그를 위해 조명과 더불어 외부로 난 작거나 큰 창들이 동원된다. 자연을 때로는 최소한으로 때로는 대담하게 끌어들이며 새로운 공간을 경험할 수 있게 만들어 놓았다.

특히 커튼월 유리창을 통해 내부 돌벽과 노출콘크리트 천장에 투영된 오후의 빛과 그림자의 향연은 그 자체가 훌륭한 인테리어다. 이렇게 끌어들인 자연은 계절과 시간을 달리하며 매번 다른 공간의 모습을 보여줄 것이다. 미술관 내부를 둘러보고 외부로 나오면 돌무덤 공간이 나온다. 스톤가든이다. 한국의 8도를 상징하는 여덟 개의 무덤을 만들었다고 한다.[25] 옆에 만들어진 원형의 명상공간은 시간이 부족해 가보지 못했다. 미술관 옆으로 나와 계단식으로 이루어진 수공간의 풍경도 아름답다.

수공간을 따라 위쪽으로 올라와 야외 카페에서 파란 가을 하늘을 머리에 이고 먼 산과 미술관을 여유 있게 조망하면서 커피 한잔 마시는 것이 사실은 이 답사의 하이라이트이다. 뮤지엄 산을 돌아보면 건축가가 이곳을 설계하며 주위의 아름다운 숲과 자연을 산등성 미술공원에 밀도 있게 담아내려고 얼마나 노력했는지 고스란히 느껴져 그 감동을 더해준다.

전시실 내부 통로

전시실 노출콘크리트 통로

전시실 커튼월 창

커튼월 유리창을 통해
바라보이는 수공간

뮤지엄 출구 쪽 수공간

뮤지엄 물의 정원

본태박물관이나 유민미술관, 글라스 하우스는 모두 제주에 지어진 안도 다다오의 설계작이다. 그중 본태박물관은 서귀포 한라산 중턱에, 유민미술관과 글라스하우스는 섭지코지 바닷가에 위치해 있다.

안도 다다오는 본태박물관 기획과 관련해 이런 인터뷰를 한 적이 있다.

"제주도는 자연의 힘이 결코 만만치 않은 곳입니다. 한국 남단의 최고봉인 한라산이 중앙에 위치해 있고 용암이 여기저기 굳어 노출되어 있는 화산섬, 게다가 바람 또한 강하게 불어 나무도 잘 자라지 못할 정도입니다. 박물관 건축 설계 시 울창하고 푸르른 주변 환경과 건물의 조화를 위하여 끊임없는 현지 조사와 건물의 효율적인 배치와 동선을 심사숙고하여 이와 같은 건축물을 계획하게 되었습니다."[26]

늘 그래왔듯이 안도 다다오에게 자연은 그의 건축을 구성하는 가장 중요한 요소이다. 1년 늦게 지어진 원주의 뮤지엄 산에서도 같은 크기의 고민을 했음을 느낄 수 있다.

필자가 본태박물관을 간 날은 가랑비가 오고 짙은 안개가 끼어 있는 날이었다. 화창한 날이면 좋았겠지만 짙은 안개에 쌓여있는 박물관의 신비로운 경관은 오히려 또 다른 기대치 않았던 매력을 선사해주었다. 안도는 의도적으로 그의 건축적 풍경이나 장면들을 한 번에 볼 수 있게 풀어놓지 않는다. 가랑비 내리는 짙은 안개에 싸여있어 가까이 접근해야 모습을 드러내는 박물관의 모습은 마치 그런 안도의 건축을 위해 연출한 듯한 느낌까지 들게 했다. 주차장부터 시작돼 낮은 노출콘크리트 담장의 미로 같은 가이드 경로를 따라 매표소 건물을 거쳐 박물관 본관까지 이르는 길은, 매번 경험해 예상하고 있는 것이지만 또 새롭고 재미있다. 뮤지엄 산과 다르게 길지 않은 경로이지만 그 안에서도 압축적으로 그의 이동공간에 대한 철학을 집요하게 구현하고 있었다. 본관 내부 역시 만만치 않은 미로들을 지나며 숨겨진 전시 공간과 탁 트인 아트리움 공간을 번갈아 경험할 수 있게 구성되어 있다.

전시되고 있는 한국의 전통 공예품들이 노출콘크리트의 투박한 질감과 잘 매치되고 있는 것도 색달라 보였다. 각기 다른 전시동으로 이동하는 외부 경로는

안도 다다오, 본태박물관, 제주 서귀포, 2012

박물관 입구 진입로

박물관 내부 통로

박물관 아트리움

또 다른 재미를 주고 있다. 건축가는 이 박물관이 보여주고자 하는 한국의 전통적인 미학의 주제에 맞춰 건물의 공간 구분을 노출콘크리트 벽과 한국 전통의 돌담장으로 콜라보했다. 그 풍경이 묘한 조화를 이루고 있다. 거기에는 그의 또 다른 시그니처인 검은색 바닥 돌로 이루어진 얕은 수공간이 만들어져 때로는 바닥에서 건물과 흐린 하늘을 비추고, 때로는 담장을 타고 흘러내리며 건물과 건물 사이의 공간을 연결하고 있었다. 전통미를 담아내고자 하는 콘크리트 건축을 볼 때마다 딱딱하고 거칠어 보이는 콘크리트의 질감과 그것으로 이루어지는 매스의 육중함이 우리의 전통미와 어떻게 결합될 수 있는지를 늘 생각하며 보게 된다.

김중업의 역작인 주한 프랑스대사관 건물과 올림픽 공원 평화의 문, 그리고 김수근의 다수 작품들이 우리의 현대건축 초기부터 그런 시도를 해왔고, 최근까지 활동했던 재일 한국 건축가 이타미 준과 현존하는 대표 건축가 승효상 등이 그런 노력을 치열하게 해왔다. 그런 점에서 본태박물관은 일본 건축가 안도 다다오가 한국적 전통과의 결합을 본격적으로 시도한 설계라는 데 의미가 있어 보인다. 그는 그의 핵심 건축언어를 포기하지 않으며 내부에 명상의 방 같은 공간 프로그램, 건물 외부의 담장과 조경 등을 통해 그런 시도를 하고 있다. 그러나 기본적으로 일본과 한국이 가지고 있는 공통의 동양적 정서를 빼면 남아 있는 한국만의 것은 그리 많지 않아 보인다. 그런 전통적인 공간 구현이 테크닉만 가지고 되는 것이 아니라는 것을 직관적으로 느낄 수 있다. 전통적 문화와 공간감은 체화되어 있지 않으면 자연스럽게 묻어날 수 없다. 이런 문제는 한국 건축가들에게도 여전히 도전적인 과제일 수밖에 없다.

안도는 이미 그의 작품에서 그만의 현대적 건축언어로 일본적인 것을 세련되고, 완성도 높게 녹여내고 있다고 평가받고 있다. 일본 건축계는 이미 1950~1960년대에 치열하게 전통논쟁을 겪은 터다. 한국은 김수근 건축가의 의도와 달리 부여박물관 왜색 논쟁으로 한국적 건축에 대한 담론이 크게 벌어졌으며, 김수근은 그 이후 더 치열하게 한국적 건축에 대한 탐구를 해나간다. 그러나 그 당시 일본에 있

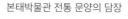
본태박물관 전통 문양의 담장

박물관 전시실 이동 통로

어서 전통이란 단어는 2차대전 패전 후 식민지 피해 국가와 국제사회에 제국주의와 침략적 민족주의를 떠올리게 할 수 있는 트라우마가 있는 단어였기 때문에 금기시되는 분위기였다. 미 군정 기간이 끝나고 전후 복구가 순조롭게 되면서 일본의 정체성에 대한 고민도 비로소 시작되며, 건축계 또한 일본적인 건축에 대한 고민과 논쟁을 하게 되었다. 그런 과정을 겪은 터라 안도도 자연스럽게 그런 것에 대한 건축적 표현을 심도 있게 고민했을 것이다. 대표적으로 그의 트레이드마크인 건축적 시퀀스도 일본의 사찰에 진입하는 광경에서 모티브를 얻었다고 말하고 있다. 이런 점에서 한국 건축계도 현대건축의 한국적 발전과 승화의 문제는 지속적으로 국내 건축가들이 끊임없이 고민하고 풀어가야 할 주제라 본다.

　　이런 걸 다 떠나서 안도 다다오는 본태박물관을 통해 궁극적으로 그가 이야기한 생각을 실현시키고자 했다고 본다.

"자연 그 자체와 친해지기보다는 건축을 통하여 자연의 의미를 변화시키기를 희망한다. 그것은 건축이 자연을 추상화시키는 작업이다."[27]

제주의 안도 다다오 건축의 또 다른 명소는 유민미술관이다. 본태박물관보다 유민미술관이 오히려 원주의 뮤지엄 산과 비교될 만하다. 넓은 자연 공간에 같은 건축 주제를 가지고 전혀 다른 스타일의 건축을 보여주고 있기 때문이다. 언덕 벌판인데 길에서는 미술관 전경을 확인할 수가 없다. 옆에 매표소가 있는 안내센터를 통해 미술관으로 향하는 길로 들어서면 멀리 아래쪽으로 외벽에 뚫린 미술관 입구가 보이며 지붕만 약간 보일 뿐이다. 마치 땅속에 은폐돼 있는 모습이다. 뮤지엄 산이 당당히 모습을 드러내고 주위의 자연과 적극적으로 교류하는 미술관이라면 유민미술관은 제주의 거친 자연을 막아내며 잔뜩 웅크리고 내적공간을 포란하고 있는 형태다. 여기서도 당연히 입구에 이르기까지 설렘과 궁금증을 간직한 채 바람길을 따라가며 건축적 전희를 맛보게 된다.

사진으로만 봤지만 아마 일본 나오시마 섬에 매립형태로 지어진 지중미술관이 땅 속에 매립형태로 있어 좀 비슷한 느낌 아닐까 싶어서 다시 갔을 때 유민미술

안도 다다오, 유민미술관 진입로, 서귀포, 2017

관 뒤쪽에 있는 작은 오름에 올라가 내려다보았는데 시각적 느낌이 비슷했다.

　　입구에 다다르면 제주의 현무암으로 된 높은 외벽이 미술관 외부를 둘러싸고 있고 내부에는 다시 노출콘크리트로 내벽이 한 겹 더 둘러서 있다. 외벽과 내벽을 사이에 두고 깊은 둘레길이 형성돼 있음을 알 수 있다. 안도는 입구에 들어서서 양쪽 지붕 경사를 타고 수직 담으로 떨어지는 물 사이로 전시실 가는 경사진 길을 낸다. 아주 새로운 경험이다. 본태박물관에서도 수공간과 수직 담을 타고 내리는 장면을 경험했지만 그와는 또 다른 느낌이다.

　　지하로 내려갈 때는 노먼 포스터의 한국타이어 테크노 돔 현관 앞에서 수공간 아래로 들어가는 지하주차장 진입 램프와도 같은 장면이 연출된다. 지하 같은 1층 전시실로 가는 램프를 따라가면 성산 일출봉 전경이 액자 사진처럼 들어오는 뻥 뚫린 창을 마주하게 되면서 또 한 번 감탄하게 된다.

　　거기서 다시 현무암 외벽과 노출콘크리트 내벽 사이로 난 램프를 돌아가면 전시실로 진입하게 된다. 전시실로 가는 미로 같은 램프*는 이렇게 만들어진다. 뮤지엄 산에서는 파주석 벽채와 노출콘크리트 벽으로, 본태박물관에서는 한국의 전통 담장과 콘크리트 벽으로, 그리고 유민미술관에서는 현무암 벽과 노출콘크리트의 콜라보를 통해 향토적 맥락 속에서 시퀀스를 완성하고 각각의 장면을 보여주며 자신의 건축언어를 구사하고 있었다. 그 장면들에서 포인트마다 적절하게 끌어들이는 자연의 빛으로 공간은 완성된다. 전시실에 들어서면 누보아르 양식의 미술품들이 독립적인 다양한 기하학적 공간들 속에 전시되어 있는데 그 모습이 마치 열매의 내핵들 속에 들어와 있는 듯하다.

　　계단을 타고 2층 전시실로 올라가 둘러보고 출구로 나오면 램프의 출발점에 다시 서게 된다. 그곳에서 들어올 때와는 반대 방향이 되는 물이 흐르는 수벽 사이의 오름으로 올라가는 길과 맞닿은 미술관 입구 쪽으로의 풍경은 어둠을 뚫고 나와서 보는 천상의 문과도 같다. 마지막으로 맞은편 오름에 올라 뒤쪽 바닷가 언덕의 글라스 하우스를 배경삼아 미술관을 내려다보는 것은 건축 감상의 또 다른 팁이다.

맞은편 작은 오름에서 바라본 유민미술관

유민미술관 수벽 진입램프

성산 일출봉이 액자 사진처럼
펼쳐지는 창

전시실

　　유민미술관은 필자에게 안도 다다오의 건축적 미학과, 왜 그가 미니멀리스트
인지를 확실히 체험시켜 준 작품이다.

　　유민미술관 바로 위쪽에는 안도 다다오의 또 하나의 역작 글라스 하우스가
있다. 사람들에게는 글라스 하우스가 더 인기 있는 듯하다. 일단 근사한 외형으로
바닷가 언덕에 우뚝 솟아 있고 무료이며, 서귀포 앞바다 경치를 보며 차도 마실 수
있는 카페와 음식점이 있기 때문이다. 반면에 유민미술관은 미술품 관람이나 건축
탐방에 대한 분명한 의지를 가지고 가지 않으면 있는지 없는지도 모르도록 되어 있
기 때문에 길가 매표소 건물만 보고 지나치기 십상이다. 글라스 하우스는 그만큼
확실한 존재감을 드러내며 주위 경관을 바꾸고 있다.

　　이 말은 관점에 따라 긍정과 부정의 의미를 가질 수 있다. 섭지코지 자연경

안도 다다오, 글라스 하우스, 서귀포, 2008

글라스 하우스 출입구

글라스 하우스 입구 쪽 입면

글라스 하우스 중정

관의 아름다움에 이 건축이 얼마나 부합하고 있는지에 대한 판단은 독자들과 시민들의 몫이다. 리조트의 구상에 따라 건축가는 그런 것들을 또 얼마나 고민하며 설계했을까 하는 생각도 같이 하게 된다.

글라스 하우스는 경사진 길을 오르면서 멀리서부터 조망하며 접근하게 돼 있다. 길을 오르면서 보는 글라스 하우스 매스는 이름이 주는 경쾌함보다는 콘크리트 담장과 벽으로 둘러쳐진 견고한 유리성과 같았다. 그도 그럴 것이 노출콘크리트 담장을 높게 세워 경계를 만들어 놨으며, 진입로 쪽의 본체건물 파사드는 육중한 콘크리트 벽체 위에 유리 상자를 올려놓은 것처럼 보이기 때문이다. 바다 전경 가림막 역할을 하는 콘크리트 담장의 긴 곡선과 직육면체 상자를 쌓아 놓은 듯한 기하학적 구성이 눈길을 끈다. 담장 너머의 풍경이 궁금할 수밖에 없다. 높고 긴 담장 한가운데 직사각형으로 크게 뚫린 입구 문이 약간의 궁금증과 답답함을 달래주고 있다. 담장에 뚫린 입구를 들어서면 성산 일출봉을 마주하는 바다 풍경이 시원하게 들어온다. 그 장면을 위해 담장은 가림막 역할을 하고 있었다. 여기서도 여전히 건물은 썩 경쾌하다는 느낌을 주지 못한다. 건물로 오면 1층은 가운데 중정을 두고 양쪽으로 나뉘어져 있으며 2층을 박스 형태로 위에 올려놓고 있는데 필로티와 콘크리트 벽의 구조를 통해 지탱하고 있었다.

2층은 직육면체의 긴 박스가 양 날개 형태로 캔틸레버 구조에 의해 펼쳐져 있었다. 중정을 통해 바다 쪽의 언덕 정원을 내려와 건물을 보면 이게 왜 글라스 하우스인지를 확연히 알 수 있다. 그리고 건물이 사각형과 삼각형의 기하학적 디자인으로 표현돼 있음도 알 수 있다. 안도에게 사각형, 삼각형, 원으로 이루어지는 기하학적 구성은 시그니처 같은 것이다. 바다 쪽에서 올려보는 건물의 모습은 그야말로 심플하다. 글라스 입면과 콘크리트 벽, 그리고 필로티로 이루어진 최소한의 구조적 형태가 그렇다. 게다가 캔틸레버 구조로 행글라이더처럼 펼쳐진 날개 같은 유리 직육면체는 경쾌하다 못해 곧 날아오를 것 같은 자태다.

이런 구조는 오히려 해체주의 건축가들에게서 많이 보이는 형태다. 그들은

해안 쪽에서 본 글라스 하우스 전경

중력을 거스르는 듯한 캔틸레버 구조를 기존의 건축공식을 해체하는 데 주 무기로 사용하고 있다. 외부의 풍광과 빛도 안도의 절제 미학을 벗어나 커튼월 글라스 벽들을 통해 직설적으로 끌어들이고 있다. 모더니스트의 충실한 계승자 안도가 그런 구조적 시도를 여기서 한 것이다. 안도 건축의 변화라면 큰 변화이다. 첨단 현대건축의 디자인 시류를 마냥 외면하기에는 부담스러웠던 것일까, 아니면 건축주의 요구에 따른 절충안일까? 행글라이더가 최소한의 구조로 하늘을 날 듯 글라스 하우스 역시 최소한의 구조로 중력을 이겨내며 비상하는 공간을 만들어내고 있다. 안도는 자기가 안내하는 곳으로 사람들을 유인하고, 보여주고 싶은 장면을 정확히 보여주려고 한다. 글라스 하우스의 앞쪽과 뒤쪽의 장면이 그러했으며 건물 내부에서의

안도 다다오, LG 아트센터, 서울 마곡지구, 2022

장면이 그랬다. 아마도 이 건물에 대한 평가나 존재 이유는 진입로 쪽과 바다 쪽에서 볼 때 서로 다를 수도 있겠다 싶다.

제주 글라스 하우스에서 봤던 안도 다다오의 파격은 LG 아트센터와 재능교육 크리에이티브센터 및 아트센터에서도 볼 수 있다. 노출콘크리트를 무기로 단아하고 정형적인 건축을 추구했던 안도 다다오의 건축에 비춰볼 때 두 건축은 굉장한 변화를 보여주고 있다. 특히 혜화동에 있는 재능교육의 두 건물은 육중한 캔틸레버 구조와 사선들, LG아트센터에서 만나는 타원형의 보이드 공간과 메인 공연장을 감싸고 있는 거대한 게이트 아크Gate Arc로부터 비롯되는 공간의 비정형성은 굉장히 낮

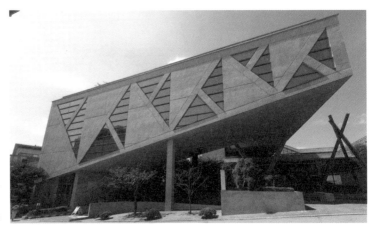

안도 다다오
JCC 크리에이티브센터
서울 혜화동, 2015

LG아트센터 로비

내부 타원형
이동 통로

설고 새롭게 보인다. 해체주의 건축문법에서나 보일 요소들이 등장한다. 예술가들이 평생 변화를 추구하듯이 건축가도 그런 것 같다.

마곡지구의 LG아트센터에 들어섰을 때 안도의 노출콘크리트 구조물과 유리벽의 조화로부터 오는 아름다움과 동시에 중앙 홀 내부에 거대하게 자리 잡고 손님을 맞이하는 게이트 아크가 깨트리는 불균형에서 아찔함을 느꼈다. 더 충격적인 것은 아트센터 우측을 관통하고 있는 거대한 타원형 동굴이었다. 시각적으로는 황홀한 분위기를 자아낸다. 그 거대한 관통형 보이드는 공연장과 교육센터를 구분 짓는 경계이기도 했고 아트센터 입구 광장과 뒤쪽을 연결해 주는 통로이기도 했다.

안도는 상하이의 폴리 대극장에서도 이런 거대한 보이드를 구사한 적이 있다. 아마도 그의 연장선상에 있는 듯하다. 해체주의 건축가들은 이런 식의 과감한 보이드를 통해 공간의 위계를 무너트리고 소통과 연결을 시도한다. 그들의 단골 언어를 안도가 쓰고 있는 것이다. 이 보이드와 게이트 아크는 건물 내부에서 그간 안도가 추구해왔던 공간과는 다른 방식의 공간을 만들어 내고 있다. 보는 이에 따라서는 미적으로 느껴질 수도 있고, 실용성을 추구하는 사람들에게는 그렇게 만들어지는 공간들이 비효율적으로 보일 수도 있다. 건축적 가치평가에서 정답을 찾기는 쉽지 않다. 건축가들마다 각자의 명분을 가지고 있기 때문이다. 게다가 지하층의 지하철역 입구에서부터 아트센터 내부 2층까지 연결되는 큰 폭의 계단도 자연스럽게 건물을 상하 사선처럼 관통하는 보이드 역할을 하고 있었다.

그간 치밀하게 건축적 시퀀스를 만들고 정갈하게 공간을 정리해왔던 안도의 건축을 생각하면 좀 혼란스럽기까지 하다. 그러나 대가의 생각을 취미생활자 정도가 어떻게 다 알 수 있을까. 그럼에도 불구하고 안도는 LG아트센터와 재능교육 아트센터에서 분명하게 다른 건축언어와 문법을 보여주고 있었다. 그런 점에서 두 건축물은 그의 건축 여정에서 상당히 의미 있는 프로젝트처럼 보인다.

안도 스타일의 안도표 건축만 보다가 이런 파격을 품은 건축을 보는 재미가 쏠쏠하다. 안도의 변화가 어디까지 갈지도 궁금하다.

2층 출입 공간

내부에서 지하철과
연결된 계단

마리오 보타 | 영혼의 건축가

남양 성모성지 대성당 & 리움미술관 M1 & 강남 교보빌딩

우리는 마리오 보타를 영혼의 건축가라 부른다. 그만큼 그의 건축에는 태고의 빛이 배어 있으며, 성스러움과 서정성으로 우리에게 안식을 주는 공간을 선사한다. 마리오 보타는 강한 기하학적 감각, 자연재료에 대한 존중과 이해, 그리고 환경 및 문화적 맥락 내에서의 건축 작업으로 잘 알려진 스위스 출신 건축가이다. 1943년 4월 1일, 스위스 티치노주 멘드리지오에서 태어난 보타의 건축언어는 오십 년이 넘는 경력을 통해 진화했으며, 그 기간 동안 그는 개인 주택부터 공공건물, 종교적 공간에 이르기까지 다양한 포트폴리오를 만들어냈다. 그의 캐톨릭적 성장환경 때문인지 특히 종교 건축을 많이 해온 것이 눈에 띈다.

마리오 보타Mario Botta(1943~)는 어린 나이에 티치노에서 건축으로의 여정을 시작하여 밀라노의 미술대학을 거쳐 이후 베니스 건축대학에서 건축을 공부했다. 티치노 시절 그는 전통적 로마네스크 양식의 건축과 북부 이탈리아풍의 향토적인 건축을 자연스럽게 느끼고 배웠으며, 베니스에서는 스승 카를로 스카르파*, 르 코르뷔지에, 루이스 칸과 같은 거장들의 가르침과 연구를 통해 건축적 자양분을 축적했다. 경력 초기에 보타는 르 코르뷔지에의 스튜디오에서, 나중에는 루이스 칸 사무소에서 일했으며, 이 경험들은 모더니즘적 건축의 기초와 그의 보완, 그리고 향토적 재료 사용에 대한 그만의 건축 철학과 접근 방식을 형성해 주었다.

1970년, 보타는 스위스 루가노에 자신의 사무소를 설립했다. 그의 회사인 스튜디오 마리오 보타는 이후 대담한 기하학적 디자인으로 유명해졌으며, 벽돌과 돌을 사용한 자신만의 시그니처를 만들어 낸다.

마리오 보타의 건축은 직육면체, 원통, 원뿔 같은 간결한 기하학적 매스 구성, 전통적 자연재료의 사용, 맥락의 순응, 그리고 빛으로 특징 지워질 수 있다.

보타의 작업은 원, 사각형, 삼각형과 같은 기본적인 형태를 주로 사용하여 눈길을 끄는 건축적 형태를 창조한다. 그래서 그의 건물들은 하나의 오브제로서의 조형미도 인정받고 있다.

재료적 측면에서는 특히 돌, 벽돌, 목재와 같은 자연 재료에 대해 깊은 애정을 가지고 활용하는데, 이 재료들은 기능적 특성뿐만 아니라 질감, 색상, 그리고 구조물에 감성적 깊이를 불어넣고 있다.

그의 건축은 모더니즘의 기초 위에서 특정 환경, 역사, 문화의 맥락에 철저히 순응하고 있다. 따라서 그의 매스들은 주변 환경을 압도하기보다는 강화해주는 느낌을 준다.

그 역시 빛을 중요한 디자인 요소로 사용한다. 보타는 그의 건물 내에서 빛을 숙련되게 조작하여 공간을 정의하고 분위기를 창조하며, 그의 건축물 특유의 재료성을 강조한다. 중정, 천창, 그리고 신중하게 배치된 창문을 통해 이러한 빛의 효과를 극적으로 달성한다.

그의 주요 작품을 보면 1995년 프랑스 이브리 신도시에 지어진 이브리 대성당이 있는데, 앞서 설명한 보타 건축의 특징적 요소들을 종합적으로 잘 보여주고 있는 대표작이다.

1996년 스위스 모그노에 지어진 산 조반니 바티스타 교회는 보타의 건축 원형을 간결하게 보여주는 작품 중 하나로, 이 교회는 원통형 기하학과 천창 빛의 하모니, 그리고 백색 대리석과 어두운 편마암의 교대 적조를 통한 예의 얼룩말 무늬

마리오 보타, 이브리 대성당, 프랑스 이브리, 1995

이브리 대성당 내부

마리오 보타, 산 조반니 바티스타 교회, 스위스 모그노, 1996

시그니처를 구현하고 있다.

예술가 장 팅겔리에게 헌정된 스위스 바젤의 팅겔리 박물관은 원형의 형태 사용과 중정의 빛이 돋보이는 기능적이면서도 감각적인 공간을 창조하는 보타의 능력을 보여준다고 평가받는다.

2010년에 지어진 미국 샬럿의 베체틀러 현대미술관은 도시 맥락에서 보타의 기하학적 스타일이 어떻게 어우러지고 있는지 보여주며, 빛과 그림자를 가지고 노는 캔틸레버 파사드가 독특하다.

국내에서도 마리오 보타는 대중에게 잘 알려진 건축가 중 한 명인데, 그 계기가 된 작품이 리움미술관과 강남 교보타워 설계다. 최근 경기도 화성시에 완공된 남양 성모성지 대성당은 그의 건축적 진수를 볼 수 있는 성지이기도 해서 신앙

마리오 보타, 남양 성모성지 대성당, 화성시, 2020

대성당 파사드와 종탑

종탑 아래 출입구

인들뿐 아니라 많은 건축 순례자들도 찾아가고 있다.

　　필자도 그의 진면목을 확인하고 싶어 순례지를 찾았다. 빨리 보고 싶어 조바심은 있었지만 마음과 다르게 차일피일 미루다 드디어 날을 잡았다. 4월 중순이지만 대성당이 있는 성지는 이미 초여름의 연두색 숲을 이루고 있었다. 건축답사 하기에는 딱 좋은 날씨라 설렘도 배가되었다. 주차장에 도착해 모던한 노출콘크리트로 된 정문에 들어서는 순간 초록의 느티나무 진입로가 운치 있게 안내하고 있었고, 오른쪽 멀리 사진에서 많이 봤던 성당의 두 종탑이 앞 정원 나무사이로 빼꼼히 고개를 내밀고 있었다. 그것을 보는 순간 이미 나는 경외감 가득한 순례자가 되었다.

　　나지막한 산으로 둘러싸인 골짜기 끝단에 자리 잡은 성당을 오르는 길은 마치 일주문을 지나 신비로움을 간직한 산사에 이르는 길과도 비슷한 느낌을 주었다. 진입로를 지나자 성당 전면 파사드의 중심에 위치한 41m 높이의 거대한 두 기둥의 압도적인 자태가 한눈에 들어왔다. 두 기둥 벽돌에 돌로 선명하게 새겨놓은 그만의 가로줄무늬 시그니처는 마치 '메이드 바이 마리오 보타'라고 말해 주는 듯했다. 설계자는 두 기둥이 경치를 바꿔놓을 것이라 했다. 성당의 종탑을 현대적으로 해석한 두 원통형 기둥은 건축적으로 대성당뿐 아니라 성지의 중심축 역할을 하고 있는 것처럼 보인다. 보타는 스스로도 인터뷰에서 가장 집중한 부분이 두 종탑이며 "성모마리아 대성당 건축의 마침표이며 피날레를 장식하는 요소다."라고 이야기했다. 종탑 앞에 마주섰을 때 웅장하게 느껴지는 원통형, 그것도 밑동이 사선으로 깎인 외벽에 한 치의 흐트러짐도 없이 적조된 빨간 벽돌은 그것만으로도 장인의 디테일을 느끼기에 충분했다.

　　종탑 좌우로는 성당 내부로 들어가는 출입문이 나 있다. 내부로 들어가기 전에 우선 외부를 둘러보고자 왼쪽으로 난 언덕길로 올라갔다. 그 길을 따라 성당 주위를 돌면 성당 측면과 지붕, 그리고 후면 파사드까지 볼 수 있다. 병인박해의 평범한 순교자들의 순교를 기리고 치유와 명상, 기도의 공간을 지향하는 이 성지와 성

당은 이상각 주임신부가 30년에 걸쳐 책임을 맡아 추진해 온 것인데, 그때 신부는 건축가에게 세 가지를 부탁했다고 한다. "빛으로 충만하고, 소리가 좋으며, 관리비가 많이 안 드는 대성당을 지어 달라."는 것이었다. 이에 보타는 "대성당은 디테일이 생명이니, 서두르지 않았으면 좋겠다."[28]고 말했다고 한다.

또 보타는 인터뷰에서 이렇게 밝혔다.

"이 대지를 전체적으로 아우르면서 북쪽의 큰 공원으로 통하는 명상과 기도의 길까지 포괄적으로 품을 수 있는 성당건축을 계획했다. 대성당은 거대한 규모임에도 골짜기처럼 움푹 파인 지형에 잘 스며들었다. 계곡의 댐이나 산등성 사이의 구름다리처럼 웅장하면서 주변 환경과 조화를 이룬다."[29]

그의 그런 인터뷰 내용을 염두에 두고 지형적 맥락 면에서 건축을 바라보려고 했다. 실제 굉장히 큰 규모임에도 전혀 거슬림이 없이 사뿐히 골짜기에 내려앉아

성당 서쪽 입면

지형에 녹아든 느낌이 났다. 돌아가는 측면 길에서 보면 성당의 대부분은 골짜기에 묻혀있는 듯 보인다. 그래서 지붕 위의 트러스와 채광을 위한 유리천창도 쉽게 확인할 수 있다.

후면 파사드 쪽으로 이동하면 이 건물이 얼마나 깊이 대지에 스며들어 있는지 확인할 수 있다. 보타가 말했듯이 마치 댐을 막아놓은 아래에 성당을 지은 듯한 모습이다. 그래서 높은 댐에서 아래를 내려다보듯이 성당의 뒷모습을 전체적으로 볼 수 있다.

이런 지형을 살린 건축물의 배치는 에너지 절약을 위한 아이디어로 이어진다. 지중열과 부력을 이용한 환기시스템이 그것이다. 산에서 불어오는 바람이 부력에 의해 자연스럽게 타워 꼭대기로 흐르도록 개구부를 냈고, 지하 이중벽 사이 공간을 활용해 건물 양측에 120m의 에어 터널을 둔 열미로 시스템을 도입했다. 환기와 계절에 따른 냉난방 에너지가 30%까지 절약된다. 도미니크 페로가 ECC에서 채택했던 것과 같은 시스템이다.[30]

앞쪽에 뿔처럼 나와 있는 두 종탑 윗부분이 사선으로 깎여 드러난 채광창과 탑을 기점으로 이어지는 철골 트러스에 징크*로 마감된 유려한 지붕은 마치 거북 등껍질 같은 모습이다. 원통형 매스 위쪽을 사선으로 잘라 천창을 내 빛을 유입시키는 장면은 산 조반니 바티스타 교회 등 보타의 여러 작품에서 종종 볼 수 있다. 하이라이트는 기하학적으로 설계돼 빨간 벽돌로 처리된 후면의 조형미다. 내 눈에는 계단을 커버하기 위해 만들어진 차벽이 마치 그리스 신전이나 고전주의 건축의 열주를 세련되게 형상화한 듯 보여 성당에 신성한 분위기를 더해주고 있었다. 그의 전통건축 양식에 대한 흠모가 드러나는 것 같다.

파사드 양옆으로 난 계단을 따라 뒷면 출입문으로 내려가는 동선 역시 굉장히 로맨틱한 느낌을 준다. 내려가고 올라오는 계단은 그 분위기 때문에 잠시 밖을 보며 쉬고 싶게 만든다. 이동 경로 하나하나에 이런 새로운 경험을 선사해주는 게 건축가의 보람이고 즐거움일 것이다. 밑에 내려가 댐처럼 둘러싸인 밖의 경사 곡면

서쪽 출입문으로
내려가는 계단

성당 내부 대성당으로
올라가는 계단 통로

대성당 내부

천장과 천창,
목재 루버에 의해
천창의 자연광이
적절히 통제되고 있다.

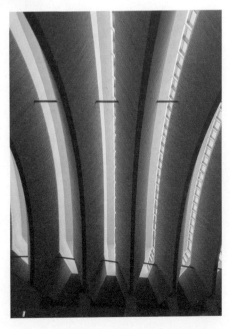

을 보면 댐이라기보다는 오히려 그리스 로마 시대의 야외 원형극장에 와 있는 느낌이 난다. 자칫 답답할 수 있는 공간을 아늑하고 아름답기까지 한 곳으로 만들어 놓은 솜씨가 경외감을 자아낸다. 벽돌의 적조도 가로 쌓기와 세로 쌓기, 크기 등에 변화를 주어 통일감 속에서 변화를 보여주고 있다.

주위를 둘러보고 앞쪽 출입구를 통해 성당 안으로 들어갔다. 들어가면 측면에 벽돌과 노출콘크리트로 이루어진 긴 홀 공간이 나온다. 딱 알맞은 만큼의 편안한 조명이 그 공간을 안내하고 있다. 노출콘크리트 벽에는 성당 건립의 과정이 전시되어 있다. 대성당 서쪽 입구에 나르텍스 형식의 공간이 있지만 이곳이 실질적인 나르텍스* 역할을 하고 있다고 보인다. 곧바로 들어가면 소성당이 있고, 이곳 측면에는 위층 뒤쪽의 대성당 입구로 안내하는 계단 통로가 마련돼 있는데 약간 좁아 보이는데다 양쪽 벽이 빨간 벽돌로 되어 있어서 마치 골목길을 올라가는 느낌을 받는다.

김수근 건축가가 지은 경동교회의 출입문으로 올라갈 때와 비슷한 느낌이다. 예수님이 골고다의 언덕으로 십자가를 메고 올라갈 때의 고난의 언덕 분위기를 연출한 듯싶다. 건축주 역할을 한 이상각 주임신부는 처음에 설계자에게 이 계단을 노약자와 장애인들의 불편 해소를 위해 에스컬레이터를 설치해달라고 했다고 한다. 그런데 보타는 성당이 갖고 있는 의미와 공간 경험을 위해 계단을 추천했다고 한다.

올라가면 대성당 서쪽 입구의 나르텍스에 도달하는데, 거기서 문을 열고 대성당 내부에 들어서면 이제까지와는 차원이 다른 감동이 느껴진다. 철골 트러스에 의한 넓은 천장이 주는 압도적 공간규모와 개방감, 거기에 더해 천창을 통해 들어오는 자연광, 멀리 종탑 두 기둥 사이 세로로 긴 창을 통해 예수님 십자가상 뒤로 쏟아지는 빛, 양쪽의 대형 성화를 배경으로 한 제단을 내려다보게 되는 집중감 등은 가히 압권이다.

천창의 단풍나무 목재 루버는 음향의 기술적 문제를 해결하기 위해 설치됐다고는 하지만 인테리어를 위해 일부러 만들어 놓은 것 같았다. 성당 양쪽으로 부속실과 구분 짓기 위한 벽돌로 마감된 기둥들은 신랑과 측랑* 사이에 있는 중세 성

앱스에서 바라본 종탑

당의 아케이드* 역할을 하고 있었다. 제단을 향해 앞으로 걸어 나가면 제단 뒤쪽으로 둥근 반원형 공간이 보이는데, 그것이 우리가 밖에서 보았던 두 기둥의 내부임을 알 수 있다. 전통성당에서 그곳은 반원형 돔 아래 마련된 앱스*라 불리는 곳이다. 종탑 두 기둥이 그 역할을 충실히 하고 있음을 알 수 있다. 기둥의 천창에서 기하학적인 창틀의 그림자까지 투영해 수직으로 떨어지는 자연의 빛은 그 공간을 더욱 성스럽게 만들고 있었다. 종탑 두 기둥의 건축적 역할이 도대체 몇 가지인가? 종탑, 채광, 공기순환, 앱스, 성지의 랜드마크까지……. 설계자가 종탑 기둥을 두고 엄청난 기능적 고민을 했음을 짐작할 수 있다.

제대 뒷면 앱스 부분을 보다 더 성스럽고 드라마틱하게 꾸미기 위해 건축가는 그의 최애 예술 파트너인 이탈리아 출신 줄리아노 반지*를 초대했다. 그는 20세기의 미켈란젤로라 불리는 조각가다. 고전 성당의 모더니즘적 해석을 구현해 놓은 이 성당에 조응하듯이 줄리아노 반지 역시 예수 조각상과 최후의 만찬 및 수태고지 성화를 현대적으로 재해석해 놓았다. 특히 성화는 뒷모습까지 상상해 그렸는데, 앱스 공간에서 그 뒷면을 볼 수 있어 감상하는 재미를 더해주고 있다. 모든 건축이 그렇듯 체험하지 않고는 그 건축의 진가를 제대로 알 수 없고 감동을 제대로 느낄 수 없다. 그런 면에서 남양 성모대성당 내부의 공간 체험은 더욱 특별하다. 건축가는 다음과 같은 말로 이 특별함을 설명한다.

"성당건축은 두 가지 요소로 함축된다. 사람들이 모이는 예배당과 그곳의 제대. 따라서 기술적이고 기능적인 부분보다는 은유적인 가치관이 더욱 부각되어야 한다. 필연적으로 성당건축은 그 자체로서 거대한 과거를 지닐 수밖에 없다. 기독교 역사가 수천 년 동안 이어져 왔기 때문이다. 그 역사와 문화를 감성적으로 해석하는 작업이 중요하다."[31]

남양성모성지는 마리오 보타 외에도 은둔의 건축가이자 프리츠커상 수상자인 스위스 출신 페터 춤토르*의 티 채플이 계획돼 있으며, 마리오 보타의 국내 파트너인 한만원의 초봉헌소와 변전소, 승효상의 순교자의 언덕, 이동준의 성 요셉 예술

줄리아노 반지의 '십자가에 매달린 예수님 상'

줄리아노 반지의
'최후의 만찬' 뒷모습

원 그리고 한국 조경의 선구자 정영선 조경가의 조경까지 어우러져 있어 다양한 건축의 진수를 맛볼 수 있는 건축 성지이기도 하다. 이 정도의 성당이 건축되기 위해서는 건축주의 노력과 안목이 굉장히 중요한데, 오랜 시간 동안 이 성지 건축을 계획하고 주도하며 건축주 역할을 한 이상각 주임신부의 안목과 열정에 감복하지 않을 수 없다.

남양 성모성지 성당보다 훨씬 이전에 마리오 보타가 처음 한국에서 설계한 건축이 리움미술관의 도자기박물관 Musium1이다. 리움미술관의 전체 프로젝트 총괄은 렘 콜하스가 했지만 마리오 보타의 한국 고미술관이 그 중심을 이루고 있는 듯하다. 장소로 보아도 대지의 가장 높은 곳에 자리 잡고 있다. 그래서 장 누벨의 현대미술관과 렘 콜하스의 아동문화교육센터와 어우러지면서도 역원추형 부드러운 황토색 벽돌 매스의 비주얼이나 질감이 한눈에 들어온다. 건물 내부 지하 1층도 단연 보타의 로툰다rotonda* 천창에서 쏟아내는 빛을 받으며 세 미술관 공동로비의 중심 역할을 하고 있다. 로툰다는 둥근 돔이 있는 원형 홀의 공간을 말한다. 현대관

마리오 보타,
리움미술관 M1,
서울 한남동, 2004

리움미술관 M1 외관

테라코타 벽돌

M1 로툰다

판테온을 보는 듯하다. 가끔 이 공간에 현대 설치미술이 전시되기도 한다.

고미술관 외관은 도자기를 형상화한 역원추형과 직육면체를 매치하고 있다. 마리오 보타의 매스 디자인에서 단골로 나오는 장면이다. 거기에 황토색 벽돌과 벽돌 윤곽으로 표현한 줄무늬까지. 단순하지만 아름답고 육중한 매스감을 동시에 준다. 직육면체 매스 상단은 성곽의 요철 형태로 만들어져 마치 성과 같은 이미지를 자아낸다. 전통의 성곽도시 서울을 상징화한 것이다. 전시되는 도자기와 고미술품들과도 매치되는 디자인이다. 기하학적 곡선과 직선의 단순한 조합은 테라코타 적색 벽돌로 자연스럽게 일체감을 이루고 있다. 여기에 사용된 테라코타 벽돌은 사실 벽돌을 조적한 것이 아니다. 외관의 완성도를 높이기 위해 콘크리트를 사용하지 않고 금속프레임과 접착제를 사용해 정교하게 벽돌 느낌의 테라코타를 부착한 것이다. 디테일에 또 한 번 감탄하게 된다. 마리오 보타는 인터뷰에서 도시를 지나가는 사람들이 신비한 모습에 끌려 들어올 수 있는 미술관을 생각했다고 한다.[32]

내부 전시관에서는 로비 한가운데 자리 잡고 있는 로툰다가 이 건축의 핵심 역할을 하고 있다. 지하 1층 로비에서 원형 보이드를 따라 4층 천창까지 이어져 있는 로툰다와 그를 나선형으로 따라 올라가는 계단으로 이루어져 있다. 관람자들은 일단 엘리베이터를 통해 4층으로 이동해서 나선형 계단으로 각 층의 전시를 관람하며 내려오게 되어 있다.

그렇다고 뉴욕 구겐하임 미술관처럼 이동 램프에 예술품을 전시하고 있는 것은 아니다. 로툰다의 원형 콘크리트 벽체는 전시 공간과 이동 공간에서 빛을 차단하기도 하고 유입시키기도 하며 적절히 통제하고 있다. 나선형 계단으로 층간을 이동하면서 관람객은 빛과 기하학이 이루어내는 향연을 보며 예술품 못지않은 황홀한 공간 경험을 하게 된다. 중앙 로툰다 보이드는 그렇게 미술관 전 층을 관통하며 공간에 빛을 조율하고 미적 영감을 불어넣고 있었다. Museum1은 전체적으로 "미술관은 과거에 종교건축이 했던 경건함과 숭고함을 불러일으키는 역할을 해야 한다."[33]고 했던 보타의 말을 저절로 상기시켜주는 미술관이었다.

로툰다 천창

전시실 내부

2_ 자연을 품고 싶어 하는 건축의 시인들

마리오 보타, 교보생명 서초사옥, 2003

건물 로비와 아트리움

　지면의 제약으로 자세히 소개할 수는 없으나 보타는 이 밖에도 일찍이 강남 논현동의 교보생명 서초사옥과 대구의 교보빌딩을 설계했다. 특히 강남의 교보생명 빌딩은 10년에 걸쳐 17번의 설계수정을 거치며 건축주의 요구와 절충을 해낸 작품으로 유명하다.[34]

　이 건축은 회색거리 강남에 강한 임팩트를 주면서 랜드마크로서 도시 풍경에 변화를 만들어 내려는 의도가 강한 작품이다. 형태적인 면에서도 빨간 벽돌로 마감되어 창문도 드러나지 않는 견고한 탑처럼 인상적인 모습을 하고 있다. 건축가는 강남 교보타워를 두고 "길들이 교차하는 지점에 하나의 탑을 세우자는 인식에서 출발했다"라면서 "2개의 붉은 탑은 성의 귀퉁이를 구현했는데, 서울의 일반적인 건물들에 대응하는 강력한 힘을 표현한 것"이라고 설명했다.[35]

　필자는 논현동에서뿐 아니라 경부고속도로 강남 구간을 지날 때마다 이 건물의 강한 존재감을 확인한다. 시공을 위해 벽돌을 직접 조적하지 않고 패널로 미리 만들어 조립해 벽돌건물의 느낌을 그대로 살리고 있다는 것도 특징이다. 내부 로비도 직접 들어가 보면 마리오 보타 작품의 시그니처들을 곳곳에서 확인할 수 있다.

방주교회 & 포도호텔 & 온양 구정아트센터

요즘 제주여행을 하는 사람들이 꼭 들르는 관광 필수 코스가 있다. 서귀포 쪽을 바라보는 한라산 중턱에 자리 잡은 방주교회다. 건축에 조금이라도 관심이 있는 사람이라면 방주교회가 재일 한국인 건축가 이타미 준이 설계한 것이라는 것을 알고 있겠지만 보통은 그냥 아름다운 교회 정도로만 알고 있을 것이다. 그런데 그가 설계한 작품은 그뿐만이 아니다. 인근에 제주의 오름과 초가지붕을 형상화해 디자인한 포도호텔이 있고, 자연을 그대로 공간의 전시물로 담은 수·풍·석 미술관이 있다. 모두가 제주의 아름다운 자연을 품으려 한 건축물들이다.

포르투갈에 알바루 시자, 스위스에 페터 춤토르, 멕시코에 루이스 바라간*이 있다면 한국인 건축가로는 유동룡이 있다고 말하고 싶다. 이들의 공통점은 강한 지역성과 미니멀하고 자연 친화적인 시적 건축을 지향했다는 점이다.

땅의 물성으로 자연의 이치를 기록한다는 이타미 준(1937~2011)은 건축 강국 일본과 국내뿐 아니라 국제적으로도 명성을 얻은 재일교포 건축가다. 그의 작품은 동양의 전통 미학과 현대건축의 조화를 추구하며, 자연 소재의 사용과 빛의 조화로운 통합으로 평온과 사색의 공간을 창조한다.

한국 이름은 '유동룡'으로, 일제 강점기인 1937년 일본 도쿄에서 태어나 재일교포로 살았지만 한국 사람보다 더 '한국적 미'를 사랑했던 건축가로 알려져 있다. 한국인이라는 정체성에 긍지를 가진 할머니와 부모님의 영향을 받아 죽을 때까지 '유동룡' 본명으로 한국 국적을 유지하면서 살았다.

예명으로 사용한 '이타미 준'이라는 이름은 그가 자주 이용하던 로컬 공항인 이타미 공항과 평소 가깝게 지내던 작곡가 길옥윤 씨의 끝 글자를 따서 만들었다고 한다.

건축사무소를 내기 위해 부득이 일본 이름이 필요해 만들었다고 하니, 참으로 고단했던 경계인의 삶을 산 건축가다. 이타미 준은 "내가 전하고자 하는 것은 건축을 매개로써 자연과 인간 사이에 드러나는 세계, 즉 새로운 세계를 보는 것이고, 보이지 않는 세계를 보는 것이다."[36]라고 말하며, 도시와 자연이 공존하는 건축, 지역적 특성과 토착적 재료들이 어우러지는 건축을 만들어 냈다. 그는 또 마지막 손의 건축가라고 불릴 만큼 설계를 할 때 디지털 작업을 하지 않고 직접 손으로 작업을 했다고 한다. 건축 이전에 미술을 특히 좋아했던 그는 자신의 육감에 대한 온전한 믿음으로 따뜻하고 편안한 아날로그 감성이 물씬 풍기는 건축을 지향했다.

도쿄 도시대학 건축학과를 다니던 중 한국 여행을 왔고, 한국의 고건축 답사는 물론 전통적 예술품 등을 수집하며 한국의 미에 탐닉했고, 이후《조선의 건축과 문화》(1983),《한국의 공간》(1985) 등 다수의 책을 발간하기도 했다.

프랑스를 시작으로 한국과 일본을 포함한 건축 선진국에서 권위 있는 '김수근 건축상', '무라노 도고상'을 비롯해 한국인 최초로 프랑스 예술문화훈장 슈발리에 건축상 등을 연달아 수상하면서 국제적 명성을 얻었고 국내에서도 관심받는 건축가로 떠올랐다.

이타미 준은 나이 70이 되었을 때 "이제야 내 오리지널리티가 뭔지 알 것 같다."는 말을 했다고 한다. 그는 평소 오리지널리티에 대해 자주 언급했는데, 지역성·야성미·자연은 그의 오리지널리티를 나타내는 키워드라 할 수 있다.

이타미 준의 건축을 보면 자연과의 조화를 굉장히 중시한다는 느낌을 누구나 한눈에 알아볼 수 있을 정도다. 이를 위해 그는 주변 환경의 형태, 질감, 색채를 고려하여 건축물이 자연스럽게 주변 환경에 녹아들도록 세밀하게 배려했다.

특히 재료를 연구하고 응용하는 데 탁월했던 그는 지역의 자연에서 얻은 돌, 목재 같은 토착적 재료를 선호했다. 이 재료들은 건축물에 따뜻한 질감을 더해주어 건축물이 시간이 지날수록 자연과 더욱 조화를 이룰 수 있도록 했다. 자연의 빛을 사랑하고 응용하는 능력은 어느 거장들 못지않았다.

이타미 준의 건축은 이러한 특징들을 통해 우리에게 특별한 심미적 경험을 선사해주며 건축과 자연, 인간 사이의 균형 있는 관계를 일관되게 추구했다. 그래서 그의 작품은 시각적으로 매혹적일 뿐만 아니라, 생각하고 느끼며 자연과 교감할 수 있는 공간을 창조함으로써 건축의 중요한 가치를 전달해 준다.

그는 생전에 제주를 제2의 고향이라고 이야기했을 만큼 제주와 제주의 자연을 사랑한 것으로 알려져 있다. 그래서 그의 국내 주요 작품인 포도호텔, 방주교회, 수·풍·석 박물관 등의 역작도 제주에 있다. 그 외 충남 아산의 온양 구정아트센터(민속박물관)는 그의 국내 초기작이다. 건축가인 그의 딸 유이화에게 제주에 그의 미술관을 만들어 달라고 유언했을 만큼 제주와 한국을 사랑한 건축가다.

성당이나 교회 등 종교건축은 건축을 건축 이상으로 승화시키기에 좋은 주제다. 앞서 소개한 건축가들 중에도 많은 거장들이 이 종교건축을 통해 우리에게 강렬한 인상을 남겼다. 그중에도 이타미 준의 방주교회를 보면 안도 다다오의 빛의 교회와 물의 교회가 비교되면서 떠오른다. 아무래도 주위의 자연환경과 조응하면서 미니멀한 공간에 자연을 적극적으로 내부로 끌어들이고자 한 구성 때문인 것 같다.

그러나 이타미 준은 다다오와 다른 방식으로 볼거리를 만들었다. 무엇보다 한라산 중턱의 고요한 숲속에 자리 잡은 노아의 방주가 묘한 느낌을 준다. 물고기 비늘 같기도 한 삼색 징크로 마감된 지붕은 제주도 바다의 반짝이는 윤슬과도 닮았다. 구약성경에 나오는 노아의 방주를 모티브로 해서 형태적으로 그런 방주의 모

이타미 준, 방주교회, 서귀포, 2009

습을 구현하려 세밀한 신경을 쓴 것 같다. 방주를 형상화한 매스의 라인은 주위 지형에 잘 순응하고 있고, 수공간에 떠 있는 방주의 형상과 그를 구성하고 있는 목재 기둥의 콜라보에서 그런 세밀함이 느껴진다. 목재 기둥은 철골에 아프리카 이로꼬 원목으로 마감한 것이다.

 유리로 된 벽과 넉넉한 처마 밑으로 수공간을 따라가는 길은 마치 한옥의 토방*과도 같다. 신을 의지하고 담대하게 항해하듯 하늘을 향해 높이 들어 올린 박공지붕의 앞쪽 유리 파사드는 수직으로 늘어선 목재 기둥의 스트라이프 패턴과 어우러져 위용 있고 우아하기까지 하다. 하늘의 흰 구름이 수공간에서 천천히 흘러가는 모습을 바라보노라면 마치 방주가 실제로 천천히 움직이는 듯한 착시마저 불러일으킨다. 그래서 이 교회를 하늘의 방주교회라고 하는가? 건축가는 이 장면까지도 염두에 둔 것일까? 궁금하다. 아름답고 수려하다는 말은 이럴 때 쓰는 말인 듯싶다.

 내부로 들어가면 외관의 수려한 모습과는 달리 소박하고 경건하다. 양옆의 벽과 강대상이 있는 전면 벽은 모두 유리로 되어 있는데 의자 높이의 시야를 남겨 놓고 반투명 처리를 해 적당량의 빛과 수공간의 관입 외에 외부를 적절하게 통제하고 있다. 건물 지붕 중심에 난 뿔 같은 곳에서 유입되는 자연광도 한 역할을 하고 있다. 내부 양쪽 벽과 박공지붕 형태 그대로 통으로 두른 제주 삼나무 목재 틀과 신도석의 나무 의자들이 어우러져 분위기는 좀 더 차분해지고 있다. 방주교회는 인근의 수·풍·석 미술관의 연장선상에서 기획된 것이라고 한다. 그래서 그런지 건축도 한 편의 서정시와 닮아 있다.

 방주교회에서 조금만 이동하면 포도호텔이 나온다. 포도호텔은 그의 작품 중 가장 토속성을 강하게 반영한 건축이다. 제주의 오름과 바람을 이겨낸 민가의 지붕을 형상화했다. 그리고 한라산의 자연과 지형에 순응하기 위해 단층으로 설계됐다. 위에서 보면 마치 포도송이 모양을 하고 있다고 해 포도호텔로 불린다. 가랑비에 안개까지 낀 날이라 호텔은 입구부터 신비로운 분위기다.

이타미 준, 포도호텔 출입구 포치,
서귀포, 2001

이타미 준, 제주 포도호텔, 2001

호텔 내부 복도

내부에서 외부를 관통하는 보이드 공간

　　노출콘크리트 벽체에 슬라브를 얹어 만든 현관 입구 포치는 아주 모던하다. 이 호텔 외관은 전체적으로 곡선으로 구성되어 있는데 이 현관만이 직선의 콘크리트 구조다. 주위에 항아리가 놓인 장독대 등의 조경은 토속적 분위기를 자아낸다. 포도 호텔은 전체 객실이 26개 정도밖에 되지 않는다. 구성 자체가 제주의 초가집 민가가 옹기종기 모여 있는 한 마을을 의도한 것 같다.

　　입구에 들어서면 양옆에 프런트와 레스토랑이 자리 잡고 있고, 은은한 조명 아래 긴 복도가 이어지며 중심 공간에 다다르게 되어 있다. 마치 마을 중심부로 진입하는 골목길 같다. 중심으로 가는 길 중간에도 객실 사이의 옆으로 난 통로는 밖과 연결돼 있어 자연과 빛을 끌어들이고 있다. 이런 외부의 자연과 연결되는 통로들은 여러 군데 있다. 마을 골목 담장을 따라 난 길이 사방으로 연결돼 있는 것과 같은 느낌이다.

호텔 중앙, 유리로 둘러싸인 중정　　　　　　　중정이 있는 로비에서 바라본 외경

　　중앙에 다다르면 원통형 유리로 둘러쳐진 중정이 마련돼 있다. 건물 지붕 중
심 한가운데로 자연을 직접 받아낼 수 있는 정원을 만들어 놓은 것이다. 가장 넓은
실내 공용공간이다. 사람들이 교차하고 모이는 마을의 중심 터와도 같다. 중정뿐
아니라 외부를 향하는 복도 끝도 투명유리 통창으로 나 있어 내·외부 경계를 모호
하게 만들고 있다. 검은 석재 바닥과 짙은 갈색의 목재로 벽들이 마감되어 조명이
있음에도 다소 어두운 분위기이지만 전혀 폐쇄적이지 않은 공간감이다. 이동 통로
들은 단차까지 있어 자연 지형의 굴곡까지 경험하게 해준다. 객실들은 모두 1층에
서 자연과 수평으로 마주하고 있어 자연을 오롯이 품을 수 있게 설계되었다.

　　외부에서 바라보는 호텔의 모습 못지않게 내부에서 보는 외부도 아름답고
정겹다. 건축가는 전통 한옥의 차경*을 이 호텔에서도 누릴 수 있도록 배려한 것 같
다. 고급스럽지만 화려하지 않고 차분하게, 그리고 좀 더 생생하게 제주의 느낌을

한옥의 차경을 누리도록 한 설계

포도호텔 객실 테라스

경험하며 힐링할 수 있는 공간 설계다.

 이 밖에 제주에는 자연을 그대로 공간의 전시물로 담아내고 있는 수·풍·석
미술관도 있다. 그리고 이타미 준의 초기 작품이자 국내 첫 작품인 온양 구정아트
센터가 있다.
 형태와 공간구성에서 거북선의 지붕과 돌담(종묘), 충남지역의 사각형 한옥
을 모티브로 하고 있으며 재료적으로는 지역의 돌과 흙 등을 사용해 한국의 전통
적이고 토속적 맥락을 반영하려고 시도한 건축이다.

이타미 준, 온양 구정아트센터, 아산시, 1988

구정아트센터 측면

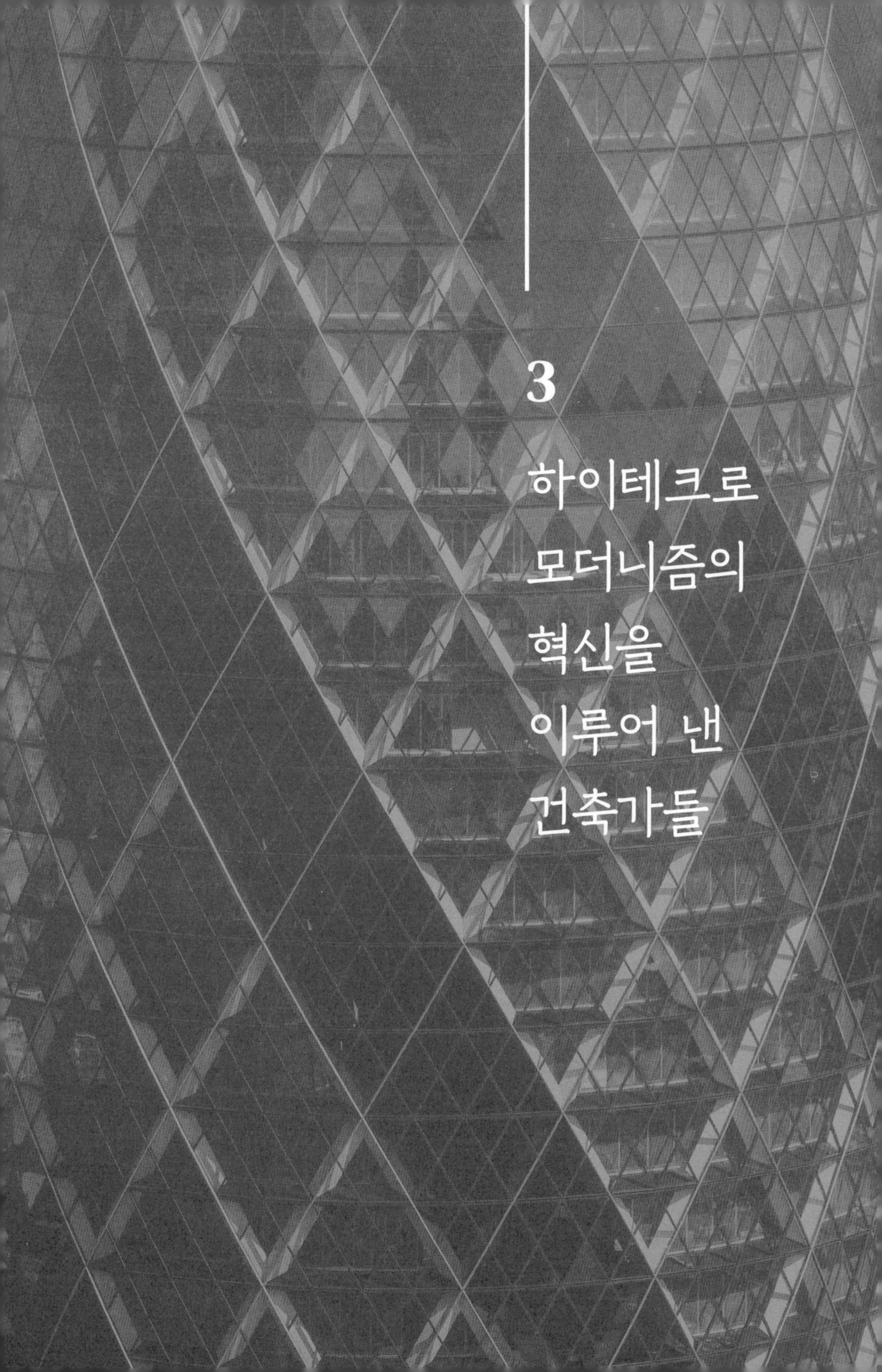

3

하이테크로
모더니즘의
혁신을
이루어 낸
건축가들

인간은 두 가지 상반된 속성을 가지고 있는 것 같다. 하나는 안주하고 지키려 하는 보수성이고, 또 다른 한 측면은 변화를 열망하는 진보성이다. 인류는 이런 두 측면의 작용으로부터 비롯되는 정반합을 거치며 발전해 왔다는 것이 앞에서 언급했던 변증법의 역사다. 문제는 어떤 과정을 거치며 변화하느냐. 사회학적으로 보면 기존의 것을 일거에 무너뜨리고 제로베이스에서 완전히 새로운 것을 시작하는 혁명의 과정이 있고, 또 시대의 변화와 발전에 따라 불합리를 개선하고 새로운 방식을 모색해나가는 개혁 내지는 혁신의 과정이 있다. 그래서 정파나 정당을 불문하고 정치권에서도 늘 주장하는 용어가 개혁과 혁신이다. 시민들의 변화에 대한 열망이 그만큼 크기 때문이다.

우리는 이미 역사에서 많은 혁신의 사례들을 직·간접적으로 지켜봐 왔다. 개인적인 생각으로는 회화 분야에서 르네상스기의 원근법, 명암대조법, 유화의 발명, 근대의 튜브형 유화물감의 사용* 등은 혁신이고, 기성의 미술과는 관점과 철학이 다른 인상주의 화풍이나 피카소의 큐비즘 같은 것은 혁명에 가깝다고 생각한다. 혹자는 뒤샹이나 앤디 워홀 정도는 되어야 혁명이라 하는 사람도 있다. 건축적으로 보면 아치의 대중화와 돔의 발명, 적극적 건축부재로서의 철제, 철근콘크리트의 구조적 사용 등은 혁신이라 생각한다. 반면에 건축의 역사적 배경과 철학적 측면에서 근본 패러다임을 바꾸어 놓은 중세 로마네스크 이후의 고딕 양식이나 현대 모더니즘, 그리고 최근 해체주의 건축은 혁명이라는 생각이다. 왜냐하면 이들 건축에는 기술적 혁신뿐만이 아니라 건축을 보는 관점, 반영된 철학적 이념들이 달랐기 때문이다.

이런 와중에 혁신의 길을 걷고 있는 건축가 그룹이 하이테크 건축가들이라고 생각한다. 그들은 모더니즘의 혁명 정신이 아직도 유유히 흐르고 있는 현대건축에서 그 근간을 부정하거나 근본적으로 무너트리지 않는다. 오히려 기술적 혁신과 발상의 전환을 통해 모더니즘이 추구해온 공간의 기능성, 효율성과 합리성이라는 건축적 이상을 강화하려고 한다. 동시에 구조 기술적 관성, 무미건조함과 획일성의 한계를 극복하려고 하기 때문에 그들의 건축이 후기 모더니즘이라 불릴 수 있는 것이다. 혁신이 혁명보다 어렵다고 했다. 근간을 지키며 변혁을 이끌어내기 위해서는 탄탄한 내공과 뛰어난 역량이 필요하다. 이들에게는 그런 혁신을 이루어 낼 무기와 뛰어난 역량이 있다는 생각이다. 또 개인적으로는 해체주의 건축과 하이테크 건축이 당장은 서로 궤를 달리하지만 결국 미래 건축 공간의 역할 변화로 접점을 찾아나가리라는 전망도 해본다. 이런 하이테크 건축의 대표주자들이 한국에서도 인상적인 프로젝트들을 남겨 놓았다.

렌조 피아노 | 조용한 혁신가

KT 본사 동관

"건축은 가장자리에, 예술과 인류학의 사이에, 사회와 과학의 사이에, 기술과 역사의 사이에 있다. 가끔 기억도 역할을 한다. 건축은 환상과 상징, 의미론, 이야기를 하는 기술과 관련이 있다. 건축은 이들의 묘한 혼합물이다. 때로는 인간적이고 때로는 물질적인 것이 건축이다."[37)

서양건축의 자양분을 제공해온 본거지인 이탈리아 출신 건축가 렌조 피아노가 건축을 바라보는 시각이다.

서양건축사에서 이탈리아는 현대 이전까지 고대 그리스의 건축적 전통을 계승·발전시켜오며 서양건축을 주도해왔다. 따라서 고대와 중세, 르네상스기를 거치면서 근현대 서양건축의 토대를 제공하고 있는 나라이기도 하다. 즉 시대마다 건축의 전형을 제시하며 기술을 선도해온 전통적 건축기술 강국이라 할 수 있다. 이탈리아 근현대 건축사에서도 건축가들은 치열하게 전통과 근대건축의 합리성에 대해 고민하고 탐구해왔다. 그래서 이탈리아 합리주의는 역사성과 전통을 잃지 않으며 보편적인 근대건축이론을 도입하여 독자적인 근대건축을 확립해 왔다.

온 나라가 문화유산으로 채워진 이탈리아의 건축가들은 특히 도시와의 관계 속에서의 건축을 굉장히 중요시 해왔다. 베네치아 건축대학의 역사학자이자 비평가인 프란체스코 달코Francesco Dal Co는 전통이란 우리를 위해서 보존하는, 그리고 끊임없이 우리에게 도전하는 그 무엇이고, 전통이라는 개념 속에는 도전을 포함한 보존을 수반한다고 말했다. 렌조 피아노는 현대 도시에서 그런 건축과 도시와의 관계, 그리고 전통에 대한 관계를 끊임없이 새롭게 정립하려고 한 건축가다. 뉴욕 타임스 사옥을 의뢰받고 그는 이렇게 말했다.

"나에게 프로젝트를 주는 것은 미국이 세련미를 추구하기 때문이다. 여기서 세련미란 우리 유럽인들이 건물과 도시의 관계에서 추구하는 특별한 태도를 말한다. 우리가 사랑하고 찬양하는 미국은 유럽 도시들의 문화가 더 인간적이고 심오하다는 것을 실감하고 있다."

참으로 유럽의 도시와 건축에 대한 자부심으로 가득찬 발언이다.

또 파리 퐁피두센터 프로젝트에 임하면서는 "이 건물은 우리의 불복의 산물이었다. 1979년대 초에 파리는 매우 진지하고 위압적인 문화기구들의 지배 하에 있었는데, 우리는 불복했다."[38)고 밝히고 있다. 유럽건축의 현재에 만족하지 않는, 혁신 의지를 대담하게 드러내는 도전적인 발언이다.

렌조 피아노Renzo Piano(1937~)는 이탈리아 북부 제노아 출신으로서 이탈리아 기술 건축의 전통을 현대적으로 계승하고 있는 대표적인 하이테크 건축가 중 한 명이다. 그의 아버지와 형제들 역시 건축가였으며, 집안 분위기에 따라 자연스럽게 건축에 입문했다. 밀라노 공대에서 건축을 공부했으며 아버지와도 함께 일하며 건축적 경험을 쌓았다. 이후 파리로 이주하여 국립미술학교에서 공부한 후 본격적인 건축설계사 일을 시작하게 되었다. 그는 그 시절 벅민스터 풀러*를 좋아했다고 한다.

그리고 루이스 칸의 사무실에서도 경험을 쌓은 그는 건축사무소 '렌조 피아노 빌딩 워크숍'Renzo Piano Building Workshop을 설립한다. 이 사무소 이름은 설계 과정에 속속들이 퍼져있는 협력과 팀워크에 대한 인식을 표현하기 위한 것이라고 한다. 한국 여의도에 지어진 파크원의 설계자인 영국 하이테크 건축가 리처드 로저스와는 1971년 파리 퐁피두센터 설계 공모에 당선돼 공동 작업을 하게 되었다.

파리 퐁피두센터는 건축의 구조 및 설비가 밖으로 드러난 이질적이고도 파격적인 디자인으로 당시의 파리 시민들에게는 물론 건축계에도 커다란 파장을 불러일으켰다. 심지어 사람들은 그 건물이 박물관보다는 정유공장에 더 가깝다고 말했을 정도였다. 이에 피아노는 그런 말을 듣는 것이 기쁘다면서, "우리는 퐁피두센터를 예술품을 보여주기 위한 건물로 계획하지 않았다."는 말로 그들의 실험정신과 혁신적 도전 정신을 표출했다. 또 그는 "어떤 건물이 사랑을 받든 그렇지 못하든 그렇게 되기까지는 시간이 걸릴 것이다."[39]라고도 함으로써 긴 안목의 건축관을 드러낸 바 있다. 예상대로 지금의 퐁피두센터는 에펠탑이 그랬듯이 하이테크 건축의 대표작으로 세계적인 건축명소가 되어 파리의 또 하나의 문화적 자랑거리로 자리 잡았다.

이 작업을 한 피아노와 로저스는 현대 하이테크 건축의 상징적 인물이 되었다. 피아노와 로저스는 퐁피두센터 설계에서 재료와 기술을 통해 건축의 기능적 효율성과 혁신적인 디자인이 어떻게 조화될 수 있는지를 드라마틱하게 보여주었다. 참고로 이 프로젝트 공모전에 한국 현대건축의 상징인 김수근을 비롯해 그와 함께 선구자 역할을 해온 강석원, 김종성 건축가가 참가했다는 것도 흥미롭다. 이 작업 이후 피아노는 모더니즘 건축이 추구했던 기능성을 극대화시키는 한편 한편 기술과 디자인적 혁신을 통해 미적, 사회적, 환경적 소통을 적극적으로 해나가는 작품 활동으로 국제적 명성을 쌓아갔다. 이러한 활동의 결실로 1998년 이탈리아에서는 밀라노 출신 알토 로시*에 이어 두 번째 프리츠커상 수상자가 되어 국제적인 명성을 이어오고 있다.

그의 대표작으로는 파리 퐁피두센터를 비롯해 뉴욕 타임스 사옥, 뉴욕 휘트니 미술관, 일본 간사이 공항, 런던의 더 샤드 빌딩 등 다수가 있다. 특히 바다 매립지에 건설된 일본 간사이 국제공항은 1991년 개항한 노먼 포스터의 런던 스탠스테드 공항과 더불어 현대 첨단 공항디자인의 새로운 방향을 제시한다.

그는 이런 대표작들을 통해서 첨단 기술의 적극적 활용을 바탕으로 한 기능

렌조 피아노, 뉴욕 타임스 빌딩, 2007

렌조 피아노, 뉴욕 휘트니 미술관, 2015

렌조 피아노, 더 샤드, 런던, 2012

3_ 하이테크로 모더니즘의 혁신을 이루어 낸 건축가들

과 형태의 조화, 철 구조와 유리 파사드에 의한 투명성 및 개방감 확보, 환경 친화성 등의 특징을 뚜렷하게 보여주고 있다. 한국 종로에 지어진 KT 사옥 동관 빌딩에서도 그의 이런 건축적 특징을 엿볼 수 있다.

렌조 피아노가 한국에 유일하게 설계해 놓은 건물이 2015년 완공된 광화문 KT 본사 동관이다. 서관과 세트로 설계된 것인데, 서관은 현재 공사 중이다. 세종대로에 인접해 있는 서관이 완공되면 피아노의 설계 의도와 진면목이 좀 더 완성된 형태로 드러날 것이다. 그리고 아마도 광화문의 거리 풍경에 새로운 분위기를 불어넣고자 하는 그의 설계 의도를 확인할 수 있을 것이다. 그는 이미 파리 퐁피두센터와 런던의 더 샤드 빌딩을 통해 두 세계적인 도시에 강력한 랜드마크를 만들어 놓았다.

KT 사옥은 2010년도에 설계를 시작했다 하니 이미 그의 나이 73세가 되었을 때다. 가히 인생 후반기의 역작이라 할 만하다. 이보다 좀 앞서 2008년도에 뉴욕 타임스 본사 건물이 맨해튼에 완공되었다. KT 사옥 동관은 뉴욕 타임스 본사 건물의 연장선상에 있는 것 같다. 그는 뉴욕 타임스 본사 프로젝트에서 가벼움과 투명성에 대해 이야기하고 있다. "가벼움, 투명성, 나는 이것을 순전히 물리적 성질로만 보지 않는다. 그것들은 영혼과 정신, 공간의 성질인 것이다. 가장 물질적인 업종인 건축에서 비물질적인 요소들이 지극히 중요하다. 빛과 투명함은 만질 수 있는 것은 아니지만 매우 중요한 요소들이다. 투과성이라는 투명성은 거리와 건물 사이의 벽을 허문다는 의미를 가진다."[40]

그렇다. KT 사옥의 핵심 키워드는 투명함과 가벼움이다. 지하 6층, 지상 25층으로 설계된 건물은 마치 투명한 덩어리와 같은 느낌을 준다. 그리고 "저렇게 큰 건물이 어떻게 저리 가벼워 보일 수 있지?"라는 반응을 자아낸다.

또 하나 인상적인 것은 밀도 높은 도심 한복판 빌딩숲에 있는 건물의 주위에 굉장히 풍성한 숲이 형식적 조경의 틀을 넘어 조성돼 있다는 거다. 주위 건물들

렌조 피아노, KT 본사 동관, 종로구, 2015

서쪽 출입구 필로티와 조경

건물 아래 유적지 보존과
커튼월 유리창 마감 끝선

동쪽 면에 세워진 엘리베이터 코어

과 비교하면 굉장한 특별함으로 다가온다. 특히 빌딩이 필로티 기둥 위에 올려져 있어 건물 아랫부분의 개방감은 극대화되고, 숲과도 같은 정원은 시각적으로 확장되었다.

현대의 건축가들은 21세기에 접어들어 가장 큰 이슈로 등장한 지속가능성의 문제, 특히 에너지 환경의 문제를 도시와 건축에서 적극적으로 해결하고자 한다. 특히 하이테크 건축가들이 이 문제에 대하여 열심이다. 렌조 피아노 역시 그런 흐름에 적극 동참하는 건축가다. 이 밀도 높은 공간에서 녹지 확보를 위한 이런 세심한 설계는 그런 노력의 연장선상에 있는 것이다. 건물의 조감도를 보면 동관이나 서관의 옥상에도 옥상 정원이 아닌 옥상 숲이 조성되어 있다. 아직 아래에서는 눈으로 확인할 수 없다. 나중에 설계된 파리의 법원통합청사도 옥상 숲이 엄청난 규모로 조성되어 있음을 볼 수 있다.

개방감을 주는 필로티는 건물을 전체적으로 더 가볍게 보이게 하는 디자인

로비와 출입구

지하층에 보존된 유적지

적 효과도 동시에 거두고 있다.

건물 외피는 모두 유리 커튼월로 마감되어 있는데, 이중외피다. 다중복합유리 커튼월 유닛 패널은 피아노 건축의 핵심이다. 이것은 투명성을 유지하면서도 계절에 따른 단열 기능을 강화하기 위해 채택된 것이다. 유리 커튼월의 단점에 대한 렌조 피아노식의 솔루션이다. 가까이 가서 보면 표면 유리 커튼월의 끝부분이 옷자락 떨어지듯 막힘없이 유리 그대로 처리된 것을 볼 수 있다. 커튼월의 이런 디테일한 처리는 갓을 쓰듯 올린 얇은 평면 지붕, 그리고 그리 굵지 않은 필로티 기둥과 함께 건물을 더욱 경쾌하고 가볍게 만든다.

건물 서쪽 입면 가운데에 난 수직 골도 건물의 육중함을 덜어내고 날렵함을 더하는 데 한몫을 한다. 이런 수직 골은 매스의 느낌이나 이미지뿐 아니라 실내에서 더 풍부한 개방감과 자연광을 확보하는 데 일조하는 디자인이다. 피아노는 이와 같은 기법을 즐겨 사용한다.

건물 동쪽 입면에는 두 개의 정방형 타워 두 개가 메인 매스를 잡아주고 있는 기둥처럼 버티고 있다. 통상적으로 건물의 중앙에 있는 엘리베이터 코어를 별도로 외부로 낸 것이다. 그럼으로써 실내공간을 훨씬 개방감 있고 자유롭게 사용할 수 있도록 하는 구조적 배치다. 피아노가 이처럼 자유롭고 효율적인 디자인을 할 수 있는 것은 최고의 구조공학자로 일컬어지는 피터 라이스* 덕분이다. 그는 피아노의 프로젝트에 언제나 함께하는 파트너다. 퐁피두센터도 그와 함께 이룬 것이다.

1층 내부 로비로 들어가면 단순하다. 내부 로비에도 역시 네 방향 밖으로 연결된 창을 통해 개방감을 확보하고 있다.

개방돼 있는 지하 1층으로 내려가면 이곳이 역사적으로 굉장히 오래된 터라는 증거로 예전 건물터의 발굴 흔적을 보관해 놓았다. 건물 외부 서쪽 현관에도 그런 곳이 있는데, 역사적 흔적을 남겨두고 볼 수 있게 함으로써 건축물이라는 공간이 항상 시간성과 관계 맺고 있다는 것을 보여주고 있다. 사옥이라는 제약이 있어 건물 전체를 구석구석 살펴보지는 못했지만 부분만으로도 렌조 피아노 건축의 특징을 확인할 수 있었다. 한마디로 KT 본사 동관은 평소 내가 가지고 있던 '왜 렌조 피아노가 군더더기 없이 깔끔하고 세련된 건축가인지'를 확인시켜준 건물이었다.

한국타이어 테크노 돔 & 한국타이어 본사 사옥

"나를 자극하는 건물들은 현대 테크놀로지를 활용한 최첨단 건물이다."

"건축의 기능은 모든 감각을 인식하여 이를 수용하는 것이다. 이 기능은 필요와 영혼을 모두 만족시켜야 한다."[41]

첨단 재료와 구조기술로 승부하는 현대 하이테크 건축의 주도자로서 디자인의 형태미적 측면과 효율적 기능성을 동시에 추구하는 노먼 포스터의 건축 철학을 간명하게 표현한 말이다. 아마도 세계 건축계와 건축 시장에서 가장 콜을 많이 받고 있는 건축가를 들라면 주저 없이 노먼 포스터를 꼽을 것이다. 80세가 넘은 나이지만 지금도 왕성하게 활동하고 있고, 세계 건축계는 여전히 그를 필요로 한다. 국제적인 도시로 여행을 하다 보면 알게 모르게 그의 건축 작품들을 마주하게 된다. 그만큼 그는 인상적이고 큰 프로젝트들을 크고 작은 도시에 많이 남겼다. 여행의 관문인 공항설계만 해도 여러 개가 있다.

노먼 포스터Noman Robert Foster(1935~)는 영국 잉글랜드의 스톡포트 출신으로, 맨체스터 대학에서 건축을 공부하며 전설적인 미국의 프랭크 로이드 라이트, 프랑스의 르 코르뷔지에, 독일의 미스 반 데어 로에, 브라질의 오스카 니마이어*의 건축에서 영향을 받았다. 그리고 예일대학원에서 같은 하이테크 건축가로 입지를 굳힌 리처드 로저스를 만나 건축적 교분을 나누었다. 그 시절 그는 벅민스터 풀러의 모듈 건축과 지오데 돔 건축이론에 큰 관심을 갖게 되었고, 그것이 그의 하이테크 건축의 밑거름이 되었다 할 수 있다.

이후 로저스와 함께 1963년 영국으로 돌아와 후에 각각의 부인이 될 건축가 두 명과 함께 팀4를 결성하여 설계사무소를 시작한다. 팀4는 일종의 하이테크 건축의 산실과도 같은 역할을 하며 포스터와 로저스가 본격적인 하이테크 건축가로 입지를 다져나가는 토대를 제공했다. 팀4는 4년 후 해체되고, 포스터는 그의 아내 웬디 치즈먼과 지금의 사무소로 이어지는 Foster Associates를 설립해 건축 정체성을 확립해 왔다.

앞서 이야기했듯 그의 인상적인 작품들은 세계 곳곳에 산재해 있다. 하이테크 건축의 정수를 보여준 홍콩 상하이은행 본부는 "규제가 만들어낸 건축의 형태가 때로는 그 장소의 상징을 만들어 내는 기회가 되기도 한다."[42]고 밝힘으로써 규제를 기술적으로 어떻게 극복하고 공공적 상징성까지 확보했는지를 보여주고 있다.

기존 건물의 역사성을 보존하고 투명한 하이테크 돔을 통해 현대 민주주의를 상징적으로 표현한 베를린 의사당 리모델링 공사에서는 다음과 같은 의도를 설계에 반영했음을 말하고 있다.

"우리가 한 일은 무엇보다도 재통일된 조국에서 정말로 선도적인 이념과 민주주의의 역할, 민주주의의 표정을 보는 것이었다. 무엇이 그 일반적인 표현이어야 할까? 우리는 수많은 결론을 제시했는데 그중 하나가 의사당은 공적인 공간이 되어야 하며 국민들에게 개방되어야 한다는 것이었다. 국민들이 민주적 과정을 내려다볼 수 있어야 한다는 것이다……. 이 건물이 기억의 박물관이 되어야 하며, 역사는 중요하고 적극적인 역할을 해야 한다고 느꼈다."[43]

이 외에도 런던 시청사, 런던의 메리 엑스 타워, 뉴욕 허스트 타워, 런던 밀레니엄 브리지, 실리콘 밸리의 애플 신사옥, 홍콩 첵랍콕 공항 등이 대중에게 잘 알려진 그의 대표작이다. 현대의 모든 건축가들이 기본적으로 에너지 절감의 친환경

노먼 포스터, 홍콩 HSBC빌딩, 1985

노먼 포스터, 베를린 국회의사당 유리 돔, 1999

노먼 포스터,
런던 메리 엑스 타워, 2004

건축을 지향하지만 그는 훨씬 앞서 지속가능한 세계에 관심을 가지며 디자인과 기술을 통해 환경 친화적 건축을 적극적으로 구현해왔다.

이런 공로를 인정받아 1999년 프리츠커상 수상자로 선정되었고, 영국 출신으로서 영국 건축의 자존심이자 중심으로 자리매김하게 되었다. 그의 건축을 볼 때는 건축 구조와 설비물들이 어떻게 적극적으로 형태요소로 활용되면서 기능적 효율성까지 충족시키고 있는지를 눈여겨 볼 필요가 있다. 특히 공간구성에 있어 투명성을 통해 건물 내부의 소통구조와 개방성을 어떻게 만들어 내는지를 살펴보는 재미도 놓치지 말아야 한다.

그런 점에서 한국의 유성에 있는 한국타이어 연구소인 테크노 돔과 분당의 본사 사옥은 가히 포스터 건축이 명불허전임을 여실히 증명하고 있다.

영국의 포스터 앤 파트너스 설계팀장 이완 존슨은 국내 언론과의 인터뷰에서 한국타이어 연구소인 테크노 돔 설계 콘셉트에 대해 다음과 같이 밝혔다.

"새로운 브랜드 이미지를 구축하겠다는 의지에서부터 효율적인 업무 공간 활용과 동선, 이를 아우르는 소통 공간 등 한국타이어의 철학을 반영하는 데 주력했습니다. 물리적인 건축적 요소보다 공간 구성에 집중해 조직문화를 개방과 소통으로 이끌려는 한국타이어의 의도를 담았죠."

"간결하고 군더더기 없는 선을 강조한 내부 디자인은 마치 우주선의 내부에 있는 인상을 주고 곡면으로 정리된 난간과 지붕 가장자리, 아트리움 공중에 떠 있는 듯한 휴식공간들은 한국타이어가 추구하는 차세대 미학의 강렬한 표현."[44]

도로 멀리서 보면 한국타이어 테크노 돔은 외진 곳에 마치 엄청 커다란 우주선이 내려앉아 있거나 돔형 스포츠 아레나처럼 보인다. 외관만으로도 특별하게 지어진 대형 건축물임을 직관적으로 알 수 있어 건축에 관심이 없는 사람도 궁금하게 만드는 건물이다. 건축주인 한국타이어 대표는 연구소를 짓기로 하고 노면 포스터가 설계한 영국의 자동차 연구소인 맥라렌 테크놀로지 센터와 비슷한 콘셉트로

노먼 포스터, 한국타이어 테크노 돔, 2016

테크노 돔 모형도

지어달라고 의뢰를 했다.

한국타이어 테크노 돔은 도심이지만 주위가 나지막한 산으로 둘러싸인 한적한 곳에 자리 잡고 있다. 대전 유성구는 과학연구단지가 있어 비교적 조용한 환경을 이루고 있는데, 테크노 돔은 다른 연구단지와도 또 떨어진 곳에 독립적으로 위치하고 있어 더욱더 한적한 분위기다. 2016년 10월에 완공된 돔 건물은 지하 2층 지상 4층으로 이루어져 있으며 외부에 별도로 기숙사 건물이 부속 건물로 자리 잡고 있다. 조감도 상으로는 자동차 타이어 모양을 형상화시킨 디자인이라 한다. 그러나 막상 입구를 따라 정면으로 들어가면 커다란 솥뚜껑 같은 지붕이 돌아가며 필로티 기둥에 의해 떠받쳐 있는 모양이다. 지붕의 넓고 완만한 둥근 곡선은 주위의 낮게 둘러싼 산들과 자연스럽게 조화를 이루고 있다. 단순하게 보면 초가지붕과 기둥으로 이루어진 한옥이 시골 동네의 자연과 어우러지는 모습과도 흡사하다. 그러나 필로티 기둥 안쪽으로 구축돼 있는 커튼월 투명유리 본체는 이곳이 첨단 과학의 산실임을 웅변하고 있다. 이렇듯 한국의 전통 건축미와 첨단 현대건축미가 묘하게 결합돼 있는 디자인이 아름다움을 더해준다.

진입로를 따라 현관으로 가면 수공간이 건물을 둘러싸고 있다. 마치 성스러운 공간, 금단의 공간으로 들어가는 느낌이다. 그 넓은 수공간은 깊지는 않지만 짙은 화강암으로 조성되어 거울처럼 자연스럽게 하늘을 비롯해 주위 자연의 모습을 담아내고 있었다. 우리는 건축에서 이런 장면을 자주 목격하는데 건물 주위의 수공간은 빗물을 모아 채워놓은 것으로 디자인적 연출효과뿐 아니라 기능적으로도 다양한 역할을 한다. 이 연구소의 경우 수공간은 미적 연출과 연구소라는 특별한 보안 구역에 대한 일종의 해자 같은 영역표시의 상징으로 느껴진다. 특히 이 연구소는 주차장을 모두 지하공간에 마련했는데 그 이유는 주위에 아스팔트 공간을 최대한 줄이기 위해서였다고 한다. 이는 열섬효과 방지와 쾌적한 환경을 유지하기 위한 친환경적 의도를 담고 있다. 그리고 수공간에 쓰인 물은 건물의 온도조절을 위한 역할뿐 아니라 건물 내에서 사용되는 물로도 재활용되어 물 낭비를 줄여주는 역할

현관 진입로

현관 앞 수공간과
지하주차장 진입 램프

까지 한다. 이 건물은 국내 R&D 시설로는 처음으로 친환경 건물 인증제도인 리드 LEED 골드 등급을 획득했다. 미국 비영리단체인 푸른건물위원회USGBC가 주관하는 이 인증은 기획에서 준공, 사후관리까지 건축 과정 전체에 가이드라인을 제공하고 있고, 부지 선택에서 설계, 시공까지 친환경 가치를 실현하는 항목이 촘촘하게 짜여 있어 인증을 통과하기가 힘들기로 유명하다.[45]

주차장에 들어가기 전 현관 입구는 큰 지붕에 의하여 자연스럽게 넓은 캐노피 공간이 형성돼 있다. 넓은 처마와 기둥, 수변으로 이루어지는 공간을 느끼며 외부 경관을 감상해 보는 것도 색다른 재미다. 입구 양쪽으로 지하주차장 진출입로가 완만하게 미끄러지듯 나 있는데, 물을 가르고 들어가는 느낌이 마침 동화 속의 용궁으로 들어가는 듯하다. 건축가는 여러 가지 건축적 장치를 통해 재미있는 경험을 선물해주고 있다.

연구소 로비에 들어서면 외관에서는 상상할 수 없었던 장면이 펼쳐진다. 무슨 SF영화 속에 들어온 듯한 착각을 불러일으킬 정도로 구조와 분위기에 압도당할 것 같다. 중앙 아트리움을 중심으로 양쪽의 사무 공간 벽체가 피라미드 모양으로 천장까지 좁아지며 올라가는 구조적인 웅장함이 온통 흰색 구조물과 투명유리, 짙은 색의 스테인리스 창틀로 조화를 이룬다. 천장에서는 천창을 통해 자연광을 쏟아내며 개방감을 더하고 있다. 철 구조와 투명유리 원통의 엘리베이터 탑이 보이드 공간 중간에 우뚝 서 있는 모습도 파격이었다. 통상적으로 엘리베이터 공간을 건물의 코어로 활용하는 기존 건물에서는 상상하기 어려운 모습이다. 1층에서 3층으로 연결되고 다시 5층으로 올라가게 설계된 에스컬레이터는 마치 천장에 걸려 있는 구름다리와도 같은 느낌을 준다. 모든 층은 중앙 보이드 공간을 사이에 두고 둘러서 배치되어 있다. 그리고 모든 사무실이 투명 유리벽으로 마감되어 맞은편과 위아래가 시각적으로나 정서적으로 소통할 수 있는 구조다. 이렇게 설계가 된 것은 건축주가 '원 컴퍼니'와 '소통' 콘셉트를 요구했기 때문이다.

연구소 10개의 파트가 서로 소통하며 한 지붕 아래 하나의 회사라는 팀워크

1층 로비

공중에 떠 있는 듯한 계단과 유리벽으로 처리된 사무 공간

를 이루어 나가기를 바라는 건축주의 생각이 잘 반영된 것이다. 이런 콘셉트는 한국타이어 판교 본사 건물 내부에도 똑같이 적용되고 있다. 노먼 포스트는 이런 건축주의 요구를 하이테크 건축의 거장답게 혁신적인 기술들을 동원해 풀어내고 있다. 특히 많은 진동과 소음을 유발하는 실험동을 지하에 배치해야 함에도 불구하고 거기에는 편의시설들을 두고 각종 실험공간을 1층에 배치한 것은 구조공학적으로 그가 얼마나 치밀하게 접근했는지를 단적으로 보여주고 있다.

　　에스컬레이터를 타고 건물의 중간쯤 되는 3층으로 올라가 중앙 아트리움을 중심으로 펼쳐진 내부 공간 전체를 보면 건물이 유려한 곡선으로 이루어졌음에도 굉장히 탄탄하게 균형을 잡고 있다는 생각이 든다. 대각선으로 왔다 갔다 하는 에스컬레이터와 계단은 그 공간에 전시된 설치미술 작품으로 보일 정도다. 그도 그럴 것이 이런 구조물들이 기둥이 아닌 튼튼한 쇠줄로 매달려 있기 때문이다. 그래서 그런지 생각보다 복잡한 기둥이 많지 않다. 사무 공간의 모든 벽이 유리벽으로 되어 있음에도 불구하고 소음이 없다. 이런 소음이 차단될 수 있는 것은 방음을 위해 완벽한 마감이 이루어졌다는 것이다. 또 내부 공간이 이렇게 밀폐되어 있음에도 쾌적한 실내 공간을 유지할 수 있는 것은 그에 맞는 첨단 공조 시설이 뒷받침되었음을 의미한다.

　　하이테크 건축을 보면 현대건축에 있어 진정한 혁신을 이룬 건축이란 느낌이 든다. 비합리성을 극복하고자 주창된 모더니즘 건축의 장점들을 모두 계승하면서도 첨단 기술과 디자인으로 모더니즘이 비판받는 다양성, 심미성, 환경 친화성, 맥락의 결여 등과 같은 단점들을 세련되게 극복하고 있기 때문이다. 건축적 프로그램에 있어서도 모더니즘의 뼈대를 유지해가며 극적으로 업그레이드시키고 있는 점이 나를 사로잡는다. 특히 노먼 포스터의 건축이 그렇다. 아마도 중세시대 사람들에게 고딕양식의 성당을 선보였을 때 이런 느낌으로 다가왔을 것이다. 노먼 포스터는 판교의 한국타이어 본사도 설계했는데 도심 한가운데 상업지구라 외부는 평범한

노먼 포스터, 한국타이어 앤 테크놀로지 사옥 로비에서 3층으로 올라가는 에스컬레이터, 경기도 판교, 2020

중앙 아트리움을 중심으로 개방된 사무 공간

아트리움 천창

건물처럼 보이지만 내부는 비슷한 콘셉트를 적용해 혁신적인 사무공간을 창출하고 있다. 커튼월 외벽도 사실은 촘촘한 유리 루버를 사용하여 공간마다 다른 조도를 조절하도록 디자인되어 있다. 어느 것 하나 평범하고 관성적으로 디자인하는 건축가가 아니다. 내부로 들어가면 새로운 세계가 펼쳐지는 경험을 하게 한다. 모든 사무공간은 연구소와 마찬가지로 투명유리 칸막이로 돼 개방적이며, 천장까지 이어지는 중앙의 아트리움으로 인하여 자연 채광은 물론 직원들의 소통이 자연스러운 구조를 만들어 놓고 있다. 건축이 외부로 보이는 것이 다가 아니라는 것을 제대로 보여주는 작품이라 할 수 있다.

좋은 의뢰자가 훌륭한 건축을 만들어 낼 수 있다고 했다. 따라서 사무 공간에 이 정도의 설계 콘셉트를 가져올 수 있는 것은 건축주의 혁신적인 마인드가 없다면 절대 불가능하다. 그래서 한국타이어의 건축은 건축가와 건축주의 콜라보가 얼마나 커다란 시너지를 낼 수 있는지를 잘 보여주는 사례라 할 수 있다.

리처드 로저스 | 하이테크로 지속가능한 건축을 꿈꾸다

파크원타워 & 더 현대 서울

"빛이 가득 찬, 무게는 가벼운, 그러면서 융통성 있고 에너지는 덜 쓰며 또 우리가 소위 읽기 쉽다고 말하는, 다시 말해서 건물이 어떻게 조립되었는지 읽을 수 있는 건물."[46]

리처드 로저스는 뉴욕 타임스와의 인터뷰에서 이렇게 언급했다. 말 그대로 그의 건축은 건물의 내용을 훤히 들여다볼 수 있는 '읽기 쉬운 건축'을 추구한다.

그는 혁신적인 재료 사용, 구조적 표현주의, 그리고 투명한 파사드로 특징지어진 그의 디자인으로 노먼 포스터와 함께 하이테크 건축 스타일을 발전시킨 영국의 또 다른 대표적 건축가다. 건축 분야에 대한 공헌과 기여로 영국 왕실로부터 1991년에 기사 작위를 받았고, 1998년에는 종신 귀족으로 임명되어 남작 작위를 받았다. 2007년에 프리츠커상을 수상했다.

프리츠커상 수상 연설에서 그는 "오늘날 건축은 새로운 책무를 가지게 되었다. 건축이 단순히 도시환경을 보완하는 데 그치지 않고 지구환경을 존중해야 한다는 것이다."[47]라고 함으로써 지속가능성의 문제에 있어서 건축의 보다 적극적인 책임과 역할을 강조하기도 했다.

리처드 로저스Richard Rogers(1933~2021)는 이탈리아 피렌체에서 태어나 다섯

살 때인 1938년 가족과 함께 영국으로 이주했다. 그는 런던건축협회 학교Architectural Association School에서 교육을 받은 후 예일대학교에서 건축석사 학위를 취득했다. 예일대에서 로저스는 나중에 여러 프로젝트에서 협력하며 하이테크 건축을 함께 주도해 나갈 노먼 포스터를 만난다. 뉴욕의 건축사무소 SOM에 몸담았다가 영국으로 돌아와 노먼 포스터와 팀4를 결성해 얼마간 활동하기도 한다. 이후 팀4를 해체하고 자신만의 건축사무소를 설립하여 활동했다. 이 과정에서 파리 퐁피두센터를 공동으로 설계한 또 다른 하이테크 건축의 거장 렌조 피아노와도 다년간 협업 활동을 이어갔다.

로저스는 프리츠커상 수상 연설에서도 강조했듯이 그의 건축 생애 동안 도시계획과 공공 정책에도 깊이 관여하며 사회적, 환경적으로 지속가능한 건축을 실천하고 옹호해 왔다.

그의 건축을 감상할 때 다음과 같은 몇 가지 건축적 특징을 염두에 두고 보면 보다 이해하기 쉬울 것이다.

첫째, 혁신적인 재료 사용이다. 로저스는 철, 유리, 알루미늄, 스테인리스 등과 같은 현대적인 재료를 사용하여 구조적 유연성과 미학적 특성을 극대화한다. 이 재료들은 건축물이 빛과 환경에 반응하도록 하여 내·외부 공간의 경계를 허문다.

둘째, 구조적 표현주의로 불리는 구조 디자인이다. 로저스는 건물의 구조기능적 요소를 드러내어 미적 요소로 전환시키는 데에 탁월하다. 구조적 요소를 드러냄으로써 기술과 건축적 아름다움을 표현해낸다. 이러한 접근은 건축물을 용도를 넘어 예술 작품으로까지 끌어올린다.

셋째, 투명한 파사드다. 그의 많은 건축물은 투명하거나 반투명한 파사드를 특징으로 한다. 이를 통해 들어오는 자연광을 최대한 활용해 외부 환경과의 연결을 강조한다. 이는 또한 건축물이 그 장소의 사회적, 환경적 맥락과 조화를 이루도록 한다.

넷째, 지속가능성 측면이다. 로저스는 에너지 효율과 지속 가능한 건축재료 사용을 통해 환경에 미치는 영향을 최소화하는 설계를 지향한다. 이는 건축물이 장기적으로 환경과 조화롭게 공존할 수 있도록 보장한다.

마지막으로 눈여겨볼 점은 색채의 활용이다. 특히 빨간색을 사랑한 로저스는 건축물에 생동감을 불어넣기 위해 색채를 대담하게 사용했다. 구조적 요소에 적용된 색상은 건축물의 시각적 정체성을 강화하고 도시 환경 속에 강렬한 인상을 남겼다.

그의 주요 작품들 중 몇 가지를 들자면 다음과 같은 것들이 있다.

퐁피두 센터(파리, 프랑스, 1977): 퐁피두 센터는 하이테크 건축의 상징과도 같은 건물이다. 렌조 피아노와 공동으로 설계한 이 문화복합시설은 건물의 구조적 요소와 기계 설비를 외부에 노출시켜 혁신적인 디자인을 선보였다. 퐁피두 센터는 그의 건축적 접근 방식이 대중에게 널리 알려지게 된 대표적인 예이다.

로이드 빌딩(런던, 영국, 1986): 이 건물은 서비스 코어(계단, 엘리베이터, 배관 등)를 건물 외부에 배치함으로써 내부 공간의 유연성을 극대화한 것으로 유명하다. 로이드 빌딩은 로저스가 하이테크 건축을 통해 어떻게 전통적인 사무실 건물의 개념을 재해석했는지 보여준다.

밀레니엄 돔(런던, 영국, 1999): 대규모의 돔 구조물로서, 2000년 밀레니엄을 기념하기 위해 건설되었다. 이 구조물은 지속 가능한 건축과 대중적 상징성을 결합한 로저스의 능력을 보여준 것으로 평가받는다.

바라하스 공항 터미널 4(마드리드, 스페인, 2006): 자연광이 풍부하게 내부로 들어오도록 설계된 이 공항 터미널은 사용자 경험을 중시하는 로저스의 설계 철학을 반영한다. 유동적인 형태와 개방된 공간은 공항이라는 공공시설의 새로운 가능성을 보여준다. 정작 그는 그의 하이테크 건축에 대하여 "고급 기술이니 저급 기술이니 하는 것은 없다. 다만 적절한 기술이 있을 뿐이다."[48]라며 겸손한 태도를 취하고 있다.

리처드 로저스, 런던, 로이드 빌딩, 1986

리처드 로저스, 런던, 밀레니엄 돔, 1999

이런 로저스의 영향력은 건축을 넘어 도시 환경이 어떻게 더 포괄적이고, 활기차며, 지속가능하게 설계될 수 있는지에 대한 담론을 형성하는 데도 커다란 작용을 했다. 리처드 로저스의 건축적 유산은 건축과 도시 계획의 전통적인 개념에 도전하며, 주어진 환경에서 가능한 것의 경계를 넓혀온 것에 있다고 본다.

뉴욕 타임스는 그가 2021년 88세로 타계했을 때 "그는 프랑스 파리와 영국 런던의 스카이라인을 화려하게, 인상적으로 탈바꿈시킨 인물이다. 로저스는 건축의 미美에 대한 (대중의) 관점을 바꿔놓기도 했다."[49]는 애도 기사로 그의 건축적 성취를 기렸다.

한국의 여의도에 지어진 파크원 프로젝트는 그의 마지막 작품으로서 로저스 건축의 특징을 잘 보여주고 있다.

한강변에서 여의도 방향을 바라보거나 강변로를 따라 차를 타고 가다 보면

리처드 로저스,
파크원,
서울 여의도,
2020

모서리가 선명한 붉은색 세로줄로 새겨진 우뚝 솟은 두 동의 건물을 보게 된다. 63
빌딩으로 대표되던 여의도 금융가의 새로운 풍경이다. 건물 높이도 한 동은 69층으
로 63빌딩보다 높다. 확실한 여의도의 랜드마크라고 할 만하다. 건축에 대해 자세히
모르는 사람들은 아마도 그 붉은색 선을 단순한 장식적 장치로 바라볼 수 있겠다.

더 현대 서울, 크레인형의 구조장치, 2020

또 그 옆에는 아직도 공사 중인 것 같아 보이는 크레인이 여러 대 있는 낮은 건물도 보인다. 하지만 이미 완공된 백화점 건물이라는 반전이 있으며, 최근에 여의도에서 가장 핫한 장소이기도 하다. 옆에 있는 호텔 건물까지 통칭하여 '파크원'Parc1이라 부르는데, 좁게는 두 동의 높은 빌딩을 일컬으며, 백화점은 '더 현대 서울'이라 부른다.

　　서울 여의도에서 가장 높고 국내에선 세 번째로 높은 건축물인 파크원은 대지면적 4만 6,465m²에 지하 7층 지상 53층, 69층 오피스 빌딩 2개 동과 8층 규모의 백화점 1개 동, 31층짜리 호텔 1개 동 등 총 4개 동으로 구성된 여의도 유일의 대형 복합 문화시설이다. 리처드 로저스의 마지막 설계 작품이며 시공은 포스코 건설에서 맡았다.

　　"이 디자인의 핵심은 입구 앞의 광장과 주변 지역을 도시 커뮤니티 공간으로 연결함으로써 가로수가 늘어선 대로를 포함하여 공공 공간의 위계를 만드는 일련의 건물을 세우는 것이다. 이 계획은 공공 보도를 확장하고 지하철 시스템에 직접 접근할 수 있도록 하여 대중교통을 통합하고자 한다."50)

　　그러면 왜 그렇게 인상적이지만 산만한 모습을 하고 있을까, 궁금증이 들지 않을 수 없다. 앞서 로저스를 소개할 때 나왔던 프랑스 파리의 퐁피두 센터를 보았을 때 느낀 뭔가 산만한 외관과 공통점이 있지 않은가? 파리 시민들도 처음에 퐁피두 센터의 외관을 보고는 충격을 받았다고 한다. 명소로서 자리 잡고 그것을 자연스럽게 받아들이기까지 오랜 시간이 걸렸다. 그에 비하면 파크원은 굉장히 단정한 모습이다. 붉은색 선으로 보이는 구조물은 디자인적으로 임팩트 있고 강렬하기까지 하다. 붉은색은 로저스의 시그니처 색상과도 같은 것이지만 여기서는 한국의 전통 붉은색 단청 기둥에서 따온 것이라고도 한다. 한강변과 여의도의 경관을 바꿔놓

파크원 빌딩 로비에서 바라본 구조물

파크원 빌딩 내부 구조물

더 현대 서울 천장

겠다는 설계자의 의도가 제대로 맞아떨어진 것 같다.[51] 그러나 디자인도 디자인이
지만 타워의 거대한 이 붉은색 세로 줄무늬와 백화점 지붕 위의 8대 크레인이 이
건축물을 지탱하고 있는 핵심적인 구조물이라는 점을 알고 나면 이 건물이 왜 하
이테크 건물인지 절로 고개가 끄덕여질 것이다.

　　통상적으로 빌딩을 지탱하는 뼈대나 구조물은 건물 내부와 벽에 철근콘크
리트나 철골조를 써서 기둥과 벽 형태로 지탱되고 있다. 그런데 이 타워는 모서리
에 여덟 개의 특수철강재 기둥을 세우고 이를 서로 연결해 버티고 있는 구조다. 그
러다 보니 내부에 기둥이 있는 건물에 비해 공간을 굉장히 효율적으로 이용할 수
있다. 그러면서 벽도 구조적 역할에서 자유로워져 가벼운 커튼월 투명창 마감을 할
수 있는 것이다.

더 현대 서울, 크레인형의 구조장치, 2020

　　백화점 지붕 위의 크레인도 같은 목적을 갖고 있다. 백화점 내부 공간을 기둥 없이 넓게 쓰기 위하여 크레인 원리를 이용하여 중앙 천장을 들고 있는 것이며, 그 크레인 맞은편 끝은 외부에서 강철 줄로 강하게 당겨 고정시켜 놓고 있다. 외부에서 천장 윗면을 보면 크레인들은 서로 사선으로 중앙부 천장에 연결돼 천장을 잡아주고 있다. 누구도 감히 생각지 못한 방식의 구조기술을 적용해 건축주가 필요로 하는 공간을 만들고 있다. 외부로 드러난 구조물들은 디자인적으로도 신선한 충격을 준다. 바로 이것이 리처드 로저스가 추구하는 하이테크 건축의 문법이다.

　　여의도 공원을 통해 파크원 건물을 바라보며 가까이 접근해 가면 갈수록 빌딩의 선명한 붉은색은 점점 더 강렬하고 아름답게 다가온다. 빌딩 앞에 서면 멀리서 선처럼 보였던 구조물이 거대하고 육중한 철 기둥의 건물 뼈대라는 것을 확인할 수 있다. 그 철 기둥을 중심으로 커튼월 유리벽을 통해 비치는 또 다른 내부 철골

더 현대 서울 5층의 실내 공원

트러스 구조로 이 빌딩이 얼마나 견고한 첨단 구조공학 기술에 기반을 두고 있는 것인지 짐작할 수 있게 해준다.

내부로 들어가면 예상했던 것처럼 모서리의 기둥과 연결된 내부 철골 트러스가 로비의 벽에 붉고 육중한 자태를 그대로 드러내고 있다. 이런 견고한 틀 안에서 다른 건축적 장치들은 자유로움을 만끽하고 있는 듯이 보였다.

건물에서 나와 옆에 자리 잡은 백화점 외관을 보면 백화점 지붕에 나란히 얹힌 네 개의 크레인에서 내려온 강철 줄이 외벽 지지대를 당기고 있는 광경을 볼 수 있다. 참고로 백화점 건물은 직사각형의 한국 전통 방패연을 모티브로 디자인했다고 한다.[52] 이곳은 국내 최대의 상업 시설 규모이기도 하다.

이런 최대의 상업 시설에 맞게 내부 역시 최대의 개방감을 확보하고자 기발

더 현대 서울 각 층의 플라토

한 방식의 구조기술을 사용했다. 내부로 들어서면 이 비싼 땅에 백화점이 휑할 정
도로 빈 공간이 넓어도 되는 건가 하는 생각이 든다.

1층 중앙을 천천히 걸으며 위쪽을 바라보면 천장까지 뻥 뚫린 엄청난 크기
의 아트리움이 형성돼 있다. 천창에서 그대로 쏟아지는 자연광은 1층까지도 자연의
시혜를 넉넉히 베풀어주고 있었다. 그 아트리움 둘레로 매장과 다양한 공간들이 마
련되어 있음을 알 수 있다.

그 공간감을 보다 실감나게 체험하기 위해 에스컬레이터를 이용해 최고층인
6층까지 올라갔다. 6층은 천장과 맞닿아 있는 곳이다. 천장을 지탱하고 있는 그 궁
금했던 구조물들을 자세히 볼 수 있는 곳이기도 하다. 말 그대로 구조역학이 복잡
하게 얽혀 있는 모습이었다. 이곳을 통해 아래로 깊숙이 내려다보이는 아트리움의

모습과 5층 중앙에 자연의 빛을 받으며 넓게 조성된 실내 공원의 모습은 말 그대로 장관이었다. 건축가는 이 공간에 여의도 공원을 재현하고자 했다.[53]

그 엄청난 개방감과 유려한 곡선으로 이루어진 조형미는 이제까지 보아온 여느 백화점의 공간구성과는 차원이 달랐다. 천천히 5층의 자연공원으로 내려가 보았다. 도심 한복판 상업용 건물에서 이런 대규모 실내 공원이 가능하다는 게 믿겨지지 않았다. 건축주와 건축가는 이 공원을 조성하면서 상업시설의 사회적 역할에 대해 진지한 고민을 했을 것이다. 시민들에게 쇼핑만을 강요하는 야박한 기존의 백화점들에 비해 이 백화점은 소비자에 대한 접근 방식과 관점 자체가 다른 것이다. 그렇지 않고는 이런 공간 설계를 생각할 수 없다.

5층의 실내공원으로 내려오면 넓은 공간, 높은 천장, 그리고 유리천창으로 들어오는 빛 덕분에 전혀 실내공간이 주는 폐쇄성을 느낄 수 없다. 마치 옥상정원에 나와 있는 느낌이다. 백화점 안에서 아무 눈치 안 보고 이렇게 맘 놓고 여유 있게 쉴 수 있는 공간은 어디서도 보지 못했다. 이 밖에도 다양한 편의시설들이 건물 중앙의 넓은 공간을 이용하여 층별로 마련돼 있다. 건물의 대규모 아트리움 중심에 외피가 없는 건물을 독립적으로 마련한 듯한 구조로 고객 서비스 공간으로 제공하고 있는 것이다. 쇼핑과 어우러진 대규모 복합 문화공간의 역할을 하게 만든 이런 건축프로그램이 신선하게 다가왔다.

건축주는 얼마든지 이 넓은 공간을 밀도 높은 상업공간으로 채울 수 있었을 것이다. 그러나 발상의 전환을 통해 궁극적으로는 소비자 만족도를 높이고 사람이 모이는 장소로 만들어 건축주와 소비자가 상생하는 구조를 만든 전략이 돋보이는 상업시설이 되었다. 또 이런 건축프로그램을 과감히 제안하고 소화하는 데 있어 여러 측면에서 로저스의 하이테크 건축만큼 효용성을 가진 건축이 있을까 싶다.

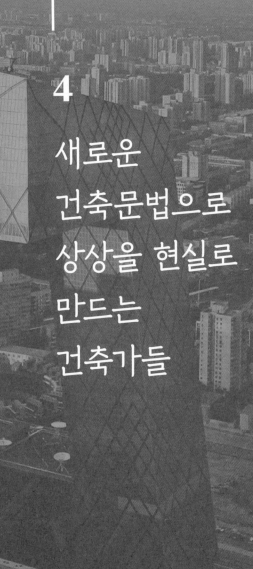

4

새로운
건축문법으로
상상을 현실로
만드는
건축가들

현대건축에서 가장 화재를 몰고 다니는 건축가 그룹은 단연 해체주의 건축가들일 것이다. 대중들에게는 건축의 신비로운 외관이나 특이한 형태 때문에 놀라움의 대상이 되고, 건축에 관련된 사람들에게는 기존 건축문법의 파괴로부터 오는 충격의 대상이 된다.

이 장에서 소개하는 건축가들을 모두 해체주의 건축가로 분류할 수는 없다. 당장 톰 메인만 하더라도 해체주의 건축가로 분류되는 것을 거부한다. 그러나 최소한 이들은 기존의 건축 문법과는 상당히 다른 차원의 건축 문법을 가지고 접근한다. 이들의 건축적 상상력도 그래서 상당히 자유분방하다. 이들의 자유분방한 건축적 상상력은 어떤 방식으로든 실현된다. 형태만이 아니라 건축적 프로그램도 생소하다. 그 결과 이들의 건축은 도시와 지역에서 화재를 몰고 다니며 존재감을 발휘하는 랜드마크로 자리 잡는다.

이를 앞서 주도하고 있는 그룹이 건축의 근본적 개념에 대한 해체를 시도하는 해체주의 건축가들이다. 그래서 이들의 건축을 보면 우리는 자연히 건축의 본질에 대해 새롭게 묻게 된다. 더해서 건축적 상상력도 좀더 풍부해진다. 그만큼 체험하고 감상하는 재미도 크다.

프랭크 게리 | 건축 조형예술가

루이비통 메종 서울

프랭크 게리는 건축에 조금만 관심이 있거나 미국 LA 여행을 해본 사람들이라면 누구나 다 아는 세계적 셀럽 현대 건축가이다. 특히 LA 디즈니 콘서트홀이나 스페인 빌바오 구겐하임 미술관의 형태를 보면 왜 그가 조형예술가에 가까운 건축가인지 알 수 있다.

무엇보다 그는 1988년 뉴욕현대미술관에서 개최된 해체주의 7인 전시회에 참여한 해체주의 건축의 대표적 인물이라고 할 수 있다. 그러나 아메리칸 센터와의 인터뷰에서 스스로 이렇게 토로함으로써 특정한 틀에 갇히지 않고 자유로운 건축을 하고자 하는 의지를 드러낸 바 있다.

"나는 해체주의자deconstructivist가 아니다. 이 말만 들으면 정말 화가 치솟는다."

"사람들은 나를 끈질기게 상자 안에 가두려 한다. 그들은 자신들의 카테고리 안에 넣을 수 없는 것이 있으면 편안치가 않은 것 같다. 나는 사람들이 자유롭게 들고날 수 있는, 열린 건물에 매우 관심이 많은 것이 사실이다. 그 이유는 내가 개방성과 접근 용이성에 관심이 있어서이지 구조적 장치로 그것을 좋아하기 때문이 아니다."54)

프랭크 게리Frank Gehry(1929~)의 본명은 프랭크 오웬 골드버그Frank Owen Goldberg이

며, 캐나다 토론토의 유대인 집안에서 태어났다. 그는 어린 시절 철물점을 하던 할아버지 덕분에 잡다한 재료들을 가지고 모형 만들기 놀이를 하면서 유년 시절을 보냈다고 한다. 덕분에 일찍이 건축 재료들의 물성에 익숙하게 되었으며, 모형 만들기를 통해 건축적 창의성이 키워졌음을 짐작할 수 있다.

16세에 LA로 이주해 대학에서 건축학을 공부하고 본격적인 건축가의 길로 접어든 그는 누구보다 건축의 예술화를 추구했다. 그래서 주위의 예술가들과 교류하는 것을 좋아했으며, 시대를 넘나드는 미술작품들에 매료되어 거기에서 영감을 얻고 건축언어로 전환하고자 했다. 그의 젊은 시절은 다분히 건축계의 아웃사이더였다고 해도 과언이 아니다. 그런 그의 건축이 커다란 반향을 일으킨 것은 다름 아닌 그 자신의 집인 게리하우스를 통해서였다.

재료와 형태의 파격성으로 커다란 논란이 일었지만 오히려 그로 인하여 건축계의 주목을 받게 되었다. 그 집을 지을 때 게리는 "나는 옛것과 새것의 대화, 조각적으로 새로운 실체를 창조하려고 노력하는 일에 흥미를 느끼게 되었다. 그리고 이 새로운 실체는 옛것에서 독립해서 새것의 특질을 지니고 있어야 했다."고 밝히고 자신의 돈으로 자신의 집을 마음대로 지을 수 있었기 때문에 건축적 전환점이 될 수 있었다고 말한다.[55]

그랬던 그는 1989년에 프리츠커상을 수상함으로써 명실공히 세계적 건축가의 반열에 들어섰다. 이후 그는 스페인의 쇠락한 공업도시 빌바오에 구겐하임 미술관을 설계하며 세계 건축계의 셀럽으로 등장했다. 파격적인 조형미를 자랑하는 이 미술관 하나로 쇠락해 가던 작은 도시 빌바오는 연간 100만 명의 관광객이 찾아오는 세계적인 명소가 되었다. 바로 건축물 하나가 도시의 가치를 바꿔놓은 대표적인 사례가 되어 지금도 단골로 언급된다.

이후 자신의 제2의 고향인 LA에 월트디즈니 콘서트홀, 체코 프라하의 댄싱하우스, 독일 뒤셀도르프의 노이에 졸호프Neuer Zollhof 등과 같은 작품을 설계하며 해체주의 건축가로서의 존재감을 유감없이 보여주었다. 넓은 철판 재료를 종이 다루

프랭크 게리, 게리 하우스, 캘리포니아 산타모니카, 1979

듯 하며 철골구조, 유리 등을 비정형적인 형태로 자유자재로 구축하는 것은 그의 건축의 트레이드마크와도 같다. 실제로 그는 건축을 스케치하고 설계할 때 종이를 구겨서 던져놓고 거기서 형태적 모티브를 얻는 것으로도 유명하다. 이런 자유로운 형태를 공학적으로 가능하게 하기 위하여 그는 항공기나 자동차를 디자인할 때 사용하는 소프트웨어인 CATIA 프로그램을 이용한다.

세계적으로 워낙 인기가 있다 보니 그의 설계 작품이 세계의 여러 도시에 산재하고 있어 그의 작품이 있는 도시를 갈 때면 빼놓지 말고 건축물을 찾아 감상하는 것도 여행의 큰 재미 중 하나가 될 수 있다. 하지만 프랭크 게리의 작품이 찬사만 받는 것은 아니다. 그의 건축이 절대적인 조형미와 파격적 형태를 추구하다 보니 건축의 기능성과 실용성에 대한 비판도 함께 따른다. 또 건축의 여러 맥락적 측면

프랭크 게리, 구겐하임 미술관, 스페인 빌바오, 1997

프랭크 게리, 노이에 졸호프, 독일 뒤셀도르프, 2019

을 중요시하는 측에서의 비판도 제기되곤 한다. 그러나 그의 건축가로서의 지위나 대중성이 이제는 그의 작품 자체를 맥락 있는 건물로 자리매김하는 소구력을 갖게 되었다고 보인다.

해체주의 건축은 추구하는 방식도 다양하다 보니 프랭크 게리의 해체주의와 뒤에 언급될 렘 쿨하스, 자하 하디드의 해체주의 건축 방식에는 그들만의 특성이 각기 다르게 나타나고 있다. 이런 점에서 게리의 해체주의 방식은 주로 메스의 조형적, 형태적 측면에 집중되고 있다는 생각이다.

프랭크 게리의 작품이 한국에는 다행히 청담동에 '루이비통 메종 서울'이라는 루이비통 플래그숍 스토어로 건축되어 있어 그의 건축세계를 일부나마 직관할 수 있다.

일본에 가면 도쿄 번화가인 오모테산도*라는 명품 거리가 있다. 그곳에는 각종 명품 브랜드들의 플래그숍 스토어가 즐비하게 들어서 있어 명품 쇼핑거리이기도 하지만 건축학도들에게는 세계적 건축 거장들의 다양한 설계작을 볼 수 있는 건축 순례지 중 한 곳이기도 하다. 그만큼 유니크하고 화려한 외관을 뽐내는 명품매장 건축들이 많다.

한국의 청담동 패션문화거리도 그런 곳이다. 그래서 이곳에 들어서 있는 명품매장들은 저마다 화려한 외관과 인테리어로 고객들을 유혹한다. 꼭 쇼핑을 하지 않아도, 건축을 몰라도, 독특하고 화려한 외관을 한 건물들로 장식된 거리를 거닐며 눈요기를 하는 것만으로도 즐거운 시간을 보낼 수 있다. 특히 몇 개의 건물들은 좀 더 눈여겨 볼 만하다. 본서에서는 그중에 프랭크 게리의 루이비통 메종 서울, 장 누벨의 돌체 앤 가바나D&G, 크리스티앙 드 포잠박의 하우스 오브 디올, 그리고 UN 스튜디오의 갤러리아백화점 등을 간단히 소개하겠다.

프랭크 게리는 루이비통 플래그숍 스토어인 '루이비통 메종 서울'을 설계했다. 그는 이미 파리에 루이비통 재단 미술관을 설계해 루이비통 그룹과 인연을 맺

프랭크 게리, 루이비통 메종 서울, 2019

고 있다. 철골 트러스 구조물과 투명유리로 이루어진 범선의 돛 모양과 같은 외피 디자인은 루이비통 재단 미술관을 일거에 파리의 또 하나의 명물로 만들어 놓았다.

프랭크 게리는 프리츠커상 수상 연설에서 "그림은 내가 건축에서 갈구했던 즉시성immediacy을 가졌다"[56)라고 말할 정도로 미술에 진심이다. 그는 다른 인터뷰에서도 "우리는 이론을 공부하지 않았다. 나는 미술에서 건축으로 전향한 사람이었다.

유리 지붕의 유려한 곡선

나는 늘 그림과 조각에 관심이 많았다. 나는 그 점에서 다른 건축가들과 달랐다"[57]
라고 밝히고 있다.

　　이처럼 그는 건축을 예술로 인식하며 작업을 한다. 그럼에도 그는 스스로를
가리켜 예술가가 아닌 건축가라는 단호한 태도를 취한다. 그만큼 그는 건축의 예술
적 속성, 심미성 등을 건축에 반영하고자 했다. '루이비통 메종 서울'도 이런 연장선

상에 있다.

지하 1층 지상 4층의 이 건물은 쇼 윈도우부터 시작해 철골 트러스에 투명 유리로 된 지붕 구조물이 마치 흩날리는 옷자락처럼 공중에 부유하고 있는 모습이다. 실제 한국 전통의 도포자락이 휘날리는 동래 학춤과 수원 화성에서 영감을 받았다고 한다.

건물은 기본적으로 콘크리트 육면체에 흰색 석재로 마감된 매스가 중심을 잡고 있다. 그 위에 전면 파사드를 비롯해 테라스의 지붕까지 이어지는 철골 트러스 구조는 프랭크 게리 특유의 추상적이고 비정형적 형태를 그대로 보여준다. 그래서 파리 루이비통 재단 미술관과 구성방식과 외관적 느낌이 닮아 있다. 이런 구조로 인하여 정면에서 보거나 가까이서 보면 건물의 전체를 입체적으로 볼 수 없어 시각적 볼륨감은 생각보다 풍성하지 못하다.

그러나 조감도 형태로 높은 곳에서 촬영된 사진을 보면 훨씬 풍성한 볼륨감을 가지고 있음을 알 수 있다.

철골 트러스 유리지붕의 날리는 듯한 유려한 형태와 곡선들은 재질은 다르지만 빌바오 구겐하임 미술관이나 LA 디즈니 콘서트홀의 곡선으로 흐르는 유려한 형태와도 유사하다. 이 전체적인 틀과 유리 제작은 스페인에서 직접 제작해 들여왔다고 한다. 이 건축을 구현하기 위해 강남의 평당 건축비의 15배가 투입되었다고 하니 설계의 시공적 완성도를 위해 얼마나 심혈을 기울였는지 짐작이 간다. 성에는 안 차지만 국내에서 이 정도로나마 프랭크 게리의 건축 스타일을 감상하고 직관할 수 있는 것도 행운이란 생각이다. 덧붙이면 이 건물의 인테리어는 인근 샤넬 매장 설계를 맡은 피터 마리노*가 맡은 것으로도 유명하다.

렘 쿨하스 | 청개구리 건축가

서울대 미술관 & 리움미술관 & 갤러리아백화점 광교점

2000년 하얏트재단The Hyatt Foundation은 밀레니엄 시대 건축을 새롭게 열어줄 프리츠커상 수상자로 해체주의 건축가 렘 쿨하스를 선정하였다. 미래의 건축이 기존의 문법을 완전히 벗어나는 것으로부터 출발할 수 있다는 점에서 밀레니엄 시대의 첫 수장자로 그를 선정한 것은 의미가 있다. 그도 본인의 프리츠커상 수상에 대해 "그들(선정위원회)은 21세기 건축의 정의에 대해 다소 열린 태도를 선택했고 건축의 정체성도 다소 수정한 것이다. 그것은 다른 사람들을 위해서도 좋은 일이 될 것이다."[58]라고 했다.

그러나 미래의 건축이 기존 건축 문법의 해체를 통해서만이 아닌 하이테크 혹은, 여러 다른 다양한 시도들 속에서 이루어질 수 있는 것이라면 렘 쿨하스의 건축도 미래 건축의 일부일 뿐이다. 그러나 분명한 것은 렘 쿨하스의 건축 문법이 건축의 미래 지평을 확실히 넓혀놓고 있다는 점이다. 그만큼 렘 쿨하스는 건축계에서 문제적 인물이며, 호평과 혹평이 극명하게 갈리는 건축가다.

그럼에도 불구하고 세계는 여전히 렘 쿨하스의 건축에 열광하고 있다. 그는 현대건축의 이론가로도 중요한 위치를 점하고 있다. 그의 이력을 살펴보면 이런 건축세계를 이해할 수 있는 단서가 보인다.

렘 쿨하스, 쿤스트할, 로테르담, 1992

렘 쿨하스,
시애틀 공공 도서관 모델링,
2004

렘 쿨하스,
시애틀 공공도서관, 2004

렘 쿨하스Rem koolhaas(1944~)는 1944년 네덜란드에서 출생하여 10대 때의 3년을 식민지 인도네시아의 독립을 지지하는 반골 성향의 소설가 아버지와 함께 인도네시아에서 살았다. 19세부터는 네덜란드에서 신문사 기자를 하며 영화 시나리오를 쓰기도 했다. 다소 늦은 나이인 24세 때 런던 AA스쿨에서 건축을 공부하고 미국 코넬대에서 모더니즘 건축가 웅거스 아래에서 대학원 과정을 마쳤다.

그가 본격적인 해체주의 건축가로 들어서게 된 것은 뉴욕5의 리더이자 해체주의 건축 이론가 피터 아이젠만의 뉴욕 건축도시 연구소IAUS에서 지내면서부터다. 그는 청개구리라는 별칭을 가지고 있는데, 아마도 성장 과정에서 자연스럽게 형성된 기질인 듯하다. 그의 청개구리 근성은 기존의 건축적 관습과 물리적 중력, 그리고 기존의 틀에 박힌 공간 프로그램으로부터 자유롭고자 하는 건축 작업에 잘 나타나고 있다.

1975년 네덜란드 로테르담에서 지금의 OMAOffice for Metropolitan Architecture를 설립하고 건축가로서 본격적인 활동을 시작한다. 그러면서 여전히 그는 작가로서 글도 쓰고 모교 AA스쿨에서 학생들을 가르쳤다. 이때 교수와 제자로 만난 사람이 또 한 명의 세계적 해체주의 건축가로 성장하는 자하 하디드다. 그렇게 그는 저술 활동을 통해 건축계와 대중들의 주목을 받았고, 이런 인지도를 바탕으로 그의 건축 작업도 자연스럽게 주목을 받게 되었다.

그는 초기 대표작 로테르담의 쿤스트할을 필두로 주 베를린 네덜란드 대사관, 시애틀 공공도서관, 뉴욕 프라다, 베이징 CCTV사옥 등 많은 상징적 작품들의 작업을 해내며 세계적 거장의 반열에 들어선다.

그의 건축적 특징을 보면 건물 내의 공간에서, 그리고 건물 공간과 외부 공간 관계에서 자연스런 동선을 통한 소통을 중요시하고 있다. 건물 내부의 동선은 기존의 수직적이고 획일적인 구조와 달리 굉장히 순환적인 구조를 가지고 있다. 그런 동선을 따라가다 보면 자연스럽게 모든 공간들이 위계적 관계가 아닌 수평적 소통으로 이어진다. 외부 공간과 내부 공간의 관계도 그런 방식을 통해 자연스럽게 연

렘 쿨하스, CCTV 사옥, 베이징, 2012

결된다.

즉, 그의 건축에서는 공간과 공간의 경계가 모호하다. 이것은 프랑스 철학자 들뢰즈의 리좀 이론*을 건축적으로 해석해 구현하고 있는 것이다. 리좀은 역할과 체계가 분명하게 정립돼 수직적 체계를 가지고 뻗어 나가는 나무와 달리 수평적으로 필요에 따라 자유롭게 뻗어나가며 관계를 맺어나가는 식물의 뿌리줄기를 뜻한다. 기존의 공간과 건축적 프로그램에 대한 전면적 재정립을 시도하는 것이라 할 수 있다.

그는 이러한 그만의 건축적 프로그램을 만들어내기 위해 기존의 정형적 틀을 벗어났다. 램프와 보이드, 캔틸레버 구조 등을 적극적으로 사용했으며, 특히 과감한 보이드 구사는 그의 시그니처가 되었다. 그가 기존 건축의 공간 기능을 재정의하는 것은 공간의 기능적 개념이 새로운 시대에는 달라질 수밖에 없다는 생각 때문이다. 기존의 건축적 문법으로 보면 당연히 비효율적이고 비실용적일 수밖에 없다. 그러나 혁신적 관점에서 보면 그의 그런 생각들을 충분히 이해할 수 있다.

그는 건축 내부 공간뿐 아니라 건축물이 위치하는 지형적, 지역적, 사회적 맥락의 관계도 매우 중요시한다. 국내에서도 서울대 미술관, 리움미술관, 수원 광교 갤러리아백화점에서 렘 쿨하스의 건축세계를 체험해 볼 수 있다.

미국의 MIT나 하버드 캠퍼스에는 세계적 거장들이 설계한 건물들이 즐비하다. 당장 MIT만 해도 알바 알토, 에로 사리넨, 이오밍 페이, 스티븐 홀, 프랭크 게리, 마키 후미히코 등 당대 최고인 건축가들의 다양한 건물로 캠퍼스를 다채롭게 채우고 있다. 건축의 성지라 불러도 무방할 정도다. 참으로 부러운 장면이다.

서울대 정문을 들어서면 왼편 언덕 쪽으로 기존 서울대 건물들의 분위기와는 사뭇 다른 글라스 외관을 한 건물 하나가 호기심을 불러일으킨다. 바로 렘 쿨하스가 설계한 미술관이다.

사실 우리나라 대학 건물들, 특히 국립대학의 캠퍼스에 옹기종기 들어서 있는 건물들의 분위기는 대동소이하다. 개발시대에 기능성과 실용성을 강조하며 속도전으로 지어진 건물들이기 때문에 아주 획일적이고 경직돼 있다. 그런 중에도 김중업이 설계한 서강대 본관, 부산대 본관, 건국대 도서관 등은 건축사적으로 유의미한 것으로 평가 받고 있다. 이런 면에서 김중업의 건축적 심미성이 잘 표현된 또 하나의 대학 건물인 제주대 본관이 관리상의 문제로 철거된 것은 무척 아쉽다. 본서에 소개하고 있다시피 요즘 여러 현대건축의 걸작들이 제주에 지어지고 있는 만큼 지역 현대건축의 문화적 깊이와 역사성을 강화시키기 위해서라도 기회가 되면 복원되기를 바라는 마음이다.

캠퍼스 건축물들은 대한민국의 정치적, 경제적 성장 이후 지어진 건물들이 그나마 약간씩 캠퍼스 풍경을 바꾸기 시작했다. 이런 건물들이 지배하고 있는 캠

렘 쿨하스, 서울대 미술관, 2005

퍼스에 가장 반항적이라는 해체주의 건축가 렘 쿨하스의 건축이 들어섰다는 것만으로도 신선하고 긍정적이다. 톰 메인은 캘리포니아에 있는 랜치 고등학교 설계 시 "나는 건축이 사고의 자유, 창의성, 호기심을 일으키는 환경을 조성함으로써, 또 그 자체가 연구 주제가 됨으로써 교육 활동에 깊이 관여할 수 있다고 생각한다."[59]는 말로 학교 건축이 교육에 미치는 영향을 강조한 바 있다.

건축 자체에 대한 평은 부차적인 문제다. 한창 창의적 생각을 발전시켜 나가야 하는 젊은이들의 활동 터전에서 그런 파격을 보여주는 것만으로도 건물의 실용적 목적 이상으로 건축이 미치는 종합적 유용성을 제공한다고 생각한다.

렘 쿨하스의 사무소 OMA는 얼마 전에 홍익대 '혁신성장 캠퍼스' 설계 공모에서 쟁쟁한 세계적 건축가들의 작품과 경쟁을 거쳐 당선돼 또 하나의 대학 캠퍼스 프로젝트를 맡게 되었다. 그는 모더니즘 건축의 상징 미스 반 데어 로에의 건축으로 들어찬 미국 일리노이 공대에서도 맥코비 트리뷴 캠퍼스 센터라는 길이 530피트의 골이 진 스테인리스 튜브 건축물로 파격을 일으킨 바 있다. 그때의 파격에 비하면 소소하지만 상징적이다.

해체주의 건축가들은 기존의 정형화된 건축 문법을 깨면서 찬사와 비판을 동시에 받고 있다. 본서에서 소개되는 몇 명의 해체주의 건축가들도 마찬가지다. 그런데 그중에서도 유난히 렘 쿨하스는 찬사와 비판의 간극이 크다. 그만큼 호불호가 극명하게 갈리는 건축가라 할 수 있다.

그러나 선구자들에 대한 평은 대개 비슷하다. 미술사를 보라. 마네, 모네로 이어지는 인상주의 화가들이 처음 등장했을 때의 혹평, 팝아트가 나왔을 때의 거부반응들을 생각하면 이해가 갈 것이다. 그래서 나의 개인적 취향과는 별개로 건축 감상자로서는 굉장히 흐뭇한 일이다. 서울대 미술관을 비롯해 국내에 있는 그의 건축도 그런 입장에서 보고 경험하며 즐겼다.

현재의 서울대 미술관은 세 번의 설계 변경을 통해 완성된 것이다. 부지의 변동과 건축 허가의 문제가 있어 최초 설계안에서 두 번의 변경을 거쳐 지금의 캔

서울대 미술관 모델링

서울대 미술관 후면
캔틸레버

측면 계단

틸레버 구조의 글라스 마감 매스를 가진 건물로 탄생되었다. 건축가는 언덕이라는 지형을 그대로 살려 그 지형에 맞게 매스 설계를 했다.

기본적인 구조를 보면 중심에 철근콘크리트로 코어를 만들고 철골트러스로 구성된 구조체를 얹은 모양이다. 쿨하스는 이 모양을 고인돌에 비유하기도 했다. 나에게는 마치 거대한 공룡 티라노 사우루스가 비교적 작은 두 발로 육중한 머리와 긴 꼬리로 이어지는 엄청난 크기의 몸체를 지탱하고 서 있는 모습과 흡사하게 보였다. 단 꼬리 부분이 날렵하지 않고 오히려 머리 쪽보다 더 육중한 것이 다를 뿐이다. 그래서 묘한 긴장감이 느껴진다.

꼬리에 해당하는 건물 하단부에는 조그마한 카페도 마련되어 있어 그 밑에 들어가면 건물의 육중한 느낌을 온몸으로 느낄 수 있다. 건물 아래 부분은 알루미늄 패널로 마감돼 있다. 옆으로 나 있는 계단을 타고 위로 오르면 공룡이 육중한 머리를 들고 있는 듯한 앞쪽 캔틸레버 아래로 건물 출입문이 나타난다. 앞에 광장이 마련되어 있어 캔틸레버 구조가 제공해 주는 개방감과 경외감을 동시에 느낄 수 있게 해준다. 중력을 거스르고자 하는 해체주의 건축에서 단골로 등장하는 장면이다. 쿨하스는 이런 캔틸레버 아래의 비움을 통해 외부공간의 흐름을 열어놓고 있다.

건축가는 다음과 같이 말하고 있다.

"이 형태는 지면과 접촉하는 유일한 지점인 작은 중앙 코어에 세워지므로 건물은 거의 모두 캔틸레버 형태이며 언덕을 오르내리며 지형을 정확하게 따르고 그 위에 떠 있는 것처럼 보입니다. 박물관은 언덕을 정의하기도 하고 무너뜨리기도 하며, 언덕 아래의 땅을 대체로 자유롭게 유지함으로써 대학 캠퍼스와 외부 공동체 사이의 매력적인 통로가 됩니다. 외부와 내부 모두에서 자유롭게 흐르는 동선이 건물 이면의 생각의 핵심이었습니다."[60]

정면 파사드는 사선으로 기운 사각형 모양이라 언밸런스하다. 역시 뭐 하나 정상적으로 놔두는 것이 없다. 반투명 글라스 외피 속으로 보이는 철골 트러스는 마치 건물의 힘줄을 적나라하게 보여주는 듯하다. 원래 렘 쿨하스는 외피를 블랙

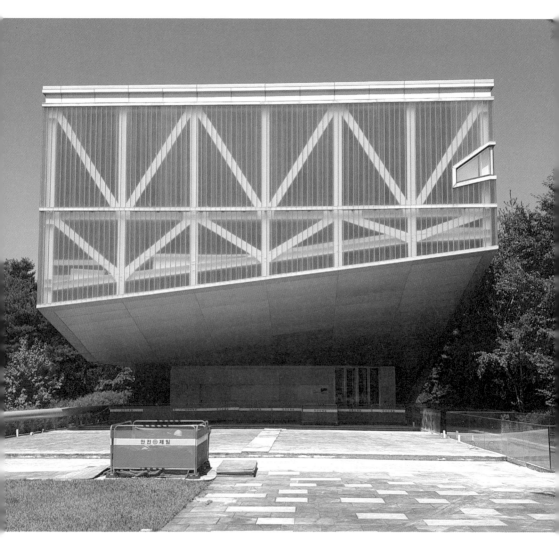

정면 파사드

콘크리트 패널로 하려 했다. 그러나 학교 측이 어두운 외피에 반대를 해 밝은 색으로 하려고 하던 중 철골 트러스의 구조가 아름다워 이를 드러내는 반투명 유리로 마감하게 됐다고 한다. 그럼으로써 매스는 전체적으로 경쾌하고 가벼운 느낌으로 탈바꿈하게 되었다. 대신에 무거운 질감의 매스가 공중에 떠 있는 긴장감은 상대적으로 줄어들었다. 미술관에서 외부의 빛에 모두 노출되는 유리 외피를 한다는 것은 전시장 내 빛의 조절을 어렵게 할 수 있다. 렘 쿨하스는 다른 미술관에서는 이런 선택을 하지 않았다. 그러나 이곳에서는 과감한 선택을 했다. 의외이고 파격이다.

　　　내부로 들어가면 로비에서 미술관 전 층을 관통하는 아트리움을 만나게 된다. 그 아트리움을 따라 스파이럴 계단으로 각 층의 전시 공간이 연결된다. 3층의 유리 천창을 통해 아트리움을 타고 빛이 유입되고 있다. 요즘 건축에서 빈번하게 등장하는 장면이다.

　　　미술관의 구조는 코어의 철근콘크리트 부분이 지하층에서 지상 3층까지 이어져 있고, 그 안에 층별로 전시 공간이 마련돼 있는 형태다. 코어를 중심으로 앞뒤 캔틸레버로 떠 있는 공간 중 정면 쪽 2층은 오디토리움, 후면 쪽 1, 2층은 대강당으로 되어 있다. 3층은 전체가 전시 공간이다. 내부는 마감재로 반투명 소재인 폴리카보네이트를 사용해 뒤의 조명을 통해 공간을 밝게 유지하고 있었다. 2층 강의실과 1, 2층 대강당은 계단식으로 청중석이 구성되어 있어 일반적인 오디토리움과 비슷하다. 이곳에서 시각예술 관련 강의를 들을 기회가 있었는데 집중도 잘 되고 편안한 느낌을 받았었다. 단 차이가 있다면 층을 구분하는 슬래브가 오픈되어 있어 렘 쿨하스 특유의 경계를 모호하게 하는 공간 구성이 드러나 보였다. 이 부분에서 건축가도 "각진 경사로 연결된 순환 경로를 통해 아래의 교육 공간을 침범할 수 있습니다. 이러한 공간에서 재료를 사용하는 것은 프로그램의 잠재적인 연속성을 나타내는 신호이기도 합니다."[61]라고 설명하고 있다.

　　　렘 쿨하스 건축의 특징 중 하나가 공간들이 명확하게 구분되지 않고 유기적으로 연결되어 있는 것인데, 서울대 미술관에서도 아트리움과 스파이럴 계단, 그리고 슬래브의 오픈 등을 통하여 모든 공간들을 유기적으로 연결해 놓고 있다. 미술관 입장에서는 전시기획을 유연하게 할 수 있어 장점이라고 하겠다. 그럼에도 이 미술관을 보면서 최소한 형태가 기능에 의해 결정된 것 같지는 않다는 생각을 하게 된다. 그는 여기서도 여전히 그가 추구해온 새로운 길과 도전을 보여주고자 한 것 같다. 때문에 좀 어색하고 불편한 듯 보이나 물리적이고 심리적 측면 모두에서 새롭고 도전적인 경험을 선사해준다. 그렇게 건축에 대한 개념을 확장시킬 수 있는 단초를 제공해 준다는 것이 렘 쿨하스가 우리에게 주는 선물인 것 같다.

렘 쿨하스는 장 누벨, 마리오 보타와 함께한 한남동 리움미술관에서도 마스터플랜건축가로 참여했다. 그는 거기서 동시에 아동문화교육센터의 설계도 맡았다. 마스터 플래너로 다른 건축가들을 배려하고, 그들과 조화를 이루려고 한 흔적이 역력하다. 리움미술관의 프로젝트에서는 그가 자신을 도드라지게 드러내지 않으려고 한 것 같다.

그는 세 사람의 건축이 얼마나 독립성을 유지하면서도 유기적인 관계를 유지할 수 있을까에 초점을 맞추었다.

동네 언덕의 인접 도로를 따라 매끄러운 라인을 만들며 난 주차장 위에 데크로 만들어진 리움미술관의 조각 광장은 외부 풍경에서 세 건축가의 개성 있는 건축들이 어우러지는 장소이다. 외관만 보면 콘크리트와 필로티, 그리고 유리 외피로 마감된 교육센터는 렘 쿨하스의 작품치고는 꽤 단정하고 얌전한 편이다. 언덕길을 따라 이어지는 라인과 직육면체 매스의 라인이 소실점을 향해 가는 표현이 렘 쿨하스가 품고 있는 역동성을 보여주고 있다.

세 미술관의 메인 입구는 쿨하스의 아동문화교육센터를 통해 들어가게 되어 있다. 넓은 램프로 이루어진 진입로를 따라 내부로 들어가면 세 미술관의 공동로비가 나온다. 지하층에서 세 미술관은 그렇게 유기적 관계를 맺고 있다. 로비의 주인공은 단연 마리오 보타의 고미술관의 스파이럴 계단과 아트리움을 구성하고 있는

렘 쿨하스, 리움미술관 아동문화교육센터, 서울 한남동, 2004

아동문화교육센터 내부
블랙 콘크리트 박스

그라운드 갤러리

로툰다다. 마리오 보타가 주인공이 될 수 있게 배려한 공간 같았다.

지하 로비에서 세 미술관은 각기 다른 입구로 들어가게 되어 있다. 문화교육센터는 로비를 들어서면서 바로 왼편으로 들어가는 길이 길게 나있다. 길로 들어서자마자 밖에서 보았던 얌전했던 모습은 사라지고 검고 육중한 덩어리 하나가 거칠게 다가왔다. 3층 높이의 공간 안에 노출콘크리트 기둥을 세우고 비정형적인 거대한 검은 박스 하나를 만들어 놨다. 검은색 페인트가 아닌 검은 콘크리트를 개발해서 사용한 것이다. 유리 외피를 통해 들어오는 빛으로 내부는 밝았지만 검은색 콘크리트 박스 안은 빛을 완벽하게 통제하고 있었다.

미디어아트 등의 전시를 위해 그런 환경을 만들어 놓은 것이라고 한다. 한마디로 미술관 속의 미술관이다. 외부에서 얌전했던 쿨하스는 자기만의 공간에서는 확실하게 자신의 존재감과 정체성을 보여주고자 한 것 같다.

에스컬레이터를 내려가면 또 다른 전시관이 나온다. 가장 큰 전시관인 그라운드 갤러리다. 전시관 한가운데 블랙 콘크리트 박스가 떠 있어 그것을 활용하고 있었다. 전체 구조를 보면 건물 속 한가운데 커다란 독립된 콘크리트 박스를 기둥에 매달아 놓고 박스 위는 카페, 아래는 갤러리, 옆은 이동로 등의 공간으로 활용하고 있는 형태다. 건축가는 이를 다음과 같이 설명한다.

"상자는 물결 모양의 지형에서 대규모 굴착 속에 매달려 공간 내에 다양한 빛 조건을 만든다. 순환은 블랙박스의 경험을 중심으로 그 아래로 내려가고, 그 속으로 들어가고, 그 위로 이동함으로써 구상된다. 이러한 움직임은 관람객에게 건물, 대지, 도시 사이의 역동적인 관계에 대한 풍부한 경험을 제공한다."[62]

일견으로는 공간 활용 면에서 굉장히 산만하고 비효율적인 요소가 많아 보일 수 있다. 그러나 거기에서 일어나고 있는 전시 이벤트를 보면 오히려 그 전시를 생동감 있게 만들어주는 느낌을 받는다. 쿨하스는 미술관 완공 이후 세 명의 건축가 합동 기자회견에서 "미술관의 건축적 맥락은 지형과 지역적인 것도 있지만 거기에 소장되고 전시되는 미술품이 중요하다"[63]라고 말했다. 그런 면에서 현대적이고

렘 쿨하스, 갤러리아백화점 광교점, 수원시 광교, 2020

유리 루프

카페테리아

전위적인 미술 전시와 이벤트가 이루어지는 이 미술관에 꼭 맞는 공간 설계라고 할 수 있다. 리움미술관은 렘 쿨하스가 배려와 개성을 적절히 조화시킨 콜라보 프로젝트의 흔치 않은 사례라 할 수 있다.

　　이 밖에도 수원 광교의 갤러리아백화점이 쿨하스의 작품이다. 이전의 미술관과 달리 상업용 건물인 갤러리아백화점은 국내 설계작 중 가장 매스의 존재감을 확실히 드러내는 건물이다. 마치 거대한 직육면체 암석에 수정이 박혀 있는 듯한 모습이다.

　　설계 콘셉트는 "Lights in your life" 즉, '당신의 삶에 빛' 정도 되겠다.

　　건물 외관은 14가지 종류의 화강석 12만 5천 장으로 이루어졌으며 1,450장의 삼각 유리로 벽을 휘감고 올라가는 램프의 외벽을 장식하고 있다. 램프를 따라 이어지는 유리벽을 통해 낮에는 내부에 빛을 유입시키며, 밤에는 조명으로 빛이 발산되어 마치 거대한 암석에 박혀 아름다운 빛을 발하는 수정과 같은 분위기를 자아낸다. 이 건물에서 벽을 휘감으며 올라가는 유리로 된 루프Loop를 따라 이동하면 사방의 도시경관을 구경하는 재미도 있지만 공간과 공간의 경계가 모호해지며 건축가가 건물 내부 공간을 아주 자연스럽게 연결하고 있다는 것을 느낄 수 있다. 또 도시와 건축이 이 장치를 통해 서로 소통하고 있음도 느낄 수 있다. 건축의 공간 경계에 대한 기존 개념을 넘어서는 수평적이고 유기적 관계를 강조하는 그의 리좀 건축이론을 반영하고 있는 것이다. 쿨하스는 보이드를 통해 이런 관계들을 유도하고 있는데 이 건물에서는 외벽을 따라 형성된 유리 루프라는 보이드를 통해 그런 효과를 내고 있다.

지면 제약상 길게 소개할 수는 없지만 이 밖에도 여러 가지로 렘 쿨하스 건축을 재미있게 경험할 수 있는 곳이 이 백화점 건물이다.

자하 하디드 | 해체주의 여전사

동대문 디자인 플라자 DDP

"나는 결코 자신을 롤 모델이라고 생각하지 않았다. 오늘날에도 여성이 건축계에서 일하는 것이 매우 어렵다는 사실이 충격적이기 때문이다."[64]

국내뿐 아니라 세계 건축계에는 여전히 여성들에게 단단한 유리천장이 있다. 자하 하디드는 뛰어난 건축적 재능 이전에 건축 외적인 조건들과 고군분투하며 건축적 성취를 이루어 낸 최초의 여성 프리츠커상 수상 건축가다. 동시에 그는 해체주의 건축의 선봉에 선 거침없는 전사이기도 하다.

1950년 10월 31일, 이라크 바그다드에서 태어난 자하 하디드Dame Zaha Hadid(1950~2016)는 비정형적 디자인과 건축에 대한 혁신적인 접근 방식으로 유명하다. 비교적 짧은 생애로 타계했지만, 여전히 대중에게 사랑받는 스타 건축가 중 한 명으로 남아 있다.

하디드는 어린 시절부터 수학과 예술에 큰 관심을 보였으며, 이는 그의 미래 건축 경력에 중요한 자양분이 되었다. 그는 베이루트의 미국 대학에서 수학을 공부한 후 런던 AA스쿨에서 건축을 전공했다. 그는 베이루트를 가장 좋아하는 도시로 꼽았는데, 그 당시 베이루트는 이슬람 도시 중에서도 가장 자유분방한 서구문화가 자리 잡은 도시였기 때문이다. 그가 이슬람 출신 여성이었음에도 불구하고 비교적 자유로운 분위기의 베이루트에서 학창 시절을 보냈던 것이 그의 파격적인 건축 스타일에 큰 영향을 미친 것으로 알려져 있다.

학업을 마친 하디드는 OMA에 합류하여 그의 해체주의 건축에 큰 영향을 끼친 런던 AA 스쿨 시절 스승인 렘 쿨하스와 협업했다. 1980년, 그는 런던에 자신의 사무소인 Zaha Hadid Architects를 설립해 본격적인 활동을 시작한다. 남성 중심의 분야에서 여성 건축가로서 초기에는 어려움에 직면했지만 그녀의 재능과 뚝심은 그를 국제적인 건축가로 굳건히 설 수 있게 만들었다.

빛나는 커리어를 쌓으며 하디드는 수많은 상과 영예를 안았으며, 그중에는 2004년 최고 영예의 프리츠커상도 포함되어 있다. 또한 그는 2012년 건축 서비스에 대한 공로로 대영제국 명령 기사단Dame Commander of the Order of the British Empire, DBE으로 임명되기도 했다.

자하 하디드의 건축 스타일은 유동적인 형태와 동적인 기하학, 그리고 재료의 혁신적인 사용 등이 특징이다. 다른 해체주의 건축가들과 마찬가지로 하디드의 디자인은 전통적인 건축 관습에 도전하며 형태와 기능의 경계를 넓혀놓았다.

그의 건물들은 날카로운 각도, 부드러운 곡선, 그리고 비대칭적인 형태를 특징으로 하여 움직임과 유동성의 느낌을 강하게 만들어낸다. 하디드는 파라메트릭 디자인의 선구자로서, 고급 디지털 기술을 사용하여 그의 건축 비전을 실현했다.

이런 선구적이고 파격적인 하디드 건축도 해체주의 건축이 자주 직면하는 공간의 효율성과 주위 환경과의 부조화라는 측면에서 종종 논란이 되었다. 동대문 DDP가 완공됐을 때도 비슷한 비판을 받았지만 지금은 서울의 대표적인 명소 중 하나로 자리 잡고 있다.

자하 하디드의 포트폴리오에는 전 세계에 걸쳐 다양한 프로젝트가 포함되어 있으며, 여기에는 상징적인 공공건축부터 최첨단 기업 본사까지 망라된다. 그의 주목할 만한 작품으로는 해체주의 건축가로서 데뷔작과도 같은 1993년의 스위스 비

자하 하디드, 비트라 소방서, 스위스 바젤, 1993

트라 소방서vitra fire station가 있다. 그녀는 비트라 소방서에서 날카로운 사선과 사면으로 이루어진 건축을 선보이며 모더니즘 건축의 정형을 파격적으로 깨뜨리고 주목을 받았다.

　　다음으로는 미국 건축계 데뷔 작품인 신시내티 현대미술관contemporary arts center이 있다. 직육면체의 박스를 쌓아놓은 듯한 이 작품에서 그는 비트라 소방서에서의 공간의 비효율성에 대한 비판을 극복하고 미술관의 공간 효율성과 디자인적 성공을 함께 이뤄냈다는 평가를 받으며 전 세계 건축주들에게 러브콜을 받는다. 또 대

자하 하디드, 신시내티 현대미술관, 미국, 2003

자하 하디드, 막시(MAXXI·국립21세기미술관), 이탈리아, 2009

담한 디자인과 유연한 전시 공간으로 유명한 혁신적인 박물관 복합체인 이탈리아 로마의 MAXXI·국립21세기미술관도 그의 작품이다.

　　여기서 하디드는 노출콘크리트 매스의 유려한 곡면을 선보이며 새로운 모습을 보여 주었다. 거기에 해체주의 건축가들이 즐겨 쓰는 웅장한 캔틸레버 구조가 상징적 역할을 하고 있는 것도 눈에 띈다. 특히 이 프로젝트는 그의 스승 렘 쿨하스를 비롯해 장 누벨, 스티븐 홀 등과 같은 거장들과의 경쟁에서 이기고 따낸 것이었다. 이 작품으로 그는 명실상부한 해체주의 건축의 대표주자 중 한 사람으로 입지를 구축하게 되었다. 그 이후 여러 프로젝트들을 수행하며 한국 동대문의 DDP에서 자하 하디드 건축의 절정에 다다르게 된다.

건축가로서의 성공에도 불구하고, 수많은 거장들이 으레 그렇듯 하디드 역시 단호한 성격과 타협하지 않는 디자인 비전으로 적잖은 비판과 갈등에 직면했다.

2015년에 하디드는 그의 회사가 맡은 2022 FIFA 월드컵 스타디움을 건설하던 중 카타르에서 발생한 근로자 사망과 관련한 반응으로 헤드라인을 장식했었다. 그는 나중에 자신의 발언을 사과하고 근로자 권리에 대한 우려를 표명했지만, 이 사건은 건축가의 윤리적 책임에 대한 논쟁을 촉발시키기도 했다.

애석하게도 65세의 이른 나이에 타계하여 더 이상 그의 건축적 도전을 지켜볼 수 없게 됐다. 앞서 말했듯 국내에는 그의 건축적 완결판이라 해도 과언이 아닌 동대문 디자인 플라자DDP를 만나볼 수 있다.

동대문은 서울 전통 도심의 상징적인 곳 중의 한 곳이다. 동대문 패션타운에는 그래서 동대문역사문화공원이 조성돼 있다. 가장 현대적인 패션과 전통이 어우러지는 강한 역사적, 지역적 맥락이 결합돼 있는 곳이기도 하다. 그런 곳에 유서 깊은 역사적 맥락은 깡그리 무시한 듯한 거대한 은색 덩어리의 건물이 비단구렁이가 똬리를 틀고 있듯이 떡하니 자리 잡고 있다.

위에서 보면 도마뱀이 웅크리고 있는 듯하다고 한다. 그러나 그것은 위에서 봤을 때의 모습이고 실제로 입구로 들어가는 브리지에서 거대한 매스를 마주하면 외계에서 온 우주선에 가까운 모습이다. 거대한 둥근 매스 표피에서 조각조각 반짝이는 야간의 현란한 첨단 불빛은 내가 마치 SF영화 속에 들어와 있는 것 같은 착각을 불러일으킨다. 예전에 부시맨 영화의 장면 중 부시맨 마을 한가운데 정체 모를 콜라병이 하늘에서 뚝 떨어진 것을 발견한, 뭐 그런 느낌이다. 뭔가 동대문역사문화공원이라는 장소의 맥락과 매치되지 않는 이 비현실적인 건물은 그 생뚱맞음으로 인하여 완공 후 많은 비판과 논란을 야기했다. 최소한 이 거대한 물체의 설계자가 자하 하디드라는 첨단 건축가라는 사실을 알기 전에는 더 의문을 품을 수밖에 없었다. 설령 건축을 잘 아는 사람들이라 할지라도 하디드 같은 건축가가 이런 정도로 무모하게 건축적 맥락들을 파괴할 수 있다는 것에 경악할 지경이었다.

벌써 동대문 DDP가 개관한 지 10년이 흘렀다. 자하 하디드는 DDP를 완공하고 2년 후 타계했다. 그동안 DDP는 동대문, 아니 서울의 대표적인 명소로 자리 잡았다. 특히 동대문에서는 DDP가 오히려 지역의 경관과 건축적 맥락을 주도하고 있다. 이미 단순한 랜드마크의 역할을 넘어선 것이다. 안도 다다오가 그랬다. "자연 그 자체와 친해지기보다는 건축을 통하여 자연의 의미를 변화시키기를 희망한다."[65] 이 말을 자하 하디드가 DDP 입장에서 패러디하면 "지역 그 자체와 친해지기보다는 DDP를 통하여 지역의 의미를 변화시키기를 희망한다."라고 했을 것이다.

우선 DDP의 외관을 둘러보면 비정형의 곡면 덩어리에 은빛 알루미늄 재료의 패널들로 마감돼 있어서 물 흐르는 듯 유려한 느낌을 준다. 노출콘크리트 벽체에 마감을 한 것이라 한다. 그러한 매스들은 곧바로 돌로 된 이질적인 바닥과 접해 있어 시각적으로 바닥과 별개로 느껴지는 건축물의 독립성을 강화해주고 있다. 알루미늄 패널들은 비정형의 곡면이라서 각기 규격이 다 다르다. 컴퓨터 작업을 통해 정교하게 제작을 했을 텐데 설계, 제작, 시공 작업이 고난이도였음을 어렵지 않게 짐작할 수 있다. 내부 공간에 들어서기 전에는 형태나 질감 면에서 오히려 건축물이라기보다는 하나의 오브제로서의 느낌이 강하다.

이것이 건축물이라는 것을 확실히 구분지어 주는 것은 여러 군데에 나 있는 건물 출입구들이다. 그중에서도 압권은 정문인 1층 브리지를 통해 들어가는 진입로다. 건물 앞 광장에서 빙 둘러 외관을 살펴보고 동굴과도 같은 깊이감 있는 곳으로 이어진 브리지를 통해 입구로 들어가는 매 순간이 경이롭게 느껴진다. 말 그대로 그것은 우주선에 탑승하는 입구로 들어가는 길이며, 외부의 지구 공간을 벗어나 신세계로 들어가는 길이다.

자하 하디드, 동대문 디자인 플라자 DDP, 2014

DDP 야경

알루미늄 타공 패널로 마감된 외벽과 브리지로 연결된 입구

　브리지 밑으로 조성되어 있는 지하의 성큰 가든은 실제로 이 건물의 외부 메인 공간 역할을 하고 있다. 그곳은 타원형 캔틸레버 덩어리 구조가 자연스럽게 캐노피 역할도 하고 있었다. 옆에서 봤을 때는 그 덩어리 형태의 거대한 캐노피의 깊이감을 확실히 느낄 수 있다. 자하 하디드가 보여주고 싶었던 중요한 장면 중 하나라고 생각한다.

　브리지 입구에서 터널처럼 관통돼 맞은편 풍경까지 볼 수 있게 만든 것은 이 건물의 신의 한 수라고까지 생각될 정도다. 만약 막혀 있었다면 거대한 벽 같은 그 큰 덩어리가 줄 위압감과 단조로움은 생각만 해도 숨이 막히고 지루하게 느껴진다.

　건물 중간쯤 깊숙이 들어가면 드디어 양옆으로 디자인 랩과 박물관 출입문이 각각 나온다. 그쯤에 서면 맞은편의 다른 도시 전경이 동시에 펼쳐진다. 이것이

성큰 광장에서 바라본 브리지와 캔틸레버 매스

바로 건축에 있어 관통의 기능과 미학이 아닌가 싶다. 건물 외부에서 내부로 들어오는 시퀀스가 주는 경험은 건축에 있어 굉장히 중요한 요소이고 재밋거리다.

　하디드는 이 건축물 여러 곳에 그런 장치들을 마련해 놓았다. 이 건물이 갖고 있는 큰 매력 중의 하나다.

　디자인랩 쪽 내부로 들어가면 공간 내부에 육교 형식의 육중한 노출콘크리트 구조가 놓여 있는데 그 기둥과 벽체들은 예상했던 대로 어느 것 하나 반듯한 모습이 아니다. 어디론가 흘러가는 듯한 천장의 물결무늬 패턴과 구조물들의 곡선, 그리고 기울어진 벽체들은 역동적인 하모니를 이루고 있다. 사람들은 박물관에서 이런 공간을 여유있게 즐기는 것만으로도 즐겁다.

　혹자들은 비싼 땅에 공간 낭비가 너무 심하다고 할지도 모르겠다. 건축에서

서쪽과 동쪽을 관통하는 매스 터널

D동 디자인 랩 1층

공간을 바라보는 관점은 다양할 수 있다. 설령 건물의 본래적 기능에 초점을 맞춘
다 해도 본래적 기능을 어떤 정도의 범위까지 확장시키느냐에 따라 판단이 얼마든
지 달라질 수 있다. 이 건물은 일차적으로 패션이란 주제에 맞춘 공공건물이다. 건
축가는 시민 누구나 향유할 수 있는 공공적인 기능을 패션이라는 주제와 같은 무
게로 다루고 있다고 생각한다. 그렇기 때문에 주제에만 국한된 기능적 가성비를 뛰

어넘는 저런 공간이 창출될 수 있는 것이다. 또 이 모든 공간연출이 패션의 일부라는 개념도 당연히 있을 터이다.

M3 뮤지움으로 들어가면 지하층부터 4층까지 이어지는 순백의 계단을 마주하는 순간 그 비주얼에 입이 떡 벌어진다. 아래에서 보면 천국으로 가는 구름계단을 보는 듯하다. 밖에서 보면 빛이 뚫고 들어올 수 없을 것 같던 외부 알루미늄 타공 패널 스킨을 뚫고 들어오는 빛이 순백의 구름 같은 계단구조물의 백라이트 역할을 하는 장면에서는 몽환적이기까지 하다.

각층은 계단으로 이동할 수도 있고 내부 외곽을 나선형으로 돌며 조성된 둘레길, 이른바 램프로 이동할 수도 있다. 여느 작은 램프들과 달리 장대한 스케일에서 오는 순백 램프의 곡선미 역시 이 건물에서만 느낄 수 있는 특별함이다. 전시 공간이나 편의 공간이 오히려 램프를 위해 존재하고 있다는 느낌까지 든다. 내외부로 균형 잡힌 것이라고는 하나도 없는 비정형과 몰기하학적 구조, 그리고 모더니즘 건축이 가장 이상적으로 여겨왔던 모듈적 공간의 철저한 파괴를 통해 하디드는 해체주의 건축이 무엇인지를 확실히 보여주고 있다.

램프를 유희하며 4층까지 이르면 마치 1층 로비 같은 공간을 또다시 마주한다. 4층에서 건물 지붕에 길게 슬로프를 내어 외부 진입로에 직접 연결해 놓았기 때문이다. 이쯤 되면 이 건물의 외부와 내부의 개념이 무척 혼란스러워진다. 캔틸레버, 터널, 경사로 등을 통해 마치 내부 같은 외부공간을 적극적으로 창출해 놓았기 때문이다. 한마디로 건물의 고정된 출입구와 내외부의 경계가 완벽히 해체된 느낌이다. 축구에서 보통 모든 선수가 모든 포지션을 소화할 수 있도록 해놓고 팀 전체가 유기적으로 움직이며 공격과 수비를 전방위적으로 하는 축구를 토털 사커라 하는데 마치 건축에서 그런 토털 사커를 보는 듯하다. 올라갈 때는 램프를 경험했지만 내려올 때는 계단을 오르락내리락하며 올라가고 내려오는 경험도 꽤 재미있었다. 하나의 건축물을 제대로 이해하기 위해서는 많은 체험이 필요하다. 여건상 그러지 못하는 건물들이 태반이지만 DDP 같은 건물들은 수시로 체험하고 경험하기에

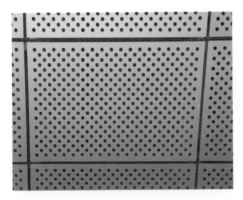

알루미늄 타공 패널

나선형 계단

4층까지 이어지는 램프

적합한 여건을 가지고 있다.

　　브리지를 통해 1층으로 진입한 것과 달리 나올 때는 지하 출입문을 통해 나왔다. 거대한 캔틸레버 아래 조성된 성큰 가든을 체험하기 위해서다. 압도당하는 느낌마저 드는 웅장한 캔틸레버와 노출콘크리트 브리지 뼈대의 구조 미학이 온몸으로 느껴지는 공간이다. 쉼터에 더해 지하철역과 곧바로 연결되어 있어 사람들이 사방에서 모이고 흩어지는 이 공간이 건물의 플랫폼 역할을 하고 있다. DDP를 처음 마주하면 견고해 보이는 알루미늄 외피로 인해 굉장히 폐쇄적인 느낌이 든다. 그러나 이 건축물의 내·외부를 다 경험하고 나면 가장 개방적인 건축이라는 생각이 절로 든다. 그게 필자에게는 DDP가 준 가장 인상적인 경험이다. 자하 하디드가 그래서 더 대단해 보이고 그의 건축적 진화를 더 이상 볼 수 없는 것이 애석할 따름이다.

　　자하 하디드의 역사 문화공간에 위치한 DDP를 보며 2005년 프리츠커상 수상자인 톰 메인이 인터뷰에서 한 말이 생각난다.

　　"오늘의 혁신이 내일의 역사란 사실을 잊지 말라. 지금은 첨단 건물 같아도 100년, 200년 뒤 후손들에겐 역사적인 건물이 되는 건물도 많으니 과거에만 집착하지 말고 지금 짓는 건물도 주의 깊게 보라."[66]

선타워 & 코오롱그룹 마곡연구소 & 세종 M-브리지

2005년 프리츠커 건축상 심사위원들은 톰 메인의 건축에 대해 '대담하며 열린 형태의 현대건축'이라고 평했다. 여기에 더해 톰 메인은 "건축이 사회적, 문화적, 정치적, 윤리적 흐름에 관여할 때, 그것은 우리가 세상을 보는 방식과 세상 안에서의 우리의 자리를 변화시킬 잠재력을 가진다."[67]고 함으로써 그의 사회적 건축관을 드러내고 있다. 그 연장선상에서 그는 국내 언론과의 인터뷰에서도 스스로를 "이상주의자이기 때문에 사회가 건축으로 바뀔 수 있다고 주장하는 야망 있는 사람"이라고 했다. 또 "건축에 사회, 정치를 담아내고 싶다."[68]고 분명하게 밝히기도 했다.

건축의 사회적 역할에 대한 야망이 컸던 톰 메인Thom mayne(1944~)은 1944년 코네티컷주 워터베리에서 태어났으며, 캘리포니아주 휘티어에서 자라면서 어린 시절부터 건축에 관심을 가졌다. 메인은 서든캘리포니아대학교USC에서 건축을 전공하여 1968년 건축학 학사 학위를 받았고, 이후 하버드 대학교 디자인 대학원에서 공부를 계속하여 1978년 건축학 석사 학위를 받았다.

그가 대학을 마치고 처음 일한 건축사무소는 LA에 있는 '그루 앤 어소시에츠'였는데, 그는 거기서 미국 건축학회 명예의 전당에 올라있는 재미 한국인 건축가 박기서의 실무 지도를 받으며 한국과의 인연을 처음 맺었다고 한다.

1972년, 대학원 공부를 마치기도 전에 메인은 혁신적인 디자인과 건축에 관여하는 다학제적 공동 작업체인 모포시스를 공동 창립했는데, 모포시스의 수평적 의사결정 구조도 박기서에게 영향을 받은 것이라고 말하고 있다.[69] 메인은 서든캘리포니아대 건축 대학원SCI-Arc을 설립하는 데도 도움을 주는 등, 여러 기관에서 교육에 깊이 관여해 왔다.

톰 메인의 건축 스타일은 종종 해체주의로도 평가되는데, 그 이유는 사선과 곡선을 자유자재로 쓰며 동적인 형태, 복잡한 기하학, 그리고 혁신적인 재료들을 사용하는 데서 비롯된 듯하다. 그는 대학 시절부터 건축 수업에 흥미를 잃을 정도로 스테레오타입의 모더니즘 건축에 거부감을 보였다고 한다.

모포시스 공동창업자이자 과 선배인 스태포드의 권유로 건축에 다시 매진한 후에는 오히려 공상 과학 같은 영국의 첨단 건축 운동인 아키그램*에 심취하게 되었다. 그런 그의 건축적 취향을 볼 때 근본적으로는 해체주의의 틀을 넘어서는, 첨단과학 기반의 자유로운 건축을 추구한 듯 보인다. 또 그의 많은 건축에서 이중 외피를 적용하는 것도 자주 보인다. 그의 건축 접근 방식은 단순히 건물을 만드는 것이 아닌, 생각을 자극하고 상호작용을 유도하는 환경을 조성하는 것으로 풀어간다. 메인의 디자인은 사회적이고 친환경적인 지속가능성의 실천과 책임에 대한 그의 의지를 반영하고 있다.

이런 건축 작업을 위해 메인은 설계 과정에서 최첨단 기술과 디지털 도구를 사용하여 전통적인 건축의 경계를 넓히며 새로운 형태와 공간을 탐구한다.

메인은 교육기관, 공공청사, 박물관 등 공공건축물 분야에서 다수의 프로젝트를 진행했는데 주요 작품으로는 다음과 같은 것이 있다.

우선 다이아몬드 랜치 고등학교 프로젝트를 들 수 있는데 산악 지형에 적응하여 건물이 사이트의 윤곽을 따라가며 구조와 환경 간의 동적인 상호 작용을 하도록 만든 것으로 주목받는다. 강철 프레임과 금속 외장을 사용한 날카로운 사선과 거대한 캔틸레버 구조의 외관이 눈길을 끈다. 메인은 이 프로젝트에 관해 "영감

톰 메인, 캘리포니아 주정부 교통국 7지국 본부, 2004

을 주는 탐구 교육은 다양한 우리 사회의 접착제와 같은 것이다.["70)]고 함으로써 그의 건축의 사회참여 인식을 강하게 드러냈다.

2004년에 지어진 캘리포니아 주정부의 교통국 7지구 본부는 변화하는 빛 조건에 맞춰 조정되는 다공 알루미늄판으로 된 동적 외관을 특징으로 하여 메인의 반응형 건축에 대한 관심을 보여준다. 메인이 즐겨 쓰는 이중 외피 개념이 인상 깊게 적용된 건물이다.

또 샌프란시스코 연방 건물은 미국 최초의 냉난방 장치 대신 자연 환기를 이용한 사무실 빌딩이다. 그래서 자연 채광과 환기를 위한 혁신적 디자인과 매끄러운 다공성 스테인리스 강철 패널로 이중 외피를 한 기하학적 매스의 메탈 질감이 인상적이다.

톰 메인은 그의 프로젝트에서 비롯되는 여러 논란과 토론에도 적극 응대하는 스타일의 건축가이다. 메인은 일관되게 혁신을 중요하게 여기는 그의 접근 방식

을 방어하며, 진부한 사회적 규범에 도전하는 건축가의 역할을 강조했다.

2005년 프리츠커 건축상 수상은 그의 경력에서 중대한 분수령이었다. 그의 건축계에 대한 기여도를 인정받고, 현대건축의 선도적 인물로서 그의 지위를 공고히 하는 계기가 됐기 때문이다.

얼마 전에는 한강 노들섬 재정비 프로젝트에서 국제 설계공모 공개 프레젠테이션을 거쳐 영국의 토머스 헤더윅의 설계가 당선작으로 선정되었다. 톰 메인이 이 심사위원회의 위원장을 맡았었다. 그만큼 한국과 인연이 많은 건축가 중 한 명이다.

한국에도 그의 작품이 네 곳에나 있어 다른 건축가들보다 다양하게 그의 건축을 보고 즐길 수 있다.

먼저 이화여대 정문 앞쪽 상가에 있는 선타워는 1997년에 완공된 건물로, 톰 메인의 작품 중 국내 첫 설계작이다. 그러나 직접 가서 보면 그 외형이 거장의

톰 메인, 선타워, 서울, 1997

건축이라고는 느껴지지 않을 정도로 초라하고 존재감이 없다. 그의 시그니처와도 같은 다공성 철재 패널로 덮여진 이중 외피는 검게 녹슬어 건물을 더욱 후줄근해 보이게 만든다. 상업적 건물들이 빽빽하게 들어서 있는 거리에서 얼굴을 위로 치켜 들고 보지 않으면 건물이 구분도 잘 안 되면서 아주 평범해 보인다. 차라리 멀리서 보면 철재 트러스와 모기장 같은 다공 패널로 이루어진 예리한 사선과 직육면체의 기하학적 모양으로 인하여 존재감을 조금이나마 확인할 수 있다. 톰 메인은 이중 외피에 대해 현대 미술가 짐 다인*의 옷과 피부만 있고 몸통은 없는 사람을 그린 작품에서 영감을 받았다고 스스로 밝히고 있다.

선타워는 상업적 효율성을 고강도로 요구받는 고밀도의 도심 틈바구니에서 자신만의 건축을 어떻게든 구사해 보고자 했던 건축가의 치열함이 느껴지는 작품이다. 마치 천편일률적인 건물 집단 속에서 저항하기 위해 하나의 설치미술을 꾸며 놓은 듯이 말이다. 실용적인 공간 확보를 위해 정형적인 건물 본체를 기본으로 하면서도 끝내 그대로 평범하게 마무리하고 싶지 않은 거장의 고집스런 기질이 엿보인다.

어느 블로거는 분위기에 안 맞게 이 건물에 붙어 있는 각종 상업 간판들을 일컬어 생존을 위해 담벼락을 휘감고 올라가는 담쟁이 넝쿨 같다고 했다. "생존을 위한 자본주의의 넝쿨이 건물을 휘감고 올라올 것을 건축가는 예상했을까?"란 위트 넘치는 질문도 던진다. 공감하지 않을 수 없는 표현이다.

선타워가 톰 메인이 그의 건축세계를 다지는 시기에 설계된 것이라면 서울 강서구 마곡지구에 있는 코오롱그룹 연구소 One&Only타워는 2000년 이후 빠르게 변하는 기술과 도시에 새롭게 집중하던 시기에 진행된 프로젝트다.[71]

마곡지구는 첨단 산업지구인데, 서울식물원을 사이에 두고 있는 맞은편 안도 다다오의 LG아트센터를 관람하고 동쪽으로 공원을 가로질러 오면 흰색 물결무늬 건물이 멀리서부터 존재감을 확실히 드러내며 눈에 들어온다. 가까이 다가가면 육중하고 길게 가로놓여 있는 노출콘크리트 매스와 공원 쪽을 향해 허리를 구부린 듯한 거대한 은빛 그물망의 파사드를 마주하게 된다. 대중들은 이런 비정형적 모습들 때문에 메인을 해체주의 건축가로 평가하기도 한다.

그 은빛 파사드는 가까이에서 보면 마치 오리 떼가 줄 맞춰 무리지어 날아가는 모습 같기도 하다. 코오롱이 합성섬유 회사인 만큼 의류 니트 조직을 늘렸을 때

톰 메인, One&Only타워, 강서구, 2018

건물의 이중 외피

4_ 새로운 건축문법으로 상상을 현실로 만드는 건축가들

나타나는 섬유의 직조패턴에서 모티브를 따왔다고 한다. 가까이에서 보면 새 모양의 장식 하나하나의 크기가 굉장하다. 일반적인 재료로는 그 무게로 인하여 시공이 어려운데 코오롱의 첨단재료인 섬유가 첨가된 GFRP_{Glass Fiber Reinforced Plastic}를 사용해 문제를 해결했다고 한다.

그 각각은 방향과 시간에 따른 자연광의 제어를 위해 크기가 다르게 모듈화되어 있다. 그런 모듈화 작업은 컴퓨팅 기술이 아니면 불가능한 일이다. 메인에게 있어서 이중 외피라는 장치는 언제나 외관 디자인뿐만 아니라 중요한 기능적 미션을 수행해야 하는 것이기 때문에 첨단 기술이 더욱 중요하다.

이 건축의 콘셉트는 소통과 미래기술, 그리고 친환경으로 요약할 수 있다. 이 연구소는 코오롱의 여러 부문을 통합해 놓은 곳이다. 그래서 각 부문별 독립성이 강조되면서 서로 유기적으로 통합되는 것이 중요했다. 건축주의 그런 요구를 충족시키기 위하여 서쪽과 그 뒤쪽 건물 동들 사이에 커다란 아트리움을 형성해 놓고 2층과 6층 사이에는 통로 및 공용 계단을 만들어 소통의 구조를 만들어 놓고 있다. 즉 전면 파사드 동과 아트리움을 매개로 모든 건물을 연결하고 소통할 수 있도록 건물 배치를 하고 있다.

아트리움 공간은 전면 매스의 비정형성으로 인하여 공간도 비정형적으로 형성되어 있다. 그 공간을 아크릴 같은 재료의 긴 마름모꼴 조각들이 아트리움 양측 벽 위쪽 천장까지 속도감 있게 배열되어 있다. 외부에서 들어오는 자연광과 인공조명으로 분위기가 마치 프랙털의 세계에 들어온 듯하다. 하나의 고급 예술작품 같은 인테리어를 경험하게 된다. 이 장식 재료 역시 코오롱에서 개발한 첨단 재료라고 한다. 이 로비 아트리움을 중심으로 한 공용공간은 탄소 중립을 달성하기 위해 주로 신재생에너지 시스템을 적용했다. 이 건축이 지속가능한 건축임을 내세우는 이유다.

톰 메인은 누구보다 건축을 도시적 관점에서 바라보는 건축가다. 그의 건축과 도시에 대한 연구는 정평이 나 있다. 이 건축 역시 마곡 첨단산업지구가 갖고 있

건물 로비에서 바라본 아트리움 공간

현관 로비

는 지구단위의 의미와 서울 식물원을 중심으로 한 시민공원으로서의 환경적인 맥락과 연결하고 소통하기 위한 건축을 위해 많은 고민을 한 듯하다. 그의 말에서 그런 고민을 확인할 수 있다.

"마곡에 입주하는 다른 기업들에게 건물의 디자인은 물론 그 성능까지 기준을 제시하고 싶었다."[72]

메인은 행정중심 복합도시인 세종에도 그의 설계작 쇼핑몰 M-브리지M-bridge를 남겼다. 필자는 집에서 걸어서 10분 거리인 그곳을 오며가며 거의 매일 보고 지낸다. 그렇지 않아도 톰 메인이 설계한 것이라 해서 시공할 때부터 눈여겨보았다. 건축은 모습을 드러낼수록 남다른 포스가 느껴졌다. 건물 세 동을 스카이 브리지로 연결해 마치 하나의 건물인 것처럼 M자 형태로 만들어 일체감을 주었다. 스카이 브리지 사이로 도로도 나 있고 개방감이 좋아 도시 미관상 전혀 답답한 느낌이 들지 않는다. 외관 역시 주위의 다른 건물들과 비교하여 독보적 존재감을 자랑한다.

흰색 프리츠 글라스Friz Glass로 마감하고 사선으로 배열된 마름모꼴 창으로 패턴을 만든 외피는 마치 여러 층으로 구성된 말벌들의 집을 보호하는 외피 같은 느낌이 들었다. 사선의 마름모꼴 패턴은 옆의 방축천 물결무늬에서 모티브를 따왔다고 한다. 건축가는 "M-브리지의 경우 방문하는 사람들에게 즐거움에 대한 기대를 갖게 하는 게 디자인의 첫 번째 의도"라고 했다. 또 마주보고 있는 정부종합청사나 주변 다른 건축물과 자연스럽게 연결하는 것도 설계의 중요한 목적 중 하나였다고 한다. M-브리지가 프랑스 라데팡스 같은 거대한 게이트웨이의 형상을 한 것은 이런 의도가 집약된 결과다. 저층부가 2~3층 높이의 하이라인으로 인접한 다른 건축물들과는 물론 정부청사의 지붕과도 시선이 이어지도록 한 것도 의도된 기능을 구현하는 결과물이다.[73]

M-브리지 내부를 들어가면 2, 3층 저층부와 고층부를 통해 각 동으로 연결되게 되어 있다. 스카이 브리지는 이동 통로뿐 아니라 전망대 역할도 하고 있고, 바

톰 메인, 세종 M-브리지, 세종시, 2019

닥을 투명유리로 만들어 시민들에게 또 다른 즐거움을 주고 있다. 공간구성 면에
서 M-브리지를 한 건물로 생각한다면 세 개 동으로 분절되어 있는 공간들이 다소
불편할 수 있으나, 원래 분절될 수밖에 없는 동을 하나의 복합 상업시설로 엮어낸
것이라고 생각하면 오히려 참신한 발상이라 볼 수 있다. 대부분의 세계적 건축가들
의 작품이 수도권에 집중돼 있어 지방에서 만나기가 쉽지 않은데 그런 점에서 세종
M-브리지는 충청권에서 만나볼 수 있는 흔치 않은 해외 거장의 건축이다.

다니엘 리베스킨트 | 서사를 새기는 건축가

HDC 사옥 아이파크 타워

다니엘 리베스킨트는 그의 책 《낙천주의 예술가》에서 "건물은 콘크리트와 철, 유리로 지어지나 실제로는 사람들의 가슴과 영혼으로 지어진다.[74)]"라고 했다. 그 만큼 그의 건축에는 서사가 많이 배어 있다.

그는 지난 20년간 40번 넘게 서울을 방문하며 한국 건축에 관여할 정도로 한국과의 인연이 깊다. 그렇게 왕래하며 완성한 프로젝트가 삼성동 HDC 사옥인 아이파크 타워와 해운대 아이파크다. 그리고 2008년 금융위기 여파로 불발된 대규모 미완성 프로젝트 용산국제업무지구 마스터플랜이 있다.

다니엘 리베스킨트Daniel Libeskind(1946~)는 폴란드계 미국인으로 정적이고 비례적인 기존 건축디자인 방식에 반해 비대칭성과 역동성을 강조하는 대표적인 해체주의 건축가 중 한 명이다. 그는 또한 홀로코스트에서 살아남은 부모를 둔 유대계이기도 하다. 이런 가족사 속에서 1946년 5월 12일 폴란드 우치에서 태어난 리베스킨트는 역사와 철학에 대한 깊은 인식을 바탕으로 건축에 서사성을 강하게 표현해 왔다.

리베스킨트의 건축 여정은 초기에는 음악에 대한 예술적 열정에서 시작되어 건축으로 이어졌다. 그의 가족은 한때 이스라엘에 정착했다가 미국으로 이주했는데, 물리학과 수학에 재능을 보인 리베스킨트는 부모님의 권유로 뉴욕시의 쿠퍼 유니언에서 건축을 공부하게 되었다. 이후 영국 에섹스 대학교 대학원 비교학과에서 건축의 역사와 이론에 대한 공부를 계속하고 건축이론가로서 인정받으며 여러 대학 등에서 강의와 글을 썼다. 그러나 본인은 한국의 한 언론사 인터뷰에서 이론가라는 말을 그리 달가워하지 않는다고 했다.

1989년, 리베스킨트는 베를린 유대 박물관 설계 공모에 당선된 후 국제적인 주목을 받았으며, 이 프로젝트는 그의 기념비적 데뷔작이 되었다. 그의 나이 43세일 때다. 그제야 이론가에서 명실상부한 건축가로 탄생한 것이다. 이후 2003년에는 뉴욕시 월드 트레이드 센터 재건의 마스터플랜 건축가로 선정되어 세계적인 건축가로서의 명성을 더욱 공고히 했다.

그의 건축적 특징 몇 가지를 살펴보면, 리베스킨트의 건축은 건축물이 단순한 구조가 아닌 이야기를 전달하는 매체로 기능할 수 있다는 신념에서 출발한다. 그래서 그의 건축물은 그 자체로 강력한 서사를 지니며, 이는 방문객들에게 깊은 내면적 울림과 성찰을 불러일으킨다. 베를린 유대 박물관은 독일 유대인의 홀로코스트 참상을 반영하는 복잡한 공간 구성을 통해 방문객들로 하여금 역사의 무게를 실감하게 하는 좋은 예이다.

리베스킨트의 설계는 비대칭적 기하학 형태와 각도의 대담한 사용으로 유명하다. 이러한 형태들은 건축물에 역동성과 시각적 긴장감을 부여하며, 동시에 프로젝트의 기초적 개념을 시각적 언어로 전환해 보여준다. 이런 기하학적 복잡성은 건축물이 단순한 물리적 존재를 넘어서 예술적 표현과 개념적 심층을 가질 수 있음을 보여준다.

리베스킨트는 특히 빛과 그림자를 통해 공간의 분위기와 경험을 조율하는데 탁월하다. 그의 건축물에서 빛은 공간을 정의하고 변화시키는 중요한 요소로 작용하며, 그림자를 통해 공간에 깊이와 리듬을 부여한다. 이러한 상호작용은 건축물의 조형적 특성을 강조하고, 방문객들에게 시간의 흐름에 따라 변화하는 공간을 경

다니엘 리베스킨트,
베를린 유대인 박물관,
2001

다니엘 리베스킨트, 노스 임페리얼 전쟁 박물관, 영국 맨체스터, 2002

다니엘 리베스킨트, 뉴욕 맨해튼 그라운드 제로, 2014

험하게 해준다.

　　또 하나 빼놓을 수 없는 점으로, 도시환경에서의 프로젝트를 통해 리베스킨트는 공공 공간과 사적 공간의 경계를 모호하게 하고, 두 유형 간의 상호 작용을 촉진시키고자 한다는 것이다. 그는 건축을 통해 사람들이 모일 수 있는 열린 공간을 창조하고, 이를 통해 커뮤니티의 소통과 상호작용을 강화하려고 한다. 이러한 접근 방식은 건축이 사회적 관계와 공동체의 정체성 형성에 기여할 수 있음을 보여준다.

　　주요 작품으로는 앞서 언급한 홀로코스트의 참상을 흐트러진 '다윗의 별'과 같은 상징적 형태와 공간 구성으로 표현한 베를린 유대인 박물관과 영국 맨체스터에 지어진 노스 임페리얼 전쟁 박물관을 들 수 있다. 박물관은 전쟁의 혼란을 나타내는 파편화된 형태를 통해 건축을 통한 역사적 서사를 전달하고자 하는 리베스킨트의 특징을 보여주는 작품이다. 또 미국 덴버의 덴버 미술관, 프레데릭 C. 해밀턴

빌딩은 기존 미술관의 확장 프로젝트로 리베스킨트의 기하학 스타일로 기존 문화의 랜드마크와 새로운 구조물을 통합하고자 했던 그의 실험적 작품이다.

그의 초대형 역작인 그라운드 제로 마스터플랜을 통해 테러로 무너진 뉴욕 월드트레이드센터의 장소는 슬픔을 딛고 뉴욕의 새로운 명소로 재탄생됐다. 리베스킨트는 장소 재건의 마스터플래너로서 도시의 회복력과 희망을 반영하기 위해 미국 독립선포 해인 1776년을 기념해 1,776피트 높이의 프리덤타워(현재는 원 월드트레이드센터로 알려짐)를 포함한 프레임워크를 제안했다. 특히 이 프로젝트는 정치적, 사회적으로도 굉장히 중요하고 민감한 프로젝트여서 기억, 희망, 도시 갱신 간의 균형을 맞추기 위해 심혈을 기울인 것으로 알려져 있다.

2023년 6월, 서울에서 개최된 '도시와 공간 포럼 2023'의 기조 강연자로 나선 다니엘 리베스킨트는 '시적 도시'Poetic City라는 제목의 강연에서 "도시가 발전할수록 건축물은 시각적 측면뿐 아니라 사람의 감각을 일깨워야 합니다. 이 같은 점에서 '시'Poem와 비슷하죠."라며 건축의 본질을 '시'로 정의했다. 이 말을 잘 음미하면 그의 작품과 추구하는 방향을 이해하는 데 도움이 될 것이다.

여기서는 탄젠트 파사드로 잘 알려진 현대산업개발 사옥 아이파크타워를 중심으로 소개하도록 하겠다.

사옥이라는 특성상 건물 내부 곳곳을 다 둘러보기는 어려웠다. 보통 해체주의 건축가들의 건축을 보다 보면 도대체 저런 구조 형태에서 제대로 된 공간을 어떻게 만들어낼까 하는 걱정 아닌 걱정을 하게 된다. 그래도 미술관이나 박물관이라면 건물의 형태미나 색다른 공간 경험을 하게 해준다는 명분이라도 있다. 그러나 근본적으로는 해체주의가 추구하는 공간개념을 모더니즘이나 초기 포스트모더니즘과 같은 선상에서 바라보고 해석하려는 시도는 의미 없는 것이다.

그럼에도 불구하고 오피스 빌딩이라면 좀 상황이 다르다. 현실적으로 굉장히 실용적이고 기능적인 공간을 필요로 하는 곳이 오피스빌딩이기 때문이다. 다니

다니엘 리베스킨트, 현대산업개발 사옥 아이파크타워, 삼성동, 2019

측면의 벡터 구조물

엘 리베스킨트의 설계작들을 보면 비정형적인 형태와 구조면에서 둘째가라면 서러울 정도로 해체주의의 선봉에 서 있다. 그의 대표작들을 보면 대부분이 그렇다. 그러나 그런 그도 현실성을 수용한 듯 오피스빌딩들에서는 비교적 얌전한 모습을 보이고 있다. 탄젠트 파사드도 그렇다.

건물은 파사드만 요란할 뿐 매스 자체는 공간을 활용하기 좋은 장방형 직육면체이다. 여느 오피스빌딩과 크게 다르지 않다. 단지 대각선으로 건물 측면에서 뚫고 올라가 옥상으로 뻗어 나온 창 같은 메탈 벡터 구조물만이 조금 특이할 뿐이다. 파사드는 붉은색 루버와 알루미늄 프레임들이 사선으로 엇갈리며 어지럽게 배치된 커다란 원으로 장식되어 있다. 그런데 건물을 대각선으로 뚫고 치솟아 오른 구조물

다니엘 리베스킨트, 현대산업개발 사옥 아이파크타워, 삼성동, 2019

소방서 같은 출입문

이 지름 62m의 원에 접하는 접선이 된다. 대각선이 원에 접하는 벡터가 되어 수학에서 나오는 탄젠트라는 이름을 붙인 것이다. 건축가는 벡터가 땅과 하늘을 잇는 상징이며, 벡터의 접점으로 기업의 성장을 소망하고 있는 것이라고 한다.[75]

이 프로젝트는 건물을 리노베이션하면서 파사드 부분을 새롭게 디자인한 것이라 한다. 리베스킨트는 아이파크타워 전체 디자인 개념과 외관 디자인을 총괄했다고 한다. 내부로 들어가면 평범한 오피스빌딩 공간 구성이다. 벡터의 역할을 하는 긴 메탈 창은 원래 건물을 실제 관통하도록 계획돼 있었으나 건물 구조의 문제로 관통시키지는 못했다고 한다. 그럼에도 불구하고 건축가는 사선과 색채로 장식된 커다란 원의 파사드와 건물을 관통하는 듯한 벡터로 이루어지는 탄젠트의 표현을 통해 전체적으로 건물에 파격을 주는 형태로 해체주의 철학을 적극 표현하고 있다. 게다가 파사드의 커다란 원 안에 있는 표현은 마치 추상화가 바실리 칸딘스키의 그림과도 같은 회화성을 보여준다.

건물을 바라보는 시민들에게도 이것은 하나의 커다란 문화적 체험이다. 정돈된 것에 익숙해 있는 사람들에게는 이 건축의 입면이 매우 혼란스럽고 낯설어 보일 것이다. 그럼에도 불구하고 건물의 실용성을 크게 해치지 않고 개성 있는 도심풍경을 체험시키고자 한 건축가의 의도는 성공한 것 같다. 이처럼 건축은 내부 공간뿐 아니라 많은 사람들이 경험하게 되는 외부공간과 풍경도 적극적으로 바꿔놓을 수 있으며, 그로 인해 시민들의 정서에도 관여하게 된다. 해운대에 세워진 다니엘 리베스킨트의 또 하나의 설계작은 고층주상복합아파트 아이파크다. 리베스킨트는 베를린 유대인 박물관 이후에 주로 미술관과 박물관 프로젝트를 많이 했는데 뉴욕 세계무역센터 마스터플랜 프로젝트 이후에는 빌딩 건축도 많이 하게 되었다. 그는 빌딩 건축을 통해 밀라노의 PwC 타워와 같은 스카이라인의 과감한 변화를 추구한다. 해운대 아이파크 고층아파트도 해운대의 스카이라인을 변화시키며 해변 도시 풍경을 바꿔놓고 있다.

청담동 청하빌딩 & 서울로 7017

네덜란드에 아주 재미있는 건물이 하나 있다. 2014년에 완공돼 네덜란드 로테르담 명물이 된 주상 복합 아치형 터널 아파트 마켓홀이다. 아치형 터널식으로 된 아파트 터널 밑에 재래시장이 있는 것이다. 터널 내부는 거대한 벽화로 장식되어 예술, 건축, 도시 생활을 혼합시켜 놓고 있다. 이 신박한 아이디어에 감탄하지 않을 수 없다. 그 건물 하나로 주민과 시장 상인은 물론 지역 공동체 전체가 윈-윈의 결과를 얻는다. 건축이 주는 강력한 힘이다. 그들은 이보다 훨씬 앞서 보조코 노인주거용 아파트에서도 제약을 극복하고 창의적 대안을 만들어내 일약 스타덤에 오른 바 있다. 그런 신박한 아이디어를 실용적으로 끊임없이 풀어내고 있는 건축가 그룹이 바로 네덜란드의 MVRDV이다.

그들은 한국에서도 그런 일단의 도전을 보여주었다. 청담동의 평범한 1980년대 작은 구닥다리 건물을 현재의 청담동 패션문화거리에서 주목할 만한 세련된 모습으로 리모델링해 놓았으며, 우리가 잘 아는 서울역 고가도로를 '서울로 7017'이라는 이름의 도심 공중 산책로로 바꿔 놓았다. 뉴욕 맨해튼의 고가 철길을 리뉴얼한 하이라인High Line과 같은 아이디어다.

1993년 설립된 MVRDV는 1959년생 위니 마스Winy Maas, 1964년생인 야콥 판

MVRDV, 마켓홀, 네덜란드 로테르담, 2014

레이스Jacob Van Rijs, 1965년생인 나탈리 드 프리스Nathalie de Vries 3명의 네덜란드 델프트 공대 출신으로 구성된 프로젝트 그룹이다. MVRDV를 설립하기 이전 위니 마스와 야콥 판레이스는 렘 쿨하스의 OMA에서, 나탈리 드 프리스는 메카누Mecanoo에서 실무를 익힌 것으로 알려져 있다.

이들은 네덜란드 로테르담을 근거지로 활동하면서 혁신적이고 실험적이며, 종종 도발적이기까지 한 건축 프로젝트로 명성을 얻어왔다. 이 스튜디오는 대담하고 풍부한 색감과 함께 전통적인 공간 및 형태 개념에 도전하며 현대건축의 경계를 넓혀왔다.

독일 하노버에서 열린 2000년 엑스포의 네덜란드 파빌리온 설계 공모에 당선된 후 그들의 혁신적인 건축 접근 방식은 국제적인 주목을 받게 됐다. 이후 MVRDV는 세계적인 프로젝트를 진행하는 대규모 회사로 성장했으며, 주거 건물에서 도시 마스터플랜에 이르기까지 다양한 규모와 유형의 작업을 다루고 있다.

MVRDV 리더 위니 마스는 2020년 8월, 한국도시설계학회가 주최한 「공공임대주택 계획 패러다임 전환을 위한 국제 심포지엄」 온라인 기조 발제를 통해 그들이 추구하는 건축의 방향을 네 가지로 제시한 바 있다. Diversity(다양성), Porosity(다공성), Green Space(녹색 공간), Mixed-Use(복합용도)가 그것이다. 공공주택단지에 관한 기조 발제에서 나온 이야기지만 그의 건축 전반에 이런 지향점들이 녹아 있다. 여기서 좀 생소해 보이는 다공성이라는 용어는 '건축에 있어서 될 수 있으면 다양한 형태의 공동 공간들을 많이 만들어야 한다'는 뜻이다. 즉 우리가 미래에 지향해나가야 할 건축은 우리의 생활과 도시환경에 생명력을 불어넣기 위한 다양한 형태로 이루어져야 하며 커뮤니티의 소통을 위한 공간, 친환경적인 녹색 공간 등, 복합적 기능이 어우러져야 한다는 그의 철학을 함축적으로 표현한 것이다.

이런 그의 건축적 지향점을 달성하기 위한 수단으로써 건물에 영향을 미치는 모든 정보, 즉 관련 법규, 경제성, 환경적 요구 사항 등을 조사해 데이터 처리하고 그 결과를 치밀하게 설계에 반영하여 집을 짓는 '데이터스케이프'Datascape라는 방

MVRDV, 보조코 노인 주거용 아파트,
네덜란드 암스테르담, 1997

MVRDV, 더 밸리, 네덜란드 암스테르담, 2022

식을 사용하고 있다.

앞서 언급한 MVRDV를 유명하게 만든 대표작 노인주거용 보조코WoZoCo 아파트는 데이터스케이프의 효용성을 잘 보여주고 있다. 이를 바탕으로 공간과 형태에 대한 창의적이고, 때로는 급진적인 접근 방식은 적층, 돌출, 픽셀화 기법을 활용하여 훨씬 기능적이면서도 시각적으로 인상적인 구조를 만들어 냈다.

건축의 지속가능성과 사회적 기능 역시 MVRDV 건축에서 빼놓을 수 없는 주요 요소다. 환경적으로 책임감 있고 커뮤니티의 상호작용 및 연결성을 촉진하는 구조를 만드는 것에도 그들은 진심이다.

서두에 언급한 마켓홀에서도 단순 주거용 아파트가 어떻게 공동체를 위한 사회적 기능까지 할 수 있는지를 잘 보여주고 있다. 기하학적 형태와 구조뿐 아니라 생동감 있는 색채와 재료를 통해 건축의 실용적 목적을 넘어 이를 경험하는 사람들의 감성을 자극하는 표현미까지 성취했다.

이들은 특히 연구를 많이 하기로 소문난 건축가 그룹이기도 하다,

네덜란드 델프트 공과대학의 와이 팩토리는 MVRDV가 적극 관여하여 설립한 연구소 및 싱크탱크다. 이곳에서는 자유로운 분위기 속에서 다양한 학제 간 연구와 토론을 통해 건축과 도시계획 분야에서의 새로운 재료, 기술, 그리고 방법론을 지속적으로 탐구한다. 이를 통해 이들은 도전에 직면한 사회적 및 환경적 문제에 대한 창의적인 해결책을 제시하며 건축의 미래를 모색하고 있다.

청담동의 청하빌딩도 이들의 이런 내공을 바탕으로 번득이는 아이디어와 창의성이 빛을 발한 리모델링 프로젝트이다. 그들은 이 건물의 리모델링에서 첨단 문화패션거리에서 살아남을 수 있고 그 분위기에 조응할 수 있는 방법을 고민한 것 같다. 생명력을 잃어가는 기존 건물의 리모델링은 건물을 재창조하고 부활시키는 작업이다. 그 방법으로 MVRDV는 본체는 놔두고 입면을 전면 재디자인 하는 방법을 선택했다.

청담동은 화려한 외관을 자랑하는 명품샵 매장들이 특히 많기 때문에 건물 외관의 표현력이 중요시되는 곳이다. 건물의 가게 간판 하나를 만들어도 창의적이어야 한다. 그래서 그들은 건축 입면 자체를 입체적 직사각형의 다양한 조합으로 구성했다. 거기에 흰색 석조 타일과 유리를 사용해 건물이 전체적으로 산뜻하고 가벼워 보이면서도 현대미술 작품 같은 조형미를 구현했다.

MVRDV는 이렇게 이야기하고 있다. "새로운 파사드 콘셉트는 설득력이 있을 정도로 간단합니다. 청하Chungha는 다양한 아이덴티티 건물로 상점 윈도우 컬렉션으로 변형되어 파사드에 부과된 각 상업 프로젝트가 전시에 적합한 캔버스를 갖게 되었습니다. 건물의 외관은 더 광고적이고 덜 건축적이며, 그런 의미에서 역설적으로 더 정직해집니다. 곡선미가 있는 프레임이 상점 창문의 넓은 영역과 가장 잘 어울려서 결과적으로 이탈리아산 모자이크 타일이 곡선을 따르는 외관 재료가 되었습니다."76)

건축가가 밝혔듯이 건물 입면에 만들어진 직사각형의 액자 창은 그 자체로

MVRDV 외관 리모델링, 청하빌딩, 강남구, 2013

MVRDV, 서울로 7017, 2017   서울로 대형 콘크리트 화단

간판 역할을 할 수 있다. 가히 MVRDV다운 발상이다. 어두워지면 입면 사각형 액자 창에 조명이 들어와 건물은 완벽하게 분위기가 바뀐다. 이 거리에서 가장 창의적인 입면을 자랑하는 건축이라는 생각이 든다. 생명력을 잃어가던 오래된 건물이 패션 첨단거리에서 완벽하게 부활한 장면이다.

MVRDV가 부활시킨 또 다른 작품이 서울역 고가도로이다. 개발시대 상징으로 군림했던 고가도로는 이제 도시의 흉물이 되어가고 있다. 그러나 그들이 담당하고 있는 기능상 어쩔 수 없이 사용하고 있을 뿐이다. 만약에 다른 교통 대안이 있다면 굳이 보기에도 흉하고 위압적이기까지 한 그것을 그대로 놔둘까 싶다. 서울시도 프로젝트 기획 당시 서울역 앞 고가도로의 안전상 문제로 철거와 존치 사이에 논쟁을 겪었다. 의견들이 다양하여 많은 고민을 했을 것이다. 결국 다른 방식으로 존치되었다. 개발시대의 빠름과, 분주함, 속도의 상징이었던 고가도로는 느림과 여

서울로 중간에서 바라본 도심   도심 빌딩 중간을 가로지르는 서울로

유의 상징으로 바뀌었다. 어쨌든 밀도 높은 도심에서 사람이 숨 쉴 수 있는 공간, 공원 등을 적극적으로 만들어내는 것은 굉장히 중요하다. 그런 공간 창출의 흐름은 21세기 현대건축에 적극적으로 반영되고 있다. 그 길 위에 올라서서 쭉 걷다 보면 우리가 평소 보지 못했던 서울 한복판 도심의 풍경이 다양하게 포착된다. 빌딩 숲으로 이루어진 도심의 허리를 가로지르며 바라보는 풍경은 우리나라 그 어디에서도 볼 수 없는 진풍경이다. 꼭 한번 경험해 볼 것을 추천한다.

     길 위에 배열된 콘크리트로 만들어진 커다란 둥근 화분에 식재된 다채로운 나무와 꽃들은 그 길을 훨씬 여유 있고 풍요롭게 만드는 데 일조한다. 50개 과와 228종의 식물 24,000여 그루를 가나다순으로 배열했다. 이걸 기획하고 지휘한 위니 마스는 "서울로가 둥근 화분이 이루는 마을처럼 보이길 바란다."라고 말했다. 또 "선형 공원은 한글에 따라 배열되어 있으며 각각 고유한 구성, 향수, 색상 및 정체성을 지닌 작은 정원의 집합체로 디자인되었다. 가을에는 단풍나무의 선명한 단풍,

봄에는 벚꽃과 진달래, 겨울에는 상록 침엽수, 여름에는 관목과 열매 맺는 나무 등 계절에 따라 풍경이 달라진다.”77)고 디자인 의도를 밝혔다.

　　　중간 중간 걸터앉아서 쉴 수 있는 의자, 그리고 카페가 여유를 더해준다. 다소 아쉬운 부분은 아직 그늘이 부족한 점이었다. 위에서 걷다 보면 그 길이 고가도로인지 원래 나 있던 길인지 분간이 안 된다. 서울역 뒤쪽과 퇴계로 쪽을 바로 연결해 주는 도보라는 점에서 통행의 실용성도 있지만, 볼일이 없어도 잠시 걸으며 여유를 찾는 공간으로도 훌륭하다. 굳이 뉴욕의 하이라인과 비교해 차이가 있다면 출발 동기와 디테일의 면이다. 입지 조건 자체가 다르지만 하이라인은 시민운동에 의해 방치된 길을 완벽하게 부활시킨 것이고, 그로 인해 주변의 도심 풍경 자체에 많은 변화를 몰고 왔다. 건물을 짓는 것 못지않게 허무는 것도 환경적으로 많은 문제점이 있다. 그래서 부수고 다시 짓는 것만이 능사가 아니다. 그러기에는 너무 많은 환경적 후유증을 남긴다. 수명이 다하거나 낡은 건물을 어떤 방식으로 재생시킬 것인가에 대한 고민이 그 어느 때보다 필요한 시대다. 이런 점에서 MVRDV는 누구보다 선도적으로 고민을 해나가고 창의적으로 문제를 풀어가는 건축가 그룹이다. 이 밖에도 지면 관계상 자세히 소개하지 못하지만 MVRDV의 작품은 인천의 파라다이스 시티클럽, 안양 예술공원에 있는 안양 전망대 등에서 더 볼 수 있다.

UN 스튜디오 | 하이브리드 건축그룹

갤러리아백화점 센터시티점 &
한화그룹 본사 사옥

지속가능사회 관련 독일 슈투트가르트 출장 중 벤츠 박물관을 둘러볼 기회가 있었다. UN 스튜디오의 벤 판베르컬의 대표작 중 하나다. 유동적인 비정형의 곡선으로 이루어진 외관도 외관이지만 전시 공간 자체가 나선형 램프로 이루어져 벤츠가 생산한 차들을 시대별로 위에서 내려오도록 다이나믹하게 전시해 놓은 공간 체험은 신선한 경험이었다. 차보다 규모가 작은 미술품을 전시하는 프랭크 로이드 라이트의 뉴욕 구겐하임 미술관과는 또 다른 차원의 전시 램프 구현이다.

바로 그 UN 스튜디오가 한국에서 작업한 작품으로 청담동 패션거리를 밝혀주는 갤러리아백화점의 외관 리모델링이 있다. 저녁이 되면 건물 외관 전체가 하나의 디스플레이 패널이 되어 다채로운 미디어아트를 보여줌으로써 거리의 풍경을 주도하며 사람들의 이목을 집중시키고 있다. 여담이지만 이 백화점은 최근 영국 건축가 토마스 헤더윅* 설계의 재건축 안이 공개되며 새롭게 보여줄 거리풍경을 기대하게 한다.

"건축가는 빌딩에 옷을 입히고, 미래에 옷을 입히는 사람이다." Dress the building, dress the future

"건축보다 사람이 중요하며, 건축물로 사람이 다시 돌아오고 싶은 느낌을 주

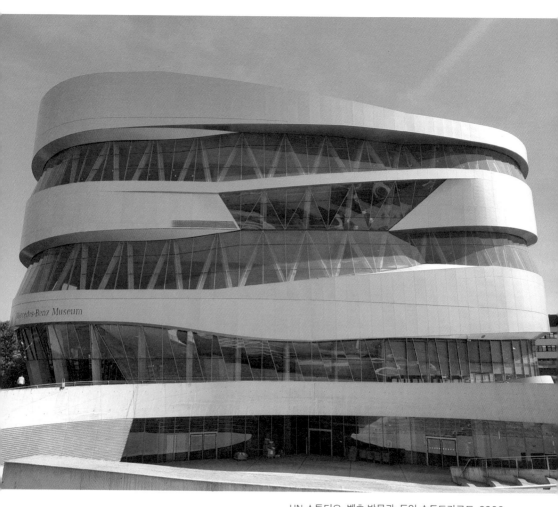

UN 스튜디오, 벤츠 박물관, 독일 슈투트가르트, 2006

UN 스튜디오 외피 디자인, 압구정 갤러리아백화점 야경

는 것이 가장 중요하다."

"독특한 디자인으로 사람들이 모이면 그 장소가 명소가 될 수 있다."[78]

이러한 말들은 UN 스튜디오의 건축 철학이 잘 반영된 언명이다.

본서에 소개된 거장들 대부분이 한국과 깊은 인연을 맺은 건축가들이다. UN 스튜디오 역시 한국과 인연을 맺고 현재까지 국내에서 다수의 프로젝트를 수행하며 활발한 활동을 해오고 있는 건축 스튜디오 중 하나다.

UN 스튜디오, 즉 유나이티드 네트워크 스튜디오United Network Studio는 네덜란드 암스테르담에 기반을 둔 네덜란드의 대표적 건축 및 도시 계획 회사 중 하나이며, 1957년생 건축가 벤 판베르컬과 1959년생 예술사학자이자 건축이론가인 캐롤라인 보스에 의해 1988년에 설립됐다. 관련된 다양한 분야의 전문가들과의 협업 정신을 반영하여 회사 이름을 지었다. 유동적이고 비정형적인 형태와 화려한 외피, 첨단 기술이라는 특징, 그리고 지속 가능성과 사용자 경험을 중시하는 디자인 접근 방식

UN 스튜디오,
벤츠 박물관,
독일 슈투트가르트,
2006

으로 글로벌 건축계에서 자리매김 해오고 있다.

런던 AA스쿨에서 건축을 공부한 벤 판베르컬은 자하 하디드와 같이 공부했으며 피터 아이젠만, 다니엘 리베스킨트 등으로부터 해체주의 건축의 영향을 많이 받았다.

UN 스튜디오의 건축은 몇 가지 중요한 특징을 통해 그들의 혁신적이고 선구적인 디자인 접근 방식을 보여준다.

우선 건축물에 유동적이고 동적인 형태를 적용하여 전통적인 직선적 구조에서 벗어난 복잡하고 유기적인 디자인을 창조한다. 이러한 형태는 건축물에 생동감을 부여한다. 이런 형태로부터 형성된 공간 내·외부가 뫼비우스의 띠처럼 부드럽게 연결되는 것도 특징이다.

그들의 건축물은 종종 중력을 거스르는 듯한 구조적 특성과 재료 사용의 혁신을 통한 다채롭고 화려한 외피 디자인으로 보는 이들에게 색다른 시각적 경험을 제공한다. 이는 현대의 혁신적인 건축 기술과 재료를 통해 건축이 예전과 달리 좀

UN 스튜디오, 네덜란드 아른헴 중앙역, 2015

아른헴 중앙역 로비

더 드라마틱한 방법으로 교감할 수 있다는 벤 판베르컬의 생각이 반영된 것이기도 하다.

현대 건축가들이 공통적으로 고민하고 있는 환경친화적 건축과 디지털 툴의 창의적 사용 면에서도 다른 건축가들 못지않은 진심이 느껴진다.

특히 모든 프로젝트에서 이들은 해체주의 건축가들이 의심받고 있는 사용자의 경험과 편안함을 최우선으로 고려한다. 그들에게 중요한 것은 건축 공간이 사용자의 만족도를 높이는 것이다. 한마디로 기술과 예술, 그리고 기능성 어느 하나도 포기하지 않는 하이브리드 건축가 그룹이라 할 만하다.

회사 이름에 나타나 있듯이 UN 스튜디오는 건축, 엔지니어링, 심리학, 예술 등 다양한 분야의 전문가들과 협력하여 복합적인 문제를 해결하며 혁신적인 디자인 솔루션을 모색한다. 이러한 협업은 프로젝트의 창의성과 혁신을 추구하는 주요 작업방식이다.

대표 작품을 통한 예를 보면, 2006년 독일 슈투트가르트에 지어진 메르세데스-벤츠 박물관은 UN 스튜디오의 유동적인 기하학과 혁신적인 공간 조직의 능력을 잘 보여 준다. 이중 나선 형태의 램프 전시실은 사용자 경험에 중점을 두어 방문객들이 중복된 경로 없이 관람할 수 있게 해준다.

아른헴 중앙역 설계에서는 교통 허브의 유기적 형태와 다기능 공간을 통해 도시 인프라 디자인에 새롭게 접근하는 방식을 보여주고 있다. 이 프로젝트는 사용자 경험과 지속가능성을 고려한 설계의 좋은 예로 평가받는다.

그들은 이제까지 다양한 프로젝트 포트폴리오를 통해 끊임없이 건축 관행에 도전해 왔고 건축이 사회, 환경, 그리고 사용자와 어떻게 상호 작용할 수 있는지에 대한 새로운 관점을 제시하며 현대건축의 가능성을 확장해오고 있다.

이들은 한국에서도 많은 프로젝트를 진행했다. 청계천 가에 있는 한화 본사의 리모델링, 압구정 갤러리아백화점 파사드 리모델링, 천안 갤러리아백화점, YG엔터테인먼트 사옥, 수원·대구 아이파크의 입면 디자인, 인천공항 제2터미널 랜드마크 작업 등을 통해 그들의 작품을 다양하게 접할 수 있다. 최근에는 충남 도립미술관 설계공모에 당선돼 그들 특유의 유려한 건물 이미지와 세부사항들이 가득한 제안이 공개됐다.

천안 고속철도역 옆에 자리 잡은 갤러리아백화점 센터시티점은 일단 외관으로 주위를 압도한다. UN 스튜디오는 압구정 갤러리아백화점 외피 리모델링을 통해서 비주얼뿐 아니라 복합적인 기능성을 장착시켰다. 그에게 있어서 외피는 내부를 보호하는 단순한 외피가 아니라 외부와의 교감을 적극적으로 유도하는 사회적 커뮤니케이션 수단이기도 하다.

본서에서는 렘 쿨하스의 광교 갤러리아백화점, 리처드 로저스의 여의도 더현대 백화점에 이어 세 번째로 소개되는 백화점 건축이다. 앞서 소개된 건축들에서도 보았듯이 백화점은 상업시설이지만 더 이상 상업시설의 기능에만 머무르지 않는 추세이다. 지역사회 내에서 공공의 역할을 적극적으로 모색하는 현대 대규모 상업시설들의 설계 흐름을 갤러리아 센터시티점도 내부 프로그램과 외피 디자인을 통해 보여주고 있다. UN 스튜디오는 이 설계에 대해 다음과 같이 설계 의도를 밝힌 바 있다.

"한국에서 명품 백화점의 유형은 쇼핑 그 이상을 상징한다. 백화점은 여가와 사교적 이벤트를 위한 장소가 되었고 UN 스튜디오는 공공장소에 주목했다. 공간 내에서의 공간적·시각적 연계성은 판매자가 아니라 사용자가 중심이 되게, 또 활기차고 자극적인 환경이 조성되도록 계획하였다."79)

갤러리아 센터시티점의 매스는 UN 스튜디오의 다른 작품들처럼 유려한 곡선이 아름답다. 매스 전체는 알루미늄 패널과 프로파일로 이루어진 이중 외피로 마감되어 있다. 내부와 외피, 그리고 반사되는 빛의 조합으로 나오는 방향에 따른 시각적 변화는 파사드 전체에 역동성을 부여하고 있다.

외부 외피에는 LED를 설치하여 야간에 컬러풀한 애니메이션을 연출함으로

UN 스튜디오, 갤러리아백화점 센터시티점 외관, 천안시, 2010

측면의
다공 알루미늄 패널 외피

로비의 아트리움을 통해 보
이는 플라토들

천장의 레일 조명

옥상 정원

써 주위를 사로잡고 있다. 건물 자체가 유기체처럼 생동하면서 주위와 적극적인 교감을 시도하고 있는 것이다.

　　내부에 들어서면 위로 뚫려 있는 아트리움에 중첩되는 곡선들의 향연이 환상적으로 펼쳐진다. 아트리움을 따라 접시 모양의 선반을 층층이 올려놓은 듯한 플라토plateau*의 적층은 그 곡선을 따라 각 천장에 설치된 레일 조명 라인과 어우러져 역동적 흐름을 만들어낸다. 내부는 온통 흰색으로 마감된 곡면 구조의 조명에 밖으로부터 유입되는 부분적인 자연광이 더해져 환타지를 극대화하고 있다. 각 층으로 에스컬레이터를 타고 올라가면 아트리움을 중심으로 외부 벽 쪽으로는 매장이 배치돼 있고, 아트리움 난간 쪽은 공용공간과 휴식공간으로 활용되고 있다. 여의도의 더 현대 백화점에서도 볼 수 있었던 프로그램이다.

　　방문자들은 한층 여유로운 환경을 누리며 백화점을 쇼핑뿐만이 아닌 휴식 공간으로 누린다. 각 층의 시각적 높이에 따라 달라지는 곡선의 향연을 즐기는 것도 색다른 재미 중 하나다. 건물은 내부와 외부뿐 아니라 자연스럽게 옥상으로까지 공공 공간을 연결하고 있다. 태양광 패널 구역과 데크 정원으로 이루어진 옥상은 방문자들을 위한 또 하나의 서비스 공간이다. 광교 갤러리아점의 스카이 파크와도 같다. 시민들이 상업시설에 들어가 눈치 안 보고 편안하게 공간을 향유할 수 있다는 것 자체가 상업시설의 공공성에 대한 진전이다.

UN 스튜디오의 또 하나의 역작은 중구 청계천에 있는 한화 본사 리모델링 프로젝트다. 필자는 건축 관련 기사를 틈틈이 검색해 보는데, 2021년 한화 본사 빌딩이 세계초고층도시건축학회CTBUH가 수상하는 '2021 CTBUH 어워드' 리노베이션 부문에서 대상을 받았다는 기사를 인상 깊게 보았다. 리노베이션 디자인과 인테리어를 맡은 설계팀이 UN 스튜디오라서 관심을 갖고 보기도 했지만 국제적으로 공인된 상으로 건축이 추구했던 콘셉트를 인정받았다는 점에서 의미 있게 본 것이다.

한화는 30년이나 되어 노후화된 건물의 내부와 외부 디자인을 리노베이션하기로 결정하고 이를 UN 스튜디오에 맡겼다. 한화는 화약을 주로 만드는 방산기업 중심에서 탈피해 태양광 패널 사업 진출을 통한 재생에너지 기업으로 거듭나고 있던 시점이었다. 그래서 회사는 본사 리노베이션에 친환경 첨단 미래 기업이라는 지향점을 반영하고자 했다. 그 결과물이 픽셀 모양의 사각 알루미늄 모듈 유리창 파사드로 화려하게 부활한 지금의 모습이다.

UN 스튜디오는 파사드 콘셉트를 이렇게 설명하고 있다.

"한화 본사 파사드의 건축적 표현의 기본은 다양성, 불규칙성, 복잡함을 전체적으로 구현하는 것입니다. 우리는 프로그램에 반응하는 단순한 방식으로 외관 패널의 배치를 다양하게 변경하고 프로그램 관련 개구부를 만들어 외관 내에서 이를 생생하게 구현했습니다. 실내 환경을 개선하기 위해 기존 건물의 실내 기후를 개선하고 프로그램 분포와 위치에 모두 반응하는 통합 반응형 파사드 개념을 개발했습니다. 프레임의 기하학적 구조(패턴, 크기 및 노출)는 태양과 방향 요소에 따라 추가

UN 스튜디오가 리모델링한 한화그룹 본사 사옥, 서울시 중구, 2019

Point #1 **한화빌딩 전면의 태양광 패널 시스템**

한화큐셀 Q.PEAK 태양광 패널

친환경 비즈니스 리더로서
한화의 새로운 비전을
제시할 수 있는 건물

이산화탄소 배출량
m²당 45kg 저감

하루 평균 생산 전력량
300KWh

에너지 성능지표
88.2점

녹색건축인증
우수등급

빌딩 외장 태양광시스템 설명도

로 정의되어 내부 사용자의 편안함을 보장하고 에너지 소비를 줄입니다."[80]

파사드에 적용된 모듈은 크게 네 가지의 세부 정형 모듈과 열네 개의 세부 비정형 모듈을 조합해 아홉 개의 세트로 구성되어 있다고 한다. 파사드의 모습은 생선 비늘 같기도 하고 햇빛에 반짝이는 바다의 윤슬 같기도 하다. 그런데 좀 더 자세히 보면 그 픽셀들은 단순한 유리창이 아니라 태양광 패널과 조합된 사각형 모듈들이다. 유리조차도 단열 유리를 사용했다. 그리고 그 태양광 패널들은 설치 각도가 조금씩 다 다르다. 태양 에너지를 받아내기에 최적화된 것이다. 유리창의 기능을 전혀 방해하지 않으면서 파사드의 미적인 측면에서는 오히려 훨씬 완성도를 높여 놓은 창의적인 디자인이다.

UN 스튜디오는 파사드의 다양성과 비정형성, 그리고 정교함을 구현하기 위해 작업에 파라메트릭 디자인 툴을 사용한다. UN 스튜디오의 벤 판베르컬은 인터뷰에서 파라메트릭 디자인 툴을 유용하게 쓰고 있음을 밝히며 제너러티브generative 디자인과 구별하고 있다. 인공지능의 알고리즘에 의존해 변수를 자동 생성해 문제를 해결하는 제너러티브 방식과 달리 프로세스를 건축가가 통제할 수 있는 파라메트릭 디자인을 쓴다는 것이다.[81]

인공지능 시대가 본격화된 오늘날 창작자인 건축가의 개입 여지가 훨씬 큰 방식을 쓴다는 점을 강조하는 것도 흥미로운 지점이다. 이런 친환경적인 디자인을 통해 빌딩은 300kwh/㎡의 전기를 생산해 넘으로써 완벽한 패시브 건축으로 재탄생했다. 외부 주차장 등은 모두 지하에 두고 빌딩 주위는 시민들이 자유롭게 오갈 수 있는 공공의 공간으로 탈바꿈시켰다. 건축이 적극적으로 사회적 역할을 하고자 하는 의지의 표현이다. 과거에 유지비가 많이 들던 비효율적인 건축에서 보다 효율성을 갖춘 친환경적이고 친사회적인 건축으로 거듭난 한화 본사의 리노베이션은 고대 로마 건축가 비투루비우스가 말한 '구조, 기능, 미'라는 건축의 3요소에 더 다가서는 프로젝트였다고 하겠다. 덧붙이자면 현대건축 개념에서는 기능적 요소에서 지속가능성의 기능을 좀 더 적극적으로 확장해 받아들여야 한다는 생각이다.

참고로 맞은편에는 한국 현대빌딩건축의 상징인 구 삼일빌딩*(현재는 SK계열 회사들이 입주해 있음)이 리모델링되어 마주하고 있다. 이 빌딩은 르 코르뷔지에 건축사무소에서 직접 사사받은 김중업 건축가가 한국 최초의 커튼월 방식으로 설계한 건축사적 의미가 있는 건축이며, 모더니즘의 선구자 중 한 명인 미스 반 데어 로에의 뉴욕 씨그램 빌딩을 참고해 지은 것으로 알려져 있다.

5

자신만의
성을 쌓고 있는
건축가들

어느 분야의 장인이나 예술가들은 누구나 자신만의 영역을 구축하고자
한다. 앞서 소개된 건축가들 역시 어느 특정 건축 사조나 카테고리에 얽
매인 건축가로 소개되는 것이 그리 달갑지 않을 것이다. 그만큼 각자의
개성이 강하다. 그래서 그 건축가들 대부분을 이 장에서 소개해도 무방
할 것이다. 그럼에도 특별히 어느 특정 카테고리로 묶었을 때 그들의 진
면목이 가려질 수 있는 건축가들을 따로 분류하여 소개하는 것이다. 이
것이 이들의 건축을 독자들이 더 잘 이해하는 데 도움이 될 수 있을 것
이라는 생각에서다.

그렇다고 이들이 다른 사조의 건축들과 담을 쌓고 있는 것은 아니다. 여
기 소개되는 건축가들도 현대건축의 다양한 조류 속에서 영향을 받으
며 활동하고 있음을 부인할 수 없다. 다만 자신의 스타일에 좀 더 집중하
고 있다고 하는 것이 맞을 것이다. 그러나 자신만의 건축적 스타일이 일
관된 것도 있겠지만 프로젝트를 대하는 태도의 일관성도 한몫하고 있다.
그 태도의 일관성에는 특정 양식에 얽매이지 않겠다는 태도도 포함되어
있다. 그것이 하나의 완성된 스타일이든 개방적 태도에 대한 일관성이든
그런 일관성으로 이들은 거장의 반열에 올라선 사람들이다.

크리스티앙 드 포잠박 | 열린 도시를 지향하는 건축가

청담동 하우스 오브 디올

"나는 사회적 책임으로 건축을 이해하는 구체적 방법에 대한 현실적 개념을 가지게 되었다. 건축이 유토피아를 건설할 수는 없을지 모르지만 건축가로서 나는 사태를 호전시키는 데에 한몫할 수 있다는 것을 깨닫게 되었다."[82]

모더니즘 건축이론으로 세계 현대건축의 기본 틀을 제공한 르 코르뷔지에 이후 침체된 프랑스 건축의 제2 중흥기를 이끌고 있는 대표적인 건축가 중 한 명이 크리스티앙 드 포잠박이다. 이름도 멋있지만 그의 건축은 건축을 모르는 사람이 봐도 대단히 멋스럽다.

크리스티앙 드 포잠박Christian de Portzamparc(1944~)은 그의 아버지가 북아프리카에서 장교로 복무 중이던 1944년 모로코 카사블랑카에서 태어났다. 어린 시절 프랑스로 돌아와 1962년에 프랑스의 명문 예술학교 에콜 드 보자르에 입학해 건축을 공부하고 1969년에 졸업했다.

그러나 그는 중간에 세계 경제·문화의 중심지 미국 뉴욕에 몇 년간 머무는 동안 다양한 문화적 경험을 하면서 그의 건축관에 영향을 받게 되었다. 특히 방황하던 이 시기에 그는 문학이나 시, 영화 같은 예술 분야에 심취해 향후 전개될 그의 건축 세계의 예술적 자양분으로 삼았다. 뉴욕이 정치·사회적으로도 핫한 도시

인 만큼 그는 그런 분야의 문제에도 많은 관심을 갖게 된다. 그의 도시공간과 연계된 건축적 고민도 이런 관심들이 바탕을 이루고 있다고 볼 수 있다.

1971년 이후 그는 파리에서 건축가로서의 본격적인 여정을 시작했다. 조그만 도시 누아지엘에 건축된 37m 높이의 급수탑을 설계하며 신인으로서 강한 인상을 남겼으며, 1980년대 중반까지는 서민주택단지와 집합주택 설계에 집중하면서 건축과 도시의 관계를 재정립하는 시도를 하였다. 그 과정에서 나폴레옹 3세 때 오스만*에 의해 계획된 파리 도심을 대로 중심의 블록으로 구성된 폐쇄적 집합주택 단지들과 르 코르뷔지에가 제시한 교외 지역의 고립된 아파트 단지가 가지고 있는 장단점들로 보완했다. 그런 '정서적 공간을 배려'한 결과로써 그만의 사회 친화적 개방형 주택단지 모델들을 제시하며 찬사를 받았다.

프랑스 건축의 두 번째 부흥기를 이끈 것은 다분히 정치적인 동기에서 시작된 혁명 200주년을 기념하기 위한 대규모 건축프로젝트 사업으로부터다. 미테랑 대통령의 대규모 건축사업인 그랑 프로제Grande Projets의 일환으로 계획된 라빌레트 공원의 음악도시 설계자로 결정되면서 포잠박은 세계적 건축가로 발돋움하게 된다.

이후 그는 프랑스뿐 아니라 세계 주요 도시의 프로젝트를 해나가며 1994년 프랑스인 최초로 프리츠커상까지 수상하고 명실상부한 세계적인 거장으로 자리매김하게 된다. 그는 모더니즘의 건축적 조류에서 벗어나 프랑스 포스트모더니즘 건축의 길을 제시했으며, 특정 양식에 얽매이기보다는 끊임없이 시대와 상황에 맞는 새로운 건축 작업을 시도해 왔다.

인터뷰에서 한 그의 언급이 이를 확인시켜 주고 있다.

"형식에 관한 한 나는 끊임없이 진화하기를 좋아한다. 나는 이상적인 것을 숭배하는 것을 피하려고 노력하며 항상 내 자신의 매너리즘에서 벗어나려고 애쓰고 있다."[83]

그의 건축적 특징은 볼륨과 매스를 중시하며 인상적인 파사드를 보여주는데, 이런 바탕 위에 1990년대 이후의 작품들에서는 화려한 색채의 조화를 이루는

크리스티앙 드 포잠박, 라빌레트 공원의 음악도시, 파리, 1995

크리스티앙 드 포잠박, 룩셈부르크 필하모니 홀, 2005

작품들이 많이 등장한다. 이런 이유로 유행에 민감하고 상업적이라는 비판도 받지만 그는 상황에 맞는 새로움의 시도라고 말한다.

그는 무엇보다도 건축을 사회적 공간인 도시와의 관계에서 누구보다 깊이 고민하는 건축가라 할 수 있다. 한국 월간지 〈루엘〉과의 인터뷰에서 "나는 건축가인 동시에 도시설계가이기도 하다.", "도시를 살기 좋은 곳으로 만드는 데 기여한 건축가"[84]라고 말한 바 있다. 국내에는 청담동 크리스찬 디올의 플래그쉽 스토어가 그의 유일한 설계작인데 파사드가 굉장히 인상적이다.

크리스찬 디올 플래그쉽 스토어는 건물 하나를 사이에 두고 해체주의 건축가 프랭크 게리의 '루이비통 메종 서울'과 인접해 있어 비교해 감상해 볼 수 있다. 두 건물 모두 파사드가 인상적이다. 포잠박은 이 디올 숍에서 파사드 부분만 설계를 맡았다. 그는 이를 위해 꼬박 4년을 고민했다고 한다.

특히 디올은 명품 패션이라는 상업성 이전에 문화 예술에 대한 진심이 대단한 브랜드로 알려져 있다. 건축주와 건축가의 그런 문화 예술에 대한 생각의 합이 잘 맞은 건물이 '하우스 오브 디올'이다. 그래서 이 매장 곳곳에는 유명 미술, 디자인 작가들의 손길이 닿아 있다. 대표적으로 실내 인테리어는 샤넬 플래그쉽 스토어를 설계한 피터 마리노에 의해 디자인된 것이다.

내가 보기에 디올 숍은 청담동 명품 숍 중에 가장 눈에 띄는 외관을 하고 있다. 명품숍이라는 콘셉트가 있어서 파사드 디자인이 과감할 수 있겠지만 역으로 건축가의 발상이 과감하지 않으면 건축주도 승인해줄 수 없는 것이다. 이 건물의 파사드는 하나의 커다란 조각 작품 그 자체였다.

건축가는 "건축물이지만 옷을 만드는 느낌으로 만들어보려 했다."고 밝혔다. 또 그는 "이 건물은 매우 유연한 느낌이 든다. 동시에 매우 환하게 디자인해서 결과적으로는 만지고 싶은 느낌이 나도록 했다. 가벼움, 움직이는 느낌, 부드럽고 유연한 선의 모습을 표현하고 싶었다."고 했다.[85]

크리스티앙 드 포잠박, 파사드 디자인, 하우스 오브 디올, 강남구, 2015

정면

측면

내게는 처음 봤을 때 백합꽃이 피어나는 것과 같은 느낌이 강했다. 물론 건축가도 꽃 안에 상자를 품은 모습을 형상화했음을 밝혔다. 어찌 되었건 이런 종합적인 느낌을 디테일하고 완벽하게 표현해내기 위해 건축가는 한국의 배 만드는 조선 기술을 이용했다고 한다.

제작과 시공도 만만치 않았는데, 지상 5층 높이의 이 플래스틱과 레진 소재 패널은 공장에서 별도로 조형 틀을 만들어 제작 운반해 시공한 것이다. 건물의 파사드는 사용자들에게도 중요하지만 도시와의 관계설정에도 큰 영향을 준다. 캐빈 로치가 말했던 것처럼 '보는 사람들을 위한 건축적 측면'에서 특히 그렇다.

하나의 상업적 브랜드가 거리를 걷는 대중에게 자기의 정체성을 분명하게 보여주고 마케팅할 수 있는 수단 중의 하나가 매장 건물의 외관이다. 건축을 예술과 문화적 관점에서 보는 경향이 강한 프랑스의 건축가답게 포잠박 특유의 상황에 부합하는 설계를 스마트하게 해냈다는 생각이 드는 건물이다.

헤르초크 & 드 뫼롱 | 재료의 마술사

송은아트스페이스

"기능주의적 순수주의"

"재료와 표피를 새로운 접근법과 기술을 통해 전통적 모더니즘을 간결한 요소로 구체화 한다."

스페인의 프리츠커상 수상자 라파엘 모네오*와 뉴욕 타임스 건축평론가였던 루이스 헉스터블이 헤르초크 & 드 뫼롱에 대해 각각 한 말이다.

스위스 바젤에 있는 헤르초크 & 드 뫼롱은 자크 헤르초크Jacques Herzog와 피에르 드 뫼롱Pierre de Meuron에 의해 1978년 창립된 건축 회사다. 이 회사는 뛰어난 완성도로 상징되는 대표적 건축사무소 중 하나로 발전한다.

자크 헤르초크와 피에르 드 뫼롱Herzog & de Meuron(1950~)은 어린 시절부터 같이 성장해 같은 대학의 건축과에서 공부하고 지금의 건축회사까지 함께하는 죽마고우로서 건축에 대한 열정을 쏟아왔다.

그들이 공부한 스위스 연방공과대학은 공학적인 학풍이 강한 곳으로, 건축에 있어서도 디자인의 화려함보다는 탄탄한 기술적 측면에서 접근하는 경향이 크다. 실제 그들은 자신들이 예술가가 아닌 건축공학자로 불리길 원했다고 한다. 그들의 건축이 기술적 완성도 측면에서 특히 높은 평가를 받는 이유이기도 하다.

건축에 있어 지역의 역사성을 상당히 중시하는 이탈리아 거장 알도 로시로부터 배우며 영향을 많이 받았지만 초기 그들의 설계는 심플하고 간결한 건축 자체의 완성도에 집중하는 모습을 보여주었다. 그러나 시간이 지나면서 탄탄한 기본 위에 여러 요소들을 반영하며 매스 디자인과 표피를 통해 좀 더 과감하고 풍부한 건축적 표현을 펼치고 있다.

이런 흐름의 연장선에서 헤르초크 & 드 뫼롱의 설계는 점점 더 대담하고 혁신적인 디자인으로 새로운 시각과 접근법을 제시한다. 각 프로젝트는 문화적, 사회적, 환경적 맥락을 고려함으로써 그들의 작품은 섬세함과 질서정연한 조합을 특징으로 하는 높은 완성도의 디자인으로 나타난다. 또한 재료와 형태를 혁신적으로 결합하여 건축적 표현의 새로운 경계를 탐구한다. 그래서 그들의 작품은 잘 정돈돼 있으면서도 시각적으로 독특하고 강렬한 인상을 심어준다. 다음 인터뷰는 재료와 형태에 대한 그들의 인식을 잘 보여준다.

"우리는 사용한 자재, 부지, 세계의 물질적 실재를 가능한 한 가장 본질적인 방식으로 표현하는 건축을 한다. 우리는 다음과 같은 본질적인 물음에 관심이 있다. 벽이란 무엇인가? 표면이란 무엇인가? 투명성이란 무엇인가? 이런 물음들은 관찰자와 사용자의 감각적, 인식적 능력에 즉각 영향을 미친다."[86]

헤르초크 & 드 뫼롱은 그들의 커리어 동안 다양한 프로젝트를 수행하며 국제적인 명성을 얻게 되는데, 이를 바탕으로 2001년도 프리츠커상 수상자로 선정되었다.

대표 작품으로는 런던의 테이트 모던Tate Modern(2000)으로 그들을 세계적 건축가의 반열에 올려놓은 작품 중 하나다. 이것은 과거의 화력발전소를 세계적인 현대미술관으로 완벽하게 개조시킨 것이다.

또 우리에게 잘 알려진 2008년 베이징 올림픽 주경기장인 버드 네스트 스타디움Bird's Nest Stadium이 있다. 이 프로젝트는 구조적 재능과 상징성을 혼합한 능력을 보여주는 작품으로 인정받고 있다. 이들이 수행한 프로젝트 중에 구조공학적인 아

헤르초크 & 드 뫼롱, 베이징 국가체육 경기장, 2008

헤르초크 & 드 뫼롱,
함부르그 엘프 필하모닉,
독일 함부르크, 2016

헤르초크 & 드 뫼롱, 테이트 모던 미술관, 런던, 2000

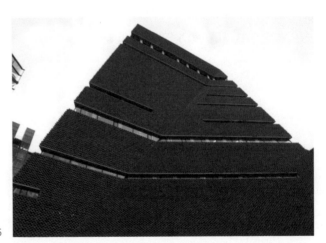

테이트 모던 증축, 2016

름다움을 인상적으로 보여줄 수 있는 아레나 프로젝트가 다수인 것도 특징이다.

그들의 작품은 한국에는 강남 도산대로에 있는 송은아트스페이스 하나밖에 없는데, 그 작품만으로도 충분히 그들의 건축적 진수를 경험할 수 있다.

이에 더해 최근에 서울시가 공모한 서초동의 박물관 프로젝트인 '서리풀 열린 수장고' 지명 공모전에서 국내외 쟁쟁한 건축가들과 경쟁해 당선작으로 선정된 바 있는데, 공개 프레젠테이션을 통해 소개된 설계안을 보면 그들이 추구하고 있는 건축의 연장임을 알 수 있다.

도산대로와 청담동 일대는 한국의 첨단 패션을 선도하고 최고의 부를 상징하는 대표적 도심 상권으로 화려한 건물들이 집중돼 있다. 실제 압구정로데오역부터 이어지는 패션거리에는 세계적으로 내로라하는 건축가들이 작업한 패션 명품 플래그숍 매장들이 즐비하다.

그런 도산대로에 건축 전문가들이 입을 모아 찬사를 보내는 군계일학처럼 빛나는 건물이 하나 있다. 의외로 동네의 화려한 분위기와는 대조적으로 차분하지만 단호한 모습으로 자리하고 있다. 바로 헤르초크 & 드 뫼롱HdM이 설계한 미술관 송은아트스페이스다.

이 건축가는 건물을 설계하기 전 장소와 주위환경 분석을 하며 들었던 생각을 인터뷰에서 밝혔다. "다양하지만 좋은 건축은 찾아볼 수 없었다. 영감을 얻기도 어려웠다." 오만해서 드리는 말씀이 아니란 전제도 덧붙였다.[87]

그들은 그래서 도산대로에 있는 다른 건물들과는 차별화되는 건물을 짓기로 했다.

이런 이유로 미술관은 하늘을 찌를 듯이 뾰족한 삼각형 측면 파사드와 성벽 같은 전면 파사드로 단연 시선을 사로잡는다. 언뜻 보면 거대한 기념 조형물을 하나 세워 놓은 느낌이다. 다른 건물들의 유리창은 모두 대로를 향해 최대한 개방해 놓았지만 이 건물은 대로와는 아예 담을 쌓고 있다. 넓은 입면에 달랑 길쭉한 두

헤르초크 & 드 뫼롱, 송은아트스페이스, 강남구, 2021

노출콘크리트에 구현한 소나무 무늬

개의 창만 단춧구멍처럼 위아래로 나 있을 뿐이다.

그런데 그 건물은 노출콘크리트 덩어리라 무거워 보일 법한데 전혀 무거워 보이지 않고 견고한 느낌만 준다. HdM은 건축에서 '가벼우냐 무거우냐'는 물리적 의미보다는 인식적 의미를 더 갖고 있다고 했다. 그는 물리적 실재가 "불투명한 것은 무거워 보인다."처럼 순전히 습관에 의해서 당연시하는 것에 의해 왜곡될 수 있다고 보고 거기에 의문을 제기하고 파헤친다고 했다.[88]

이 노출콘크리트 덩어리에서도 그들은 그 편견을 시정하기 위해 소나무 무늬의 거푸집 형틀을 만들어 외부 콘크리트 입면에 원목무늬가 물결치도록 마감해 놓았다. 그래서 멀리서 보나 가까이서 보나 굉장히 유려하다.

건물 정면에 서서 보면 양쪽 밑동을 캔틸레버 구조로 파내고 왼쪽은 주차장 입구, 오른쪽은 건물 진입로로 만들어 놓았다. 주차장 입구는 금색으로 처리된 벽

측면 캔틸레버로 넓힌 입구 진
입로

을 조명으로 은은히 반사시켜 여느 주차장의 컴컴한 입구와는 분위기부터 다르다. 오른쪽 진입로는 옆 건물과 붙어 있어 자칫 비좁을 텐데 오히려 진입 공간이 굉장히 여유 있어 보인다. 옆 건물에 붙여 통일감을 주는 노출콘크리트 담장으로 경계를 확장하고 캔틸레버로 밑동을 깎은 것이 신의 한 수인 듯싶다. 담장 밑에 작은 정원까지 만들어 놓으니 한층 더 여유 있어 보인다.

진입로를 따라 현관 입구로 가면 커다란 패널 같은 담장이 가로막아 선다. 아트월이라고 한다. 디지털 스크린이 설치되어 정보제공을 하고 있다. 그런데 공간을 분리하는 벽의 역할을 하며 절묘하게 뒤쪽 정원과 경계를 나누는 역할을 하고 있다.

로비에 들어서면 밖에서 본 건물의 인상과는 180도 다른 분위기가 펼쳐진다. 폐쇄적으로 보였던 건물은 뒤쪽에서 여유 있는 개방감을 확보하고 있다.

아트월로 구분 지어지는 건물 뒷 공간

로비 내부가 후원과 유리벽을 사이에 두고 일체화되어
확장되고 있다.

로비 중앙에 있는 콘크리트 원통은 우물처럼 뻥 뚫려 있다. 로비는 건물 후원과 측면 정원이 통유리벽으로 연결되고 있어 쾌적함과 개방감을 고조시킨다. 2층으로 올라가는 계단도 넓게 램프형식으로 만들어져 편안하다. 거기에 더해 로비 바닥과 계단은 외부 정원 공간과 수평적으로 이어지도록 하고 그 위에 통유리만으로 실내외 경계를 함으로써 공간 확장감을 극대화시키고 있다. 실내인지 실외인지 구분이 안 가는 그런 공간감이다.

놀라운 것은 관람료를 받지 않는 것이었다. 순간 강남의 금싸라기 땅에 이런 문화공간을 만들어 시민들에게 무료로 제공하고 있다는 것에 존경심마저 들었다.

램프 같은 계단을 걸어 2층 전시실로 올라가면 또 하나의 선물 같은 공간이 나온다. 넓은 계단을 이용해 관람석을 만들고 계단 중간 상부의 콘크리트 벽에 스크린을 설치해 자연스럽게 미디어 영상실을 꾸며 놨다. 누구나 오다가다 편안하게 앉아서 즐길 수 있는 자리다. 2층부터 시작되는 메인 전시실에 들어가기 전에 즐길

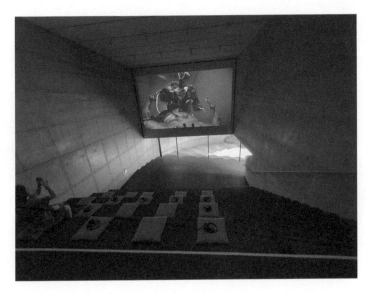

계단을 이용해 만든
미디어 영상실

수 있는 공간이다.

　계단에 앉아 스크린을 보면서 외부 정원이 마치 실내공간처럼 보이는 계단 초입을 동시에 감상하는 것도 묘미다. 어디서도 볼 수 없는 스크린 뒷면이 뚫린 콘크리트 극장이라고나 할까. 별로 크지 않은 건물에서 이런 신박한 공간을 창출해내는 능력이 놀라울 따름이다.

　2층 전시실에 들어서면 플랫한 전시공간이 마련돼 있어 작가들이 작품 전시의 성격에 따라 자유로이 공간을 활용할 수 있게 만들었다. 이날은 설치 미술품들을 바닥에 진열해 전시하고 있었다. 전시실은 전면 파사드의 세로로 난 창문과 후면 발코니 창을 통해 빛과 외경을 끌어들여 개방감을 적절히 유지하고 있다. 필요에 따라 이런 개방감들을 적절히 조절하면서 작품을 전시할 수 있는 공간이다.

　3층으로 이동할 때는 비상계단이나 엘리베이터가 아닌 뒷면의 통창으로 된 복도 같은 공간을 통해 돌아 들어가는 계단을 이용해야 한다. 이 공간 역시 뭔가 기분을 두근거리게 만드는 공간이다. 벽면에는 작품이, 길게 난 통창으로는 정원수

2층 전시실

2층 후면 통로를 이용한 전시 공간

가 눈높이를 맞추며 관람객의 아드레날린을 자극한다. 연한 갈색의 나무 마루와 계단은 흰색 콘크리트 벽과 하모니를 잘 이루고 있다. 알바루 시자의 미메시스 미술관 전시실과 비슷한 조합이다.

계단을 오르는 측면도 유리 통창으로 되어 있어 여전히 밝은 분위기를 유지한다. 그렇게 3층까지 관람을 마치고 나면 엘리베이터를 타거나 비상계단을 통해 지하 2층 전시실로 이동하면 된다. 지하 2층에 다다르면 엄청난 전시실이 나온다. 그 지하 전시실의 존재감을 좌우하는 것이 1층 로비에서 보았던 원통형 보이드다.

그 보이드는 주차장이 있는 지하 1층을 그대로 관통해 아래 2층으로 직접 연결되는 일종의 로툰다. 1층 로비로 유입된 자연광이 그 보이드를 통해 지하 2층에 수직으로 떨어진다. 수직으로 떨어지지만 이미 그 빛은 1층을 거친 간접 광이기 때문에 강렬하지 않고 은은하게 퍼져서 떨어진다. TV 여행프로에서 보았던 밀림의 수직 동굴 아래의 자연 수영장이 오버랩된다. 빛의 우물이라 할 만하다. 아래로

지하 전시실

육중한 기둥과 노출콘크리트 질감이 어우러져 천장으로부터 빛이 들어오는 판테온 돔 내부 공간을 간결하게 추상화해 놓은 느낌도 난다. 지하의 로툰다인 셈이다.

　　지하 로툰다 전시실 주변은 어둡다. 그곳 바닥에 인공조명을 반딧불이처럼 부분적으로 밝혀놓고 작품들을 전시해 놓았다. 작품 하나하나가 어둠 속에서 스포트라이트를 받고 있다. 이 전시야말로 공간이 완성시키는 전시라는 생각이 들었다. 이쯤 되면 미술관이든 콘서트홀이든 그것을 짓는 건축가야말로 그 예술을 최종적으로 완성시키는 주인공이라 생각해도 무방하다.

　　이 미술관 건물은 지하 4층, 지상 11층으로 건축되었다. 지하 2층과 지상 3층까지만 미술관으로 쓰이고 다른 층은 오디토리움과 사무공간이어서 더 이상 둘러볼 수는 없었다. 그러나 HdM 건축의 진수는 이미 충분히 느낄 수 있었다. 설계도나 조감도를 보면 삼각형 뒷면의 대각선 면에는 각 층마다 유리창이 나 있다. 후면의 건물들이 그리 높지 않아서 모두 충분한 개방감을 확보하고 있는 것으로 보인다.

325　5_ 자신만의 성을 쌓고 있는 건축가들

한마디로 이 미술관 건물은 외부에서는 폐쇄적인 건물로 보이지만 막상 내부에 들어가면 가장 개방적인 구조로 설계되어 있다. 덕분에 분위기는 차분하면서도 따뜻하다. 드 뫼롱은 인터뷰에서 "건물의 기능, 구조, 표현을 일체화하는 것이 정확히 우리가 의도한 바이다."[89]라고 했다. 송은아트스페이스가 군더더기 없으면서도 디테일하고 짜임새 있게 보이는 이유다.

또 이 건축가들은 "건축은 제약의 비즈니스"이며 "시간의 비즈니스Business of Time"[90]라고 말한다. 이 건축을 보면 건축가가 일조권, 용적률 등 수많은 건축적 제약과 분투하며 어떻게 창의적 성취를 이루어 냈는지를 확인하고 체험할 수 있다. 건축은 시간의 제약을 받으며 하는 일이지만 평가는 시간이 흘러야 한다. 이 건축에 대한 평가는 점점 더 두터워질 일만 남은 것 같다.

이 외에 얼마 전 서울시에서 공모한 서초동의 '서리풀 열린 수장고' 설계공모에서도 이들의 설계안이 선정됐다. 7명의 탑 클래스 국내외 건축가들이 공개 프레젠테이션을 거쳤다. 덕분에 건축가들의 제안에 대해 동영상을 통해 상세하게 설계의도를 들을 수 있었다. 설계안 모두 고유의 장점과 매력이 있어 하나만 선택해야하는 것이 너무 아쉬울 정도였다. 국내의 조민석, 유현준, 임용재 건축가의 제안들도 개인적으로는 맘에 들었다. 그들 세 건축가 모두가 공통적으로 제안하고 있는 수장고와 뒷산 공원으로 연결되는 개방된 동선은 특히 인상적이었다. 공공건축으로 갖추어야 할 시민들에 대한 배려가 특별히 감동을 주었다.

HdM의 설계안은 이미 이탈리아에서 최초의 개방형 수장고를 지어본 노하우를 바탕으로 한 건물의 합목적성 면에서 차별화된 제안으로 평가받아 선정됐다고 보인다. 그들이 제안한 수장고의 투시도를 보면 송은아트스페이스와 마찬가지로 폐쇄적이면서 단순한 기하학적 조각품과 같은 형태의 입면으로 구성되어 있다. 규모 면에서는 송은아트스페이스보다 훨씬 크고 육중한 건물이지만 흰색 반투명 마감재에 의한 입면 처리로 무거워 보이지 않고 오히려 경쾌하면서도 견고해 보였다. 성처럼 견고해 보이는 매스이지만 밝고 가벼워 보이는 표피를 갖춘 디자인이었다.

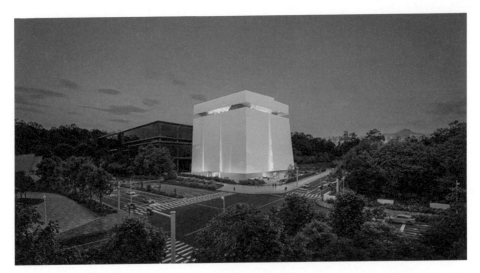

헤르초크 & 드 뫼롱, 서리풀 열린 수장고 설계안 투시도, 2024

서리풀 열린 수장고 3D 단면도, 2024

그들은 그 우아한 볼륨감을 자랑하는 매스 안에서 그들 특유의 내부 개방감을 확보해 나가면서 짜임새 있는 공간 구성을 제시하고 있다. 이런 점에서 송은아트스페이스에서 보여줬던 방식들이 적잖이 보인다. 특히 수직으로 난 보이드를 통해 모든 전시공간의 단면을 보여주며 내부에 개방감과 자연광을 끌어들이는 장면은 인상적이다.

실행되기까지는 여러 고려 사항들이 추가로 반영될 수 있어 제안된 설계안이 최종적으로 얼마나 근접하게 실현될지는 모르겠다. 그러나 완공된다면 서울시에 또 하나의 문화적 건축 명물이 탄생할 것으로 보인다.

리움미술관 M2 & D&G 플래그쉽 스토어

"나에게 빛은 물질이다. 빛은 재료, 기본적인 재료이다."[91]

빛에 대해 이렇게 정의할 만큼 장 누벨은 빛에 관한 한 진심이다. 그래서 '빛의 장인'으로 불린다. 그만큼 기술과 디자인, 그리고 재료를 통해 건축에 빛의 역할을 잘 구현시키는 건축가다.

또한 그는 건축적 맥락을 디자인에 통합하는 실험적 접근 방식으로 국제적인 명성을 얻었으며, 2008년에는 프리츠커상까지 수상하였다. "용기 있게 아이디어를 추구하고, 규범에 도전함으로써 건축의 경계를 확장했다."[92]는 프리츠커상 선정위원회의 선정 이유가 그의 건축적 실험과 도전의 여정을 잘 표현해 주고 있다.

장 누벨Jean Nouvel(1945~)은 1945년 8월 12일 프랑스 퓌멜에서 태어났다. 그는 파리의 예술학교 에콜 데 보자르에서 공부했으며, 1976년에는 프랑수아 세뇨르와 함께 Mars 1976 그룹을 공동 창립해 프랑스 건축운동을 주도하였다. 1985년에 자신의 회사인 Jean Nouvel et Associés를 거쳐 1994년 장 누벨 아뜰리에를 설립해 지금에 이르고 있다. 그는 런던의 왕립 예술학교와 하버드 대학원 디자인학교에서 가르치는 등 교육자로서의 경험도 있다. 그가 탄탄한 이론적 기반도 겸비하고 있는 건축가로 평가받는 이유이기도 하다.

장 누벨은 단일 스타일에 얽매이지 않고 각 프로젝트의 구체적인 조건에 창의적으로 응답하는 데 집중한다.

"내 작품은 항상 상황 논리적 결과다. 결코 스타일이 중요시되지 않는다. 영웅적 건축가 또는 건축가를 위한 건축의 개념, 기념물이나 스타일의 개념에 반대한다는 점에서 나는 벤츄리와 같은 생각이다. 건축가에 의한, 건축가를 위한 건축에 수반되는 모든 주장에 나는 반대한다."93)

이처럼 그는 스스로의 특이성과 독자성을 확고히 하고 있다. 이 과정에서 누벨은 하이테크를 적극 활용하여 디자인적 목적을 실현하고 있다. 더불어 주변 환경과의 조화를 이루는 능력도 탁월하다. 이는 그가 건축 장소의 역사와 문화를 깊이 존중하고 그것을 설계에 깊이 반영하고자 했음을 보여주는 것이다.

서두에도 이야기했듯이 누벨은 빛을 자기 건축의 핵심 재료로 사용해 조절하고 활용하여 공간의 분위기와 경험에 변화를 부여한다. 그의 건축을 주목하게 한 파리의 아랍문화원에서 볼 수 있듯이 건축물은 빛을 필터링하고 조절하여 내부 공간에 생동감을 불어넣으며, 시간의 흐름에 따라 다르게 보이는 건축물의 모습을 연출한다. 누벨은 전통적이고 문화적인 건축 모티브를 혁신적인 기술과 유리, 금속, 콘크리트와 같은 재료를 통해 창의적으로 재해석하여 풀어낸다. 이런 그의 작품들은 시각적으로 매혹적일 뿐만 아니라 기능적으로도 완성도가 뛰어나다.

장 누벨의 포트폴리오는 문화 기관, 주거 건물, 상업공간을 포함한 다양한 프로젝트들을 포괄하고 있다. 그의 상징적인 작품으로는 다음과 같은 것들이 있다.

아랍문화원(파리, 프랑스, 1987): 이 건물은 기하학적인 아랍 전통문양에서 모티브를 따온 것으로 혁신적인 파사드로 유명하며, 건물로 들어오는 햇빛의 양을 조리개 기술을 적용하여 자동으로 조절한다.

토레 아그바르(바르셀로나, 스페인, 2005): 이 독특한 고층건물은 총알 모양의 구조와 다채로운 발광 파사드로 알려져 있으며, 바르셀로나 스카이라인의 상징물이

장 누벨, 아랍문화원, 파리, 1987

아랍문화원 조리개 창

장 누벨,
루브르 아부다비,
아부다비,
2017

장 누벨,
토레 아그바르,
바르셀로나,
2005

332

되었다.

루브르 아부다비(아부다비, UAE, 2017): 이 박물관은 '빛의 비'를 만들어내는 거대한 돔 지붕으로 주목받으며, 지역성을 표현하기 위해 얽힌 야자 잎이 만드는 그늘을 모티브로 삼았다.

위의 작품들에서 장 누벨은 공간의 연속성과 유동성에 중점을 두어 내·외부 공간이 서로 소통하고 연결되는 건축을 지향한다. 그럼으로써 공간들 간의 경계를 모호하게 하여 건축물을 경험하는 사람들이 다양한 시각과 감각으로 공간을 인식하도록 한다. 이러한 접근 방식으로 루브르 아부다비의 거대한 돔 아래 펼쳐지는 다채로운 그림자와 빛의 연극을 통해 표현이 극대화되고 있는 것이다.

장 누벨의 건축은 이러한 특성을 통해 단순한 건축물을 넘어서 각 지역의 문화적, 사회적 맥락과 대화를 나누는 예술 작품으로서의 역할을 수행한다. 그의 혁신적인 접근 방식은 건축이 단지 공간을 창조하는 것 이상의 의미를 가질 수 있음을 보여준다.

국내에도 리움미술관, 청담동 D&G 플래그쉽 스토어가 장 누벨의 작품인데, 장소와 목적에 맞는 그의 다양한 건축적 표현 방식을 직접 감상하고 체험할 수 있다.

램 쿨하스 편에서도 소개했던 한남동 남산 자락에 자리 잡은 3인의 거장이 콜라보한 리움미술관의 현대미술관 M2를 장 누벨이 설계했다. 세 동의 미술관 중 가장 어두운 분위기를 자아낸다. 그도 그럴 것이 가까이 가보면 그을린 것 같은 검은 철판으로 외피가 마감되어 있기 때문이다. 일부는 녹까지 슬었다. 이 질감을 구현하기 위해 스테인리스를 산화시켜 코팅 처리한 부식 스테인리스 철판을 만들었다고 한다.

이 미술관은 철골조와 철근콘크리트, 부식 스테인리스 철판 마감재, 그리고

장 누벨, 리움미술관 M2, 2004

유리로 된 건축물이다.

장 누벨은 이런 말을 한 적이 있다.

"명멸하는 건축이란 임시 구조물이라는 뜻이 아니고 변하는 구조물, 빛에 의해서, 빛과 함께 변하는 구조물을 뜻한다."94)

이 말의 의미는 끊임없이 변화하는 자연의 속성을 따르는 건축을 표현한 것이라고 생각한다. 변하지 않고 그대로 멈춰 있는 것은 영원한 것이라기보다는 죽은 것이라는 생각이다. 그런 면에서 변화는 살아있음과 역동성의 상징이라 할 수 있다. 그래서 역동적이고 다양한 실험과 표현을 시도하는 현대미술의 특징과도 잘 부합될 수 있는 개념이다.

외관상 더 독특한 것은 여러 개의 박스들이 돌출되어 있는 형태다. 내부로

리움의 현대미술관

들어가면 이런 박스들은 아주 효과적인 전시공간이 된다. 장 누벨의 작품들을 열람해 보면 하나도 비슷한 종류가 없다. 공통점이 있다면 빛과 지역적 맥락들을 최대한 반영하려고 했다는 것뿐이다. 그래서 누벨은 건축에는 정확하고 유일한 답이 없다고도 했다. 그는 그만큼 특정 스타일을 고집하기보다는 매번 새로운 시도를 하는 건축가로도 유명하다.

리움의 현대미술관은 평지에 지어진 것이 아니라 흘러내리는 남산자락의 암반을 깎아내고 옹벽을 등지고 지어졌다. 그래서 지하 1층과 지상 1층은 후면이 그 옹벽과 마주하고 있다. 그런 구조이다 보니 내부가 굉장히 답답할 것 같은 분위기다.

중앙 로비 쪽에서 현대미술관인 M2 입구로 들어서면 거기부터가 장 누벨의 영역이다.

박스형 전시 공간

개비온 벽과 나무가 어우러진 공간 조경

　　전시실로 들어서면 밖에서 느꼈던 분위기에 반전이 일어난다. 우선 박스 사이사이로 난 유리창을 통해 들어오는 밖의 풍경과 빛이 생동감 있는 공간을 연출하고 있다. 특히 지하층에서 1층까지 마주하는 깎아낸 옹벽은 돌을 철망 프레임에 넣어 만든 개비온gabion으로 처리되어 자연적 질감을 더해준다. 여기에 쓰인 돌은 토착적 맥락을 살리기 위해 암반을 깎아낸 돌을 잘게 부수어 사용했다고 한다. 옹벽과 건물 사이의 공간은 일종의 성큰 가든처럼 조성되어 자작나무와 담쟁이넝쿨로 조경되어 있고, 빛도 충분히 유입시켜 고즈넉한 개방감과 운치 있는 풍경을 동시에 선사한다.

　　밖에서 보았던 튀어나온 박스로 처리된 전시공간들도 흰색으로 처리돼 실내의 개방감에 한몫 거들고 있다. 물론 전시 작품에 따라 공간의 분위기는 다르게 처리되지만 오히려 박스로 처리한 독립된 전시공간은 회화가 됐든 오브제가 됐든 전시 작품의 몰입도를 높이는 데 아주 적합해 보인다.

　　혹자는 장 누벨의 건축을 두고 형태는 지역적 맥락을 반영하고 있으나 내부는 전혀 그렇지 않다고 평했다. 그러나 장 누벨은 두 명의 다른 건축가와의 합동 기자회견에서 "건축에 있어서 콘텍스트라는 것은 장소적이라는 외부적 콘텍스트도 있지만 미술관의 경우 진열되는 미술품도 콘텍스트가 될 수 있다."라고 했다. 그는 또 "한국의 미술품을 보호하는 공간을 만든다는 생각으로 프로젝트를 진행했다." 고 한다.[95]

　　장 누벨에게 있어서 내부는 그런 고민 끝에 설계된 것이다. 그리고 일견 내부의 모던한 공간 구성만 보면 그렇게 이야기할 수 있으나 자세히 보면 또 다른 분위기도 느낄 수 있다. 특히 넓은 지붕에 의해 형성된 처마, 서까래 느낌이 나는 격자무늬 천장, 그리고 바닥에 맞닿아 있는 유리창을 통해 들어오는 차경은 마치 한옥 대청에 앉아 후원을 바라보고 있는 느낌이다. 건축가가 의도했든 의도하지 않았든 말이다.

　　장 누벨의 설계작을 볼 수 있는 또 한 곳이 청담동 돌체 & 가바나D&G 플래그쉽 스토어다. 큰 사이즈의 건물은 아니지만 장 누벨의 '그때그때 달라요' 건축 스타일을 볼 수 있는 건물이다. 대한민국 최첨단의 패션거리에서 소비자들에게 브랜드 정체성을 분명히 각인시켜야 하는 플래그쉽 스토어의 목적에 부합하는 건물을 지어야 했기 때문이다. 그것도 인근에 즐비하게 늘어서 있는 다른 브랜드 플래그쉽 스토어들과 비교당하면서 말이다. 크리스티앙 드 포잠박의 '하우스 오브 디올' 매장이나 프랭크 게리의 '루이비통' 매장, 그리고 피터 마리노의 '샤넬' 매장 같은 라이벌 브랜드들도 자태를 뽐내며 경쟁의 대열에 참여하고 있다.

　　이처럼 특수한 상업적 목적을 가진 건축들이라 건축가가 추구하는 보편적 목적의 정수를 보여주기에는 제약이 따를 수 있겠지만 그 과정에서도 건축가 특유의 기질이나 재기발랄함은 충분히 느낄 수 있다. D&G 매장 앞에 서면 검은 화강석 패널로 마감된 직육면체 박스 안에 투명유리로 된 원통이 들어가 있는 것처럼 보이게 파사드가 이루어져 있다. 유리창 틀까지 모두 검은색이라 전체적으로 주위 건물

장 누벨, 돌체 & 가바나(D&G) 플래그쉽 스토어, 강남구, 2021

장 누벨, 돌체 & 가바나(D&G) 플래그쉽 스토어,
강남구, 2021

나선형 램프를 따라 설치되어 있는 매장 진열대

사이에서 눈에 띌 수밖에 없다. 그러나 리움미술관에서 보았던 거칠게 어두운 질감
보다는 훨씬 깔끔한 분위기를 자아낸다.

　　건물 측면도 똑같은 디자인이다. 특이한 것은 건물 옥상 쪽에 반원형 파고
라*가 원통 지름과 같은 비율로 지붕을 이루는 것처럼 설치되어 있는 점이다. 정면
출입구 쪽에서 보면 파고라가 반쪽밖에 보이지 않아 건물 전체의 통일성을 깨며 굉
장히 언밸런스하게 보인다. 균형에 익숙한 입장에서는 좀 불편해 보인다. 기능상 그
런 건지 아니면 의도된 디자인의 문제인지는 모르겠다.

　　건물 내부에 들어서면 내부 역시 검은색 인테리어로 모두 통일되어 있다. 그
리고 1층부터 모든 층은 나선형 램프로 연결되어 있다. 그 나선형 램프에 진열대가
설치되어 상품이 진열되고 있었다. 어디서 많이 본 장면이다. 프랭크 로이드가 설계

한 뉴욕의 구겐하임 미술관, 노먼 포스터의 런던 시청이나 독일 의사당 유리 돔에 설치돼 있는 램프와 같다. 또 UN 스튜디오의 벤 판베르컬Ben Van Berkel이 설계한 독일 슈투트가르트 소재 벤츠 박물관에서도 본 것이다. 프랭크 로이드의 구겐하임 미술관 이래 램프 방식의 동선이나 전시가 상당히 폭넓게 적용되고 있음을 볼 수 있다.

　　원통형 유리창을 통해 외부 빛이 충분히 들어오고, 내부 진열대 조명이 어우러져 검은색 톤임에도 실내는 어둡지 않았고 무거워 보이지 않았다. 오히려 진열된 상품들에 대해 집중도를 높여주고 차분함과 고급스러운 이미지를 더해주는 듯했다. 램프 중앙 선상에 앞뒤가 트인 책장 같은 진열대를 설치해 올라가고 내려올 때마다 진열된 상품을 볼 수 있게 만들어 놓은 구조는 매우 합리적이라고 생각된다. 경사도가 완만하여 이동하는 데 전혀 부담이 없는 점도 그렇다.

　　그런데, 낮에는 이렇게 외부 자연광이 충분하여 제법 밝은 분위기를 유지할 수 있는데 해가 진 저녁이나 밤에는 어떤지 모르겠다. 밖의 어두움이 창을 통해 내부로 투영되면 조명이 있다 해도 내부의 검정색 톤의 인테리어와 맞물려 상당히 무거운 분위기가 날 수도 있겠다는 생각이다. 하지만 빛의 거장인데 그런 정도는 다 계산에 넣지 않았겠나 싶기도 하다. 이 플래그쉽 스토어를 통해 장 누벨은 또 한 번 장소와 목적에 따른 카멜레온 같은 스타일을 선보이고 있다.

제주볼 & 오디움

요즘 일본에서 쿠마 겐고처럼 핫한 건축가가 있을까? 아마도 가장 분주한 건축가일 것이다. 그만큼 일본 건축계에는 쿠마 겐고 열풍이 불고 있다. 단순히 프로젝트 숫자로만 보아도 그렇다. 2020 도쿄 올림픽을 위한 국립경기장 재건축 공모에서 자하 하디드의 설계안이 채택됐다가 비싼 건축 예산과 공사 기간 때문에 백지화되고 쿠마 겐고의 설계로 변경돼 완공되고 난 후 일본은 쿠마 겐고 건축에 열광하고 있다. 그 올림픽 경기장 내·외부는 온통 목재다. 바로 쿠마 겐고가 추구하는 자연 재료의 가장 강력한 무기, 목재 건축의 파격을 보여준 것이다.

1954년 일본 요코하마에서 태어난 쿠마 겐고Kuma Kengo(1954~)는 도쿄대학에서 건축을 공부하고 게이오대학에서 박사학위를 받았다. 그는 건축가 초기 시절 도시가 아닌 지방의 건설현장에서 경험을 쌓았다. 지방 현장에서 건축을 하며 철근, 콘크리트, 커튼월 유리로 구성되는 세련된 도시 건축이 아닌 목재와 돌 등 전통적이고 지역적인 건축 재료가 갖고 있는 의미에 눈을 떴다. 이런 건축적 정체성을 찾기 전에 그에게도 한 장면의 건축 흑역사가 있는데, 과도한 포스트모더니즘의 상징과도 같은 도쿄 세타가야에 있는 M2 빌딩이 그것이다.

일본 건축계는 버블경제가 붕괴되고 1990년대에 위기를 맞았다. 많은 건축

쿠마 겐고, 도쿄 국립경기장, 2019

가들은 그 시절 대형 건축
이 아닌 주택을 비롯한 다양
한 소형 건축프로젝트를 통
해 활로를 모색했다. 쿠마 겐
고 역시 도시가 아닌 지역 건
축 현장에서 새로운 건축에
대한 모색을 해야 했다.

도쿄 국립경기장 지붕

　　　요즘 가장 뜨거운 지
구촌의 주제가 지속가능성
의 문제다. 90년대는 환경문제를 중심에 둔 지속가능성의 문제에 국제적 대응이 본
격화되던 시기다. 쿠마 겐고가 자연과 지역성에 천착하게 된 것도 이런 문제의식에
서 나온 것이다. 환원 가능한 자연적인 재료, 장거리 운반으로 인한 탄소발자국을
남기지 않는 지역적인 재료는 형태나 감성적인 측면에서도 좋은 재료이지만 지속가

쿠마 겐고, 유스하라 종합청사,
일본, 2006

능성의 측면에도 부합하는
건축 재료들이다. 그가 표
현한 '약한 건축'의 의미가
바로 그런 것이다.

　그는 한국의 한 초
청 토론회에서 한국에서
약한 건축으로 번역된 용
어의 실제 의미는 (희미하게
사라져 간다는 뜻의) '지는 건

쿠마 겐고, 그레이트 뱀부 월, 중국, 2002

축'이라 말했다.[96] 바로 구조적인 약함이 아닌 자연으로 환원되는 건축을 의미하는
것이다. 이런 철학을 바탕으로 그는 고치현의 유스하라정 공공건물 프로젝트를 기
점으로 도쿄 올림픽 주경기장 프로젝트까지 목조 재료를 이용함으로써 그만의 건
축적 정체성을 확고히 다졌다.

그 외에도 나카가와정 미술관에서 도쿄의 수많은 빌딩건축에 이르기까지 목조를 활용하며 명실공히 목조건축의 아이콘으로 자리매김하게 됐다. 그는 건축이론에 관한 여러 권의 책을 내고 지금은 도쿄대학에서 교수직을 맡으며 건축 이론가로서도 탄탄한 입지를 구축하고 있다.

일본에서는 다작인 그이지만 한국에는 그의 설계작이 많지 않다. 제주 롯데 리조트 아트빌라스에 지어진 독채 객실들인 'Jeju Ball'과 최근인 2024년 5월에 숲과 계곡을 형상화해 개관한 청계산 자락의 오디오 뮤지엄인 '오디움'이 있다. 둘 다 그의 자연주의적 건축관이 분명히 각인되어 있는 작품이다.

특히 제주볼은 자연, 지역성, 그리고 장소성을 적극 반영하는, 그의 건축적 특징이 잘 나타나 있는 작품이다. 같은 제주에 있으면서 같은 듯 다른 방식으로 제주를 담아내고 있는 이타미 준의 포도호텔과 비교해 보는 재미도 크다. 서귀포 중문단지에서 그리 멀지 않은 위쪽 산등성에 둥근 지붕을 한 집들이 옹기종기 모여 있는 제주의 전통 마을처럼 보이는 동네가 보인다. 둥근 지붕의 형상은 제주의 오름과도 오버랩된다.

앞 장에서 소개했던 이타미 준의 포도호텔도 모티브가 오름과 둥근 초가지붕이었다. 이타미 준은 호텔이라는 한 동의 건물에 구현했고, 쿠마 겐고는 독립적인 가옥 형식으로 구현했다. 특이한 것은 지붕에 제주의 현무암을 작은 조각으로 부숴 얹었다는 것이다. 게다가 각각의 집들은 모두 돌담이 둘러져 있고, 그 돌담은 자연스럽게 마을의 골목길을 형성하고 있다. 제주의 전통 마을의 모습을 쿠마 겐고가 보다 직접적으로 표현했다면 이타미 준은 건물 내의 공간 프로그램을 통해 은유적으로 표현했다는 생각이 드는 장면이다. 호텔과 독립 빌라형식의 리조트 프로젝트라는 각각의 건축적 조건에 알맞게 표현된 것이라 본다.

초가지붕의 형태와 검은 현무암의 질감만으로도 이미 제주가 온몸으로 느껴진다. 초가 대신 현무암으로 올린 지붕이 원래 그랬던 것처럼 아주 자연스럽게 느

쿠마 겐고, 제주 롯데리조트 아트빌라스 제주볼, 2012

껴지는 것도 신기한 경험이다. 둥근 지붕과 현무암이라는 형태적, 시각적 특성이 인지적으로 착시현상을 일으키고 있었다.

안마당은 리조트의 특성에 맞게 조경이 잘 된 정원으로 꾸며져 있었다. 제주볼은 철근콘크리트 구조를 기본 틀로 해 화산석 지붕과 유리창으로 전면이 마감돼 있다. 내부로 들어가면 바닥과 벽면과 천장 부분이 돌과 목재로 마감되어 있다. 화산석 패널과 제주산 갈참나무가 재료로 쓰였다.

내부 마감에서도 쿠마 겐고 특유의 재료의 지역성이 반영되고 있다. 특히 내

제주볼

제주 볼 화산석 지붕

제주볼 실내

부로 들어가기 전의 처마는 인상적이다. 내부 천장으로부터 이어지는 마름모꼴 격자 모양의 목조 구조가 처마까지 연장되어 둥근 모양으로 길게 나와 있다. 처마 위로는 현무암들 사이로 자연의 빛이 별처럼 들어온다. 처마의 그런 연출을 위하여 건축가는 일부러 그 부분에 콘크리트 대신 격자무늬 목재와 철골로 이루어지는 구조 위에 유리를 얹고 현무암으로 마감한 것이다.

건축가는 "검은 다공성 화산석의 질감이 제주도의 경관을 결정하며 그 질감을 그대로 건축 디자인으로 승화시켰다."[97]고 밝힌 바 있다. 그가 이 처마를 통해 구멍이 숭숭 난 제주 현무함의 물성을 시각적으로 표현하기 위해 얼마나 신경을 썼는지 알 수 있는 대목이다.

쿠마 겐고의 건축을 보면 특히 재료를 사용하는 데 있어 작게 분할된 유닛 형태를 많이 사용하고 있음을 알 수 있다. 그에게 있어서 작은 단위의 유닛은 조립, 해체를 포함해 굉장히 유연하게 활용될 수 있는 가능성 많은 재료구성 개념이다. 약한 건축, 지속가능한 건축의 주요 요소 중 하나라고 할 수 있다.

현대적이기는 하지만 내부에서 보는 외부 경치도 그렇고 내부의 공간 배치나 분위기도 아주 편안하고 굉장히 익숙한 느낌이다. 또한 숙소 내부는 창을 통해 사방으로 외부경관을 끌어들이며 사용자의 편의성과 감성을 만족시키고 있다. 더불어 한옥의 공간 구조적 느낌도 은연중 느낄 수 있다.

제주볼은 일본인 건축가 쿠마 겐고가 형태와 재료적 측면에서 제주를 해석하고 표현한 건축이다. 건축에서 건축가의 표현을 어느 정도까지 할 것이냐는 건축가의 몫이기도 하지만 건축주의 생각도 큰 비중을 차지한다. 건축가는 그 건축물이 제공해야 하는 여러 목적을 제한된 조건 속에서 달성해야 한다. 그런 의미에서 제주볼은 지역의 문화와 정서가 체화되지 않은 외국 건축가임에도 현대적 편의시설의 고급 리조트라는 목적과 향토적 분위기를 체험시키고자 하는 두 가지 목적을 조화롭게 반영하는 데 성공했다는 느낌을 받았다.

쿠마 겐고, 오디움, 서울시 서초구, 2024

오디움 입구   입구로 내려오는 측면 계단길, 계곡을 표현함

    또 하나의 쿠마 겐고 작품을 소개하자면 최근에 완공돼 개관한 청계산 자락의 오디오 박물관 '오디움'이다. 그는 미술관이나 박물관을 여러 개 설계했지만 소리 관련 박물관은 처음이라고 한다.

    일단 박물관 매스의 비주얼을 마주하면 신비롭다는 생각이 먼저 든다. 멀리서 보면 데이비드 치퍼필드의 흰색 알루미늄 루버로 외관 처리가 된 아모레 퍼시픽 본사 건물의 실루엣과 비슷해 보이지만 건물 가까이 가보면 반전이 일어난다.

    크고 작은 알루미늄 파이프 2만 개를 늘어트려서 건물 전체의 외관을 덮어놓았다. 그 두께도 만만치 않다. 마치 'Great Bamboo Wall'에서 표현했던 대나무 숲과 같은 느낌이 난다. 그는 이렇게 밝혔다.

    "수직 방향으로 겹쳐진 알루미늄 루버를 사용하여 그림자의 변화를 만들어

오디움 현관   오디움 전시장

내고, 루버 사이에서 빛과 그림자가 만나 숲속의 태양과 같은 아름다운 효과를 연출했다. 알루미늄 파이프를 사용하여 자연광의 변화를 모방하고, 알루미늄 파이프를 무작위로 배치하여 자연의 무질서함과 질서를 조화시켜 날씨, 시간, 계절에 따라 변하는 빛의 아름다움을 강조했다."98)

     그리고 뮤지엄의 입구는 도로에 바로 인접해 있지 않고 돌아서 들어가게 되어 있다. 건물 측면으로 돌아가면 지면에서 아래로 내려가는 계단이 있고 옆으로는 돌담을 쌓았다. 돌담 밖으로는 나무를 심어 조경을 했다. 돌담의 돌 표면은 매끄럽지 않고 울퉁불퉁하게 처리되었다. 계단을 따라 입구로 들어가는 길은 숲속에서 바위 절벽을 보며 들어가는 듯한 연출이다. 박물관 입구를 길옆에 바로 내지 않고 입구까지 이런 시퀀스를 마련한 것은 숲의 체험을 유도하기 위함이다.

입구로 들어가면 부드럽고 따뜻한 질감의 편백나무로 마감된 벽과 거기서 나오는 은은한 향이 우리를 맞이한다. 마치 편백나무 숲속에라도 들어온 느낌이다. 단단한 강도의 알루미늄 외관에서 부드러운 소재의 '우드 드레이프'로 처리된 내부로 이동하며 관람객의 감각은 자연의 시각적 체험과 더불어 후각적 체험으로 확대된다.

실내 내부의 벽은 모두 나무로 처리되어 오디오 음이 제대로 청취될 수 있는 흡음재 역할을 하고 있다. 목재는 여기서 박물관 내부의 기능재이자 자연주의 건축재 역할을 하며 우리의 오감을 만족시킨다.

지하 2층에서는 아주 환상적인 공간을 만나게 된다. 웨스턴 일렉트릭사의 대표적 오디오 미러포닉을 전시해 놓고 공간 전체를 섬유 재질의 환상적인 꽃 모양으로 장식해 놓았다. 순백의 숲 같기도 하고 커다란 꽃이 핀 것 같기도 해 은은한 조명과 어우러져 환상적인 공간감을 극대화하고 있다.

소리는 섬유에 닿아 부드럽게 공간을 유영한다. 건축가는 섬유 장식의 이런 모양을 의도하지는 않았다고 한다. 가능한 섬세하게 섬유 형태를 구성해 나가다 보니 이런 모양이 나왔다고 한다.

이렇게 박물관은 쿠마 겐고의 숲이라는 자연의 테마 안에서 빛, 바람, 향기, 소리 등으로 채워지며 오감을 채우고 있었다. 그는 이 '오디움' 프로젝트를 통해 그의 자연주의적 건축 철학을 수려한 디자인과 치밀한 프로그램으로 녹여냈다.

에필로그

책을 기획하고 쓰기 시작한 지 벌써 1년이 지났다. 넉넉잡고 6개월이면 끝낼 수 있을 것이라 생각했는데, 이런저런 이유로 많이 지체됐다. 게으름도 있었지만, 가볍게 읽는 책일지라도 좀 더 충실하게 채워야겠다는 책임감이 컸던 이유도 있다.

어느 분야든 마찬가지겠지만 책을 쓴다는 것은 일방적인 공부를 하거나 답사를 할 때와는 달리 공부에 대한 보다 깊은 밀도를 갖게 된다는 것을 크게 깨달은 시간이었다. 한마디로 세계적인 거장들의 건축을 보다 적극적으로 공부하고 이해하는 과정 그 자체였다고 할 수 있다. 아울러 건축 자체에 대해서도 좀 더 깊이 공부하고 생각할 수 있는 소중한 시간이었다.

건축 감상 공부 초기 때 미국 현대건축의 거장 프랭크 로이드 라이트의 낙수장 사진을 보고, 오래전 들렀던 전라남도 담양의 계곡에 지어진 한국 전통건축의 백미 소쇄원이 오버랩되며 느꼈던 전율을 잊을 수가 없다. 건축에 대한 인간의 보편적 태도나 정서는 시대와 장소를 초월해 본질적으로 유사하다는 것을 느꼈기 때문이다. 그러나 그런 보편적 태도나 정서가 구현되는 형태와 양식이 시대와 지역에 따라 다를 수 있음이 더 매력적으로 다가왔었다. 우리가 문화적 다양성과 상대성을 존중하는 이유다.

프랭크 로이드 라이트, 낙수장(카우프만 하우스), 펜실베이니아 스프링필드, 1939

    모든 인류 문명이 그렇듯이 건축 역시 시대의 산물이자 사회적 산물이다. 문화 기행을 하다 보면 그런 시대적, 사회적, 문화적 상대성 속에 인간이 추구하는 보편적 가치들이 공통으로 스며들어 있음을 발견할 수 있다. 교통과 통신이 첨단화되어 지구촌 시대를 살아가고 있는 현대는 바야흐로 나라와 장소를 구분하지 않고 문화적 다양성의 간극이 점점 좁혀지고 있다. 대중문화는 물론 순수예술 분야도 그렇다. 모든 문화에서 세계적 대중화의 시대가 된 것 같다. 그래서 몇몇 스타 예술가들이 문화를 주도하고 대중은 그런 스타들이 주도하는 문화를 일방적으로 소비하는 시대가 되었다.

    건축 분야도 예외가 아닌 듯하다. 우리는 이미 한 번 모더니즘의 국제주의 양식이 가져온 다양성 실종의 시대에 대한 경험을 갖고 있다. 사실 옛날에도 한 지

담양 소쇄원

역 내에서의 특정 건축양식의 유행은 피할 수 없었다. 그럼에도 지역 간, 국가 간의 특징과 다양성은 유지되었다. 지금 우리는 편리한 교통 덕에 여행을 통해 많은 지역을 쉽게 이동하며 지역마다 남아 있는 다양한 형태의 문화와 건축 양식들을 체험하며 즐기고 있다.

그러나 역사적 유산이 아닌 세계적으로 보편화된 현대건축에 있어서 우리는 그런 다양성을 아주 제한된 형태로만 체험할 수 있다. 각국마다 천편일률적인 현대건축으로 들어찬 도심을 보면 그런 것을 확연히 느낄 수 있다. 마치 아파트 단지들이 획일화된 모습으로 채워진 한국의 도시 풍경이 어디나 별반 다르지 않은 것처럼 말이다.

나는 세계의 도시들이 점점 문화적 개성이 없는 도심 풍경으로 변하지 않을까 하는 걱정이 있다. 이런 와중에 아마도 제한된 형태로나마 다양성을 만들어나가는 사람들이 건축가들이고, 그중에서도 선봉에 선 사람들이 우리가 말하는 세계적 거장들이 아닌가 싶다. 그들은 개체로서의 건축을 설계하기 이전에 도시설계에 관여하며, 도시 전체의 풍경을 비롯해 사람들이 활동하고 살아가는 데 필요한 유기적인 공간까지 그려나간다. 이들은 우리의 공간적 삶과 도심의 풍경을 지속가능한 형태로 혁신하기 위해 서로 치열하게 경쟁하며 끊임없이 도전하고 새로운 시도를 한다. 또 그 저변에서는 수많은 건축가들이 각기 다른 다양성을 만들어내고 있다. 그들의 그런 노력이 지구촌화된 세계 속에 다양성을 만들어내고 있는 것이다.

어느 전문가는 한국의 현대건축 문화의 빈약함을 토목 주도적 개발정책에서 비롯됐다고 지적한 바 있다. 그런 관성은 아직도 여전하다고 그는 평가하고 있다.[99]

나는 그의 이런 지적에 상당히 일리가 있다고 생각한다. 속도전으로 밀어붙이던 개발시대의 상황과 도시개발에 대한 경험 부족으로 불가피한 측면도 있었겠지만, 그로 인한 도시의 섬세한 공간 구획 측면이나 전통이 사라진 도심 풍경에 대한 아쉬움이 큰 것은 어쩔 수 없다.

지방자치가 실시되고 이제 우리나라의 각 자치단체들은 주민의 삶의 질을 높이고 자기 도시의 경쟁력을 높이기 위해 건축 정책, 더 나아가서 도시계획이 얼마나 중요한지에 대해 눈을 떠가고 있다. 건축 공간의 확장된 형태가 도시기 때문이다. 나는 지방자치 관련 연구소에서 적지 않은 세월 동안 일하며 자치단체의 질적 경쟁력에 지속적인 관심을 가지고 있었다. 당연히 광역 및 기초단체의 도시계획과 개발정책을 유심히 살펴보지 않을 수 없었다. 그래서 무엇보다 비전을 세우고 실행해야 하는 자치단체장들의 건축과 도시를 바라보는 관점이 얼마나 중요한지도 알게 되었다. 때문에 도시경관이나 맥락을 무시한 개발 인허가를 보면 화가 날 때도 많았다. 그간 변화는 있지만 여전히 건축과 도시에 대한 마인드가 기대에 못 미치는 게 현실이다.

한국을 방문한 거장들은 아름다운 한강을 따라 획일적인 모습으로 거대한 장벽처럼 늘어선 아파트를 보고 아쉬움을 토로한다. 한국의 제1세대 도시계획가이자 건축가인 김석철도 그의 회고록에서 여의도 개발계획을 맡았을 때 한강변에 대한 그랜드 디자인까지도 고민했었는데 지금의 장면에 가장 아쉬움을 표했다. 어쨌든 설계도 한 장 가지고 장소를 가리지 않고 비슷하게 무한 복제해 나가며 쓰는 건축 환경을 근본적으로 고민하지 않는 한 우리는 절대 우리가 사는 공간과 도시의 질을 높일 수 없다. 그렇다고 아파트 자체를 반대하는 것은 아니다. 오히려 미래 도시는 자연환경 파괴를 최소화하고 지속가능한 개발을 위해 밀도 높은 건축을 추구해야 한다는 주장도 많다. 그렇지만 도시 전체의 공간 구획 속에서 그런 고밀도 건축과 저밀도 건축들을 어떤 형태와 시스템으로 구현하고 구획해 나갈 것인가에 대한 고민이 깊어야 할 것이다.

내 경우에도 1,700세대로 구성된 우리 아파트 단지의 꽤 넓은 공간이 아파트 벽으로 꽉 들어찬 모습을 볼 때마다 숨이 막힌다. 그렇다고 그 많은 사람들이 다 전원으로 나가 단독이나 밀도 낮은 집합주택을 짓고 살 수는 없지 않은가? 그럴 때마다 '이 단지의 좀 더 많은 면적을 녹지 공원으로 만들 수 있다면 얼마나 좋을까'라는 상상을 하곤 한다. 끊임없이 펼쳐진 옆 단지들까지 연계한다면 도시의 많은 부분이 녹지 공원화될 수 있겠다는 생각도 한다. 그래서 상상한 것이 지하주차장 위의 아파트들을 모두 나무 높이 이상인 6~7층 이상의 필로티 구조 위에 올려 놓는 꿈을 꾼다. 필로티 구조를 다양한 높이와 방식으로 적극 활용해 단지의 녹지 공간 창출과 개방감을 확보하고 싶은 생각에서다. 기술의 발달, 건축비에 대한 고려가 당연히 있어야 하겠지만 현대 첨단 구조공학 기술이면 못할 것도 없겠다 싶다. 엉뚱한 상상일 수 있다. 그러나 오죽 답답하면 이런 상상을 하겠는가? 다음 이미지는 개략적인 예시 콘셉트 정도를 보여주기 위해 간단하게 이미지 생성형 AI Dall-E를 이용해 만든 내 상상 속의 아파트단지 모습이다.

나는 많은 건축가들이 좀 더 풍부한 건축적 상상의 나래를 펴서 나처럼 답답해하는 도시 거주자들에게 다양하고 풍성한 도시경관과 자연 친화적 공간을 만

이미지 생성형 AI Dall-E를 이용한 이미지

들어 주길 바란다. 그러려면 그들이 우리의 건축문화를 혁신할 수 있도록 제도와 환경이 바뀌어야 하고, 거기에 도시 건축 정책담당자들과 대중들의 건축에 대한 수준 높은 관심이 병행돼야 할 것이다.

　　그에 더해 지금은 디지털 대전환시대를 맞이하여 사람들이 공간을 이해하는 방식이나 받아들이는 개념도 빠른 속도로 변하고 있다. 건축가들에겐 지속가능한 디지털 전환시대를 위해 풀어나가야 할 도전적 환경이 도래한 것이다. 일본 현대건축의 대부인 단게 겐조*의 대표적 후계 건축가 이소자키 아라타*는 이미 1960년대에 정보화 시대가 가져올 현대 도시의 공간에 대해 "고정된 물리적 실체가 아니라 빛, 색, 소리, 신호, 정보의 흐름 등 비물질적 요소에 의해 지배되는 끊임없이 변화하는 유동적 상태"100)라고 진단한 바 있다. 실제 1970년 오사카 박람회 축제광장

이미지 생성형 AI Dall-E를 이용한 필로티 구조의 아파트단지 이미지

의 설계를 통해 이런 개념에 대한 구현을 시도하기도 했었다.

현대건축가들에게는 이 모든 상황이 실제 현실로 코앞에 다가와 있는 것이다. MZ세대들은 이미 가상공간인 메타버스의 환경에 익숙하다고 한다. 물리적 공간이 아닌 사이버 공간이 우리의 오감과 상호 교감하는 시대가 도래한 것이다. 이에 발맞춰 미래의 건축이 어떤 모습으로 변화하고 진화해나갈지, 건축가들의 역할은 어떻게 변화해 갈지가 자못 궁금하다. 이에 대응해 나가는 건축가들의 창의적 열정이 그래서 더 기대된다.

끝으로 비전공자로서 책을 쓰는 것이 부담되어 책의 콘셉트만 이야기하고 머뭇거릴 때 이 책을 쓸 수 있도록 주위의 많은 지인들이 용기를 주셨다. 그분들의 격려를 핑계 삼아 부족함에도 쓰고 싶었던 책을 쓸 수 있어서 감사한 마음이다. 무엇보다 조용히 응원해준 아내와 아들에게 고맙다. 또 이 책의 부족한 자료들을 채울 수 있도록 적극 협조해 준 네덜란드 OMA 건축사무소, 영국 Zaha Hadid Architects, 일본 야마모토 리켄 건축사무소, 미국 Studio Libeskind, 일본 Kenko Kuma & Associates, 네덜란드 MVRDV, 네덜란드 UN Studio, 제주 포도호텔, 제주 롯데리조트 등에 감사드린다. 이 외에도 이메일을 통해 적극적인 가이드를 해준 다른 해외 건축사무소들과 관계자분들의 선의의 도움에도 고마움을 전한다. 마지막으로 책이 나올 수 있도록 많은 조언을 해주시고 용기를 주신 청우종합건축사무소 정철영 회장님께 감사드린다.

*표 주석

프롤로그

훈데르트 바서(Friedensreich Hundertwasser) : 프리덴스라이히 훈데르트바서는 그의 건물에 자연을 조화롭게 통합하고 유기적 형태와 색채의 활발한 사용으로 유명한 오스트리아의 환경운동가이며 화가이자 건축가였다. 1928년 12월 15일, 오스트리아 빈에서 프리드리히 스토바서로 태어난 그는 나중에 평화, 비, 어두운 색상, 백 번호를 사랑하는 것을 반영하여 프리덴스라이히 레겐타그 둔켈분트 훈데르트바서라는 이름을 채택했다. 훈데르트바서의 철학은 자연과의 조화로운 삶이며, 이런 철학은 그의 건축 및 예술 작품에 깊은 영향을 미쳤다. 그는 직선과 도시 계획의 '그리드' 시스템을 혐오하며 건축에서 개인의 창의력과 생태적 지속가능성을 적극 옹호했다. 지속가능건축, 환경건축의 1세대 주창자라 할 수 있다.

단청 : 주목적은 색을 칠하는 건물이 돋보이게 하기 위함이었다. 따라서 궁궐, 사찰, 서원 등 공적이고 권위를 살려야 하는 건축에 많이 사용되었다. 실용적인 측면에선 나무에 벌레가 먹지 않게 하고 썩지 않게 하기 위한 것이고, 한국에서 건축재로 흔히 쓰이는 소나무의 균열을 감추고 건축의 결함을 가리기 위해 대체적으로 30~40년마다 다시 그렸다. 오행설에 근거하여 오방색인 청색, 적색, 황색, 백색, 흑색을 기본으로 일정한 규칙에 따라 문양을 그려 넣는다. 보통 사찰에는 금단청, 궁궐에는 모로단청, 서원에는 긋기단청을 사용하였다.

쿱 힘멜블라우(Coop Himmelblau) : 1968년 오스트리아 빈에서 볼프 D. 프릭스와 헬무트 스비친스키에 의해 설립된 쿱 힘멜블라우(독일어: Coop Himmelb(l)au)는 건축 합동회사라 할 수 있다. 독일어로 'coop'은 영어의

'co-op'과 비슷한 의미이고, 'Himmel'은 하늘을 의미하며, 'blau'는 파란색, 'bau'는 건축을 의미한다. 한국어로는 '파란 하늘 합동 회사' 또는 '하늘 건물 합동 회사' 정도로 직역된다. 볼프 D. 프릭스와 헬무트 스비친스키는 빈 공과대학에서 건축을 공부하며 만났다. 1960년대 후반의 정치, 문화적 격변기에 그들은 사회·정치적 메시지를 표현하는 수단으로서의 건축을 창조하겠다는 비전으로 쿱 힘멜블라우를 설립했다. '힘멜블라우'라는 이름은 건축의 가능성을 무한 확장하고자 하는 그들의 욕구를 반영하기도 한다. 이 회사는 전통적인 형태와 구조의 경계를 넘어서는 건축으로, 세계적인 해체주의 건축 거장 7인이 참여한 1988년 미국 뉴욕 현대 미술관(MOMA)에서 열린 '구성적 해체주의 건축전'에서 국제적 찬사를 받은 바 있다. 이 건축그룹이 국내에 설계한 부산 영화의 전당은 동대문 DDP와 함께 해체주의 건축의 진수를 감상할 수 있는 작품이다.

스티븐 홀(Steven Holl) : 1947년생 스티븐 홀은 시애틀 출신으로 워싱턴 대학교와 영국 런던 AA스쿨에서 건축을 공부하고 조금 늦은 나이에 프로젝트를 맡으면서 세계적인 건축가로 자리 잡았다. 미술 쪽에 상당한 재능을 보이고 있으며, '건축은 미술'이라고까지 말할 정도로 그의 건축 철학이나 작품에 미술에 대한 관심이 크게 반영되고 있음을 볼 수 있다. 현대건축의 아버지 르 코르뷔지에를 추앙하며 많은 영향을 받았다고 하지만, 그가 내세우는 것은 오히려 안티모더니즘으로 일정한 틀에 얽매이지 않고 상당히 자유로운 건축을 하는 스타일로 평가되고 있다. 미국 건축가협회(AIA)상 골드메달을 수상했으며, 서울 성북동 대양갤러리하우스가 그의 작품이다.

김중업(1922~1988) : 김중업은 김수근과 함께 한국 현대건축을 상징하는 대표적인 건축가다. 1922년 평양에서 태어나 고등학교까지 다녔다. 건축을 그림과 시의 예술을 통합해 낼 수 있는 수단으로 보고 건축을 공부하게 된다. 이후 일본 요코하마 고등공업학교(현 요코하마 국립대학) 건축과로 진학해 건축을 공부했다. 그의 은사는 프랑스 명문 예술학교 에콜 데 보자르에서 유학한 나카무라 준페이(中村順平, 1887~1977)이다. 일본 건축사무소에서 2년여 간의 실무를 마치고 귀국해 해방 후 잠시 서울대 건축학과 교수를 지내다 6.25 전쟁 동안 부산의 예술가 지인들의 추천과 후원으로 베니스 비엔날레 한국 대표로 참가했다. 거기서 그는 평소 동경했던 르 코르뷔지에를 만나 파리에 있는 그의 건축사무소에서 일하며 3년간의 건축 수련을 한다. 1956년 귀국해 김중업 건축연구소를 차리고 본격적인 건축 여정에 들어선다. 그의 초기 대표작이 주한 프랑스 대사관이다. 그는 르 코르뷔지에의 모더니즘을 기반으로 하는 한국적 모더니즘을 추구했다. 전형적인 모더니즘 요소인 필로티와 콘크리트 재료를 통한 한옥의 기둥과 우아한 지붕의 선을 현대적으로 구현한 프랑스 대사관은 한국 현대건축의 수작으로 평가받는다. 후에 이 작품으로 프랑스 국가공로 훈장인 슈발리에 칭호를 서훈받았다. 이 외에도 그는 건국대 도서관, 제주대 본관, 서강대, 부산대 본관, 동대문역사 근처 서병준 산부인과 등의 건축을 통해 르 코르뷔지에의 대표작에서 엿볼 수 있는 몇몇 특징들을 비롯해 유려한 곡선의 모더니즘 건축을 선보였다. 박정희 군사정권 시절 정부 건축정책과 도시계획을 강도 높게 비판하다 강제출국 당하기 전 한국의 첫 국제주의 양식인 삼일빌딩을 설계했다. 10년의 해외 망명생활 후 귀국해 활동하다 타계하기 전 올림픽 공원에 세계평화의문을 남겼다.

김수근(1931~1986) : 김중업과 더불어 한국 현대건축의 기초를 놓은 선구자로 평가받는다. 함경북도 청진에서 태어난 김수근은 경성으로 와서 초등학교를 다니고 해방 후 경성대 건축학과에 입학했다. 그때 당시 9살 연상인 김중업이 일본에서 공부를 마치고 건축과 교수로 있었다. 이후 일본 도쿄예술대학과 도쿄대학원에서 건축을 공부했다. 이때 도쿄 예술대학에서는 일본 현대건축의 거장 요시무라 준조에게서, 도쿄대학원에서는 지도교수는 다르지만 단게 겐죠의 영향을 받았다. 귀국해 1961년 김수근 건축사무소를 설립해 본격적인 건축가로서의 활동을 시작한다. 이 사무소는 후일 유명한 공간그룹이 되었고, 사무소 설립과 더불어 홍익대학교에서 강의를 시작했다. 초기인 1960년대 김수근의 건축은 르 코르뷔지에의 영향을 받아 주로 노출콘크리트 방식으로 지어진 모더니즘 건축을 보여주고 있다. 김수근은 개발시대에 많은 도시계획과 공공건축에 관여하는데 대표적인 것이 세운상가, 장충동의 현 자유총연맹 건물과 반얀트리 클럽(구 타워호텔)이다. 이후 김수근은 자신만의 건축을 위해 공간구성과 재료에 천착하며 전통건축 연구에 몰두한다. 그의 대표작인 원서동 공간 사옥과 장충동에 지어진 경동교회는 김수근만의 푸근한 공간구성 방식과 전통재료인 벽돌 사용의 진수를 보여주는 한국 현대건축의 기념비적인 작품으로 평가받는다. 이 외에도 전국에 많은 수작을 남겼다. 남영동 대공분실 건물의 설계로 민주화 이후 건축가의 책임윤리 논쟁이 촉발되기도 했다.

긴단한 시전 지식

필립 존슨 (philip johnson, 1906~2005) : 필립 존슨은 1906년 미국 오하이오주의 클리블랜드에서 태어났다. 하버드에서 철학을 공부하고 동 대학 디자인대학원에서 건축을 공부했다. 그는 역사주의와 모더니즘, 포스트모더니즘으로 이어지는 미국 현대건축의 흐름 형성에 큰 역할을 했다. 대표작으로 초기 포스트모더니즘의 상징인 뉴욕 맨해튼에 지어진 AT&T 빌딩이 있으며, 건축계에 기여한 공헌을 인정받아 1979년 프리츠커상 초대 수상자로 선정되었다.

인상주의(impressionism) : 전통적인 회화 기법을 거부하고 색채·색조·질감 자체에 관심을 두는 미술 사조이다. 인상주의라는 이름은 1874년 4월 25일 미술 비평가 르루아가 피사로, 모네, 시슬레, 드가, 세잔, 르누아르, 모리조, 기요맹 등의 화가 그룹이 개최한 파리의 전시회에서 비판적인 뜻으로 사용한 것에서 유래하며, 오늘날 서양 미술사에서 19세기 후반을 대표하는 사조로 쓰이고 있다. 특히 그룹의 회장인 모네의 인상, 해돋이 등의 작품으로부터 비롯된 인상을 알리는 일당이라는 야유성 발언으로부터 비롯되었다고 알려져 있다.

르 코르뷔지에(Le Corbusier, 1887~1965) : 스위스에서 출생해 프랑스에서 활동한 모더니즘 건축의 아버지라 불리는 인물로, 현대건축의 기초를 다졌다고 평가되며 미스 반 데어 로에, 프랭크 로이드 라이트 등과 함께

20세기 가장 영향력 있는 건축가 중 한 명으로 꼽힌다. 미술에 관심이 많아 화가를 꿈꾸기도 했었으며, 실제 오장팡의 권유를 받아 화가로 활동하기도 했었다. 철근 콘크리트의 선구자 오귀스트 페레, 페터 베렌스 등으로부터 기술과 경험을 쌓고, 그 시기 미스 반 데어 로에, 발터 그로피우스 등 초창기 현대건축의 거장들과도 교류를 했다. 20대에 돔 이노(Dom-Ino) 시스템을 고안하여 모더니즘 기본 원리를 제창했다. 30대에 확립한 '근대건축의 5원칙'은 모더니즘 건축의 조건으로 인식되기에 이르렀고, "주택은 살기 위한 기계다"라는 언명으로 저서 《건축을 향하여》와 함께 그의 이름을 전 세계에 각인시켰다. 근대건축 5원칙의 전형을 보여준 그의 대표작 빌라 사보아, 현대 집합주택의 원형격인 유니테 다비타시옹, 후기작 롱샹 성당, 도시설계의 일환인 인도 찬디가르의 공공건축 단지 등은 오늘날 현대 건축가들의 성지 역할을 하고 있다. 대부분의 현대 건축가들은 계승 여부를 떠나 그의 세례를 받았다고 해도 과언이 아니다. 한국 현대건축의 두 거장 중 김중업이 그의 파리 사무실에서 3년간 사사했으며, 김수근은 일본 유학을 통해 간접적으로 그의 세례를 받아 한국 현대건축의 기초를 다진 건축가라 할 수 있다.

입체파 : 큐비즘(Cubism)이라고도 한다. 20세기 초에 프랑스에서 일어난 서양미술 표현 양식의 하나를 일컫는다. 초기의 세잔을 비롯해 피카소, 브라크 등의 화가들로 대표된다. 대상에서 형태를 해방시켰으며, 그 자신의 어법을 발전시키는 과정에서 수많은 새로운 미술의 가능성을 열어보였다고 평가된다.

아메데 오장팡(Amedee Ozenfant, 1886~1966) : 프랑스 화가 겸 디자이너로 스페인에서 학교를 다녔고, 그 뒤 생캉탱 미술 학교에서 소묘를 공부했다. 초기 입체주의에 많은 관심을 가지고 있었지만 입체주의에 전적으로 발을 담그지는 않았다. 1915년 이후 입체주의가 장식적 추상으로 퇴락하고 있다고 생각하고 이런 견해를 1915~1917년 직접 편집하던 비평지 <엘란>(L'Elan)지에 발표했다. 오장팡은 자신이 창간한 <엘란>을 통해 종합적 입체주의의 장식적 경향에 대해 반대를 표명했으며, 뒤에 르 코르뷔지에와 함께 기계 미학을 표방한 퓨리즘Purism의 토대를 이루는 개념을 주창했다.

초현실주의(surrealism) : 쉬르레알리슴(프랑스어: surréalisme)은 1920년대 초 프랑스를 중심으로 전 세계에 퍼진 문예·예술사조의 하나이다. 제1차 세계 대전 후 비합리적인 잠재의식과 꿈의 세계를 탐구하여 표현의 혁신을 꾀한 예술 운동이다. 인간의 무의식을 표현하는 여러 작품들을 남겼다. 대표적인 화가로는 살바도르 달리, 르네 마그리트, 호안 미로 등이 있다.

순수주의 : 퓨리즘(Purism)으로 불리며 1918년 프랑스에서 오장팡과 르 코르뷔지에에 의해 큐비즘을 극복하고자 일어난 조형운동으로, 필요 없는 장식과 과장을 배격한 조형미를 주장하고 기능성을 최대한 살리는 것이다. 큐비즘이 해체한 대상의 조형적 요소를 엄밀한 과학적 질서와 규범에 따라 재조직하여 회화에 더욱 건축적인 구성미를 부여하려 했다. 그러나 회화 그 자체에 대해서는 본질적인 영향이 적었고 오히려 건축 분야에서 르 코르뷔지에에 의해 모더니즘 건축 구현에 많은 영향을 미쳤다.

미스 반 데어 로에 (Ludwig Mies van der Rohe, 1886~1969) : 독일 건축가인 미스 반 데어 로에는 발터 그로피우스, 르 코르뷔지에와 함께 근대건축의 개척자로 꼽힌다. 발터 그로피우스의 뒤를 이어 독일 바우하우스 교장을 역임했으며, 미국으로 이주해 시카고 일리노이 공대의 교수로서 후학들을 길러내며 교육자와 건축가로서 미국 현대건축에 큰 영향을 미쳤다. 강철과 유리라는 주재료로 단순성과 명료함을 추구했으며, 철골 위에 유리로 마감하는 유리 커튼월 공법으로 마천루 건축의 새 장을 열었다고 평가받는다. 그의 건물은 '피부와 뼈'(skin and bones) 건축으로 불렸으며, 모더니즘 건축을 상징하는 격언인 'less is more'(적을수록 아름답다)는 아직도 널리 회자된다. 대표작으로 바르셀로나 파빌리온, 판스워스 하우스, 맨해튼 씨그램 빌딩 등이 있다.

루이스 설리번(Louis H. Sullivan, 1856~1924) : 미국의 보스턴에서 태어났다. 매사추세츠 공과대학에서 건축을 공부하고 시카고로 이주해 활동했다. 철골 라멘구조를 처음 도입한 것으로 유명한 윌리엄 제니의 사무소에서 철골 고층건물을 경험했으며, 1871년 시카고 대화재 이후 고층 건물들을 다수 설계하며 큰 성공을 거두었고, 시카고 건축학파의 대표적인 인물로 기능주의 건축의 뼈대를 세웠다고 평가받는다. 그러나 설리번은 기능주의에만 매몰되지 않고 자연과 건축의 유기적 융합을 추구했으며, 이는 제자 프랭크 로이드 라이트에게 계승 발전되었다. 그의 '형태는 기능에 따른다'(Form follows function)라는 기능주의적 건축 격언은 모더니즘 건축의 경전과도 같이 인용되고 있다. 대표작으로 시카고의 오디토리엄 빌딩, 세인트루이스의 웨인라이트 빌딩, 파리 스콧 백화점 등이 있다.

루이스 칸(Louis Isadore Kahn, 1901~1974) : 에스토니아 출신으로 펜실베이니아 대학에서 건축을 공부하고 필라델피아를 중심으로 활동한 세계적인 건축가이자 미국의 대표적 건축가이다. 예일대와 펜실베이니아 대학의 건축 교수로서 교육현장에서도 활동했다. 그는 늦은 나이에 두각을 나타냈지만 20세기 최후의 거장으로 평가받는다. 리처드 의학 연구소와 소크 생물학 연구소에서 명확한 공간 구성과 기둥 없는 비렌딜 구조로 명성을 얻었다. 그는 빛을 다루는 솜씨도 일품이었으며 대표작으로 방글라데시아 국회의사당, 텍사스의 캠벨 미술관 등 다수가 있다.

현대건축 5원칙 : 르 코르뷔지에가 돔 이노(Dom-Ino) 시스템을 바탕으로 제시한 것으로, 건물을 기둥으로 들어 올리는 필로티, 필로티로 인해 해방된 벽체의 자유로운 입면 구사, 기둥 골조로 인한 자유로운 평면 구성, 해방된 벽으로 인한 수평창, 그리고 슬라브 위의 옥상정원이 그것이다.

국제주의 양식 : 모더니즘 건축과 궤를 같이하고 있으며, 1920~1930년대 유럽과 미국에서 발전한 건축양식으로 1970년대까지 서양건축의 주를 이루었다. 1937년 필립 존슨이 국제모던건축전시회를 통해 확립한 용어로 철, 강철, 콘크리트, 유리 등의 재료를 사용하여 일체의 장식이나 맥락을 배제하고 기능성과 합리성을 추구하며 획일적으로 규격화되고 모듈화된 건축양식이다. 그래서 세계 어디서나 같은 스타일로 통일되

어 있어 국제주의 양식이라 불리게 되었다. 전후 복구와 개발시대 공공건축과 대형 상업건축을 통해 오랫동안 주류적 건축양식으로 자리 잡았다. 이런 획일성은 후에 포스트모더니즘이 태동하는 단초가 된다.

프랭크 로이드 라이트(Frank Lloyd Wright, 1867~1959) : 르 코르뷔지에, 미스 반 데어 로에와 함께 20세기 세계 3대 거장으로도 꼽히는 건축가다. 미국 위스콘신주 리치랜드센터에서 태어난 라이트는 위스콘신 대학교 매디슨을 중퇴하고 시카고에서 1888년부터 1894년까지 루이스 설리번 사무소에서 근무했다. 그는 스승 설리번으로부터 유기적 건축의 영향을 받았으며, 평생 자연과 융화되는 유기적 건축 기조를 유지했다. 그의 건축이 너무 장식적이라는 비판도 받은 적이 있었으나 60년 넘게 설계를 하는 동안 마지막까지 진화를 하며 그런 비판들을 불식시켜 나갔다. 그는 말년까지 수많은 작품을 남겼으며, 뉴욕 구겐하임 미술관, 낙수장 등은 아직도 건축가들은 물론 대중들에게도 사랑받는 작품으로 남아 있다.

알바 알토(Alvar Aalto, 1898~1976) : 핀란드에서 태어나 헬싱키 공대를 졸업한 핀란드의 세계적인 건축가다. 그를 혹자는 20세기 세계 4대 건축가로 평가하기도 한다. 핀란드 지폐에 그의 얼굴과 작품이 실릴 정도의 존재감을 갖고 있다. 그는 북유럽 근대건축의 기수로 핀란드의 자연재료인 나무와 벽돌을 사용한 모더니즘적 건축을 구현했으며, 콘크리트가 아닌 이런 재료들을 통해서도 근대건축이 가능하다는 새로운 전형을 보여주려 노력했다. 그는 의자 등과 같은 가구 디자인에도 뛰어난 능력을 보여주었다.

형이상학(形而上學, metaphysics) : 간단히 정리하기에는 철학적으로 너무 복잡한 개념의 단어이지만 아리스토텔레스는 자연과학과 달리 근원적인 것을 추구하는 제1철학이라는 뜻으로 썼다. 즉 현실의 물체를 다룬 물리학의 다음, 혹은 물리학을 넘어 존재하는 근원적인 것들을 추구하는 학문의 의미로 사용했다. 통상적으로 신, 정신, 자유 등과 같은 비물리적 존재에 대한 물음이나 탐구로 볼 수 있다.

마르쿠스 가브리엘(Markus Gabriel, 1980~) : 독일 철학자 마르쿠스 가브리엘은 28세라는 젊은 나이에 최연소 정교수직에 오른 철학계의 신성이다. 《왜 세계는 존재하지 않는가》(2013, 한국어번역본은 2017년 출간)가 세계적인 베스트셀러가 되면서 일약 스타덤에 올랐다. 그는 인간의 마음이나 정신을 물리적인 메커니즘으로 환원하려는 자연주의적 태도를 비판한다. 즉 뇌과학이나 신경과학을 파고 들면 결국 마음은 낱낱이 해명될 수 있다는 입장에 반론을 제기하며, 자연과학적인 태도로 해명될 수 없고 생물학적 알고리즘으로 대체될 수 없는 인간 고유의 정신영역을 강력하게 옹호한다.

유발 하라리(Yuval Noah Harari, 1976~) : 이스라엘 출신의 역사학자로 거시적 통찰로 인류사를 조망한 사피엔스 시리즈를 책으로 내 명성을 얻었다. 유발 하라리는 가까운 미래에 인공지능이 더 발전할 경우 호모사피엔스의 정체성과 위치를 위협받을 수 있다고 했다. 특히 저서 《호모데우스》에서 인간의 자유의지란 생화학적 알고리즘들의 집합이 지어낸 허구적 이야기에 불과하다고 이야기한다.

로버트 벤츄리(Robert venturi, 1925~2018) : 미국 필라델피아에서 태어나 프린스턴 대학에서 건축을 공부하고 에로 사리넨과 루이스 칸의 사무실에서 경험을 쌓았다. 포스트모더니즘의 포문을 열어 건축사적으로 중요한 건축가이다. 미스 반 데어 로에의 유명한 모더니즘적 경구인 '적을수록 아름답다'(Less is more)에 대응하여 '적을수록 지루하다'(Less is bore)라는 포스트모더니즘의 상징적 격언을 내세웠다. 1991년에는 건축계의 노벨상인 프리츠커상을 수상하기도 했다. 주요 작품으로 어머니의 집, 시애틀 미술관, 프린스턴대 버틀러 칼리지 등이 있다.

자크 데리다(Jacques Derrida, 1930~2004) : 알제리 태생의 유대계 프랑스 철학자이다. 프랑스의 포스트모더니즘 철학자. 질 들뢰즈, 미셸 푸코와 더불어 가장 저명한 포스트모더니즘 학자이며, 미국의 예일 학파를 대표하는 인물로서, 당시 지배적인 철학이었던 구조주의의 이분법적 구조 해석을 비판하고 그 구조의 해체를 주장하는 해체주의를 창시했다. 그의 해체주의 철학은 인문, 사회, 예술 등 많은 분야에 영향을 미쳤지만 건축에도 지대한 영향을 미쳐 해체주의 건축의 이론적 토대를 제공해 주었다. 특히 기존의 고정된 이분법적 세계관의 개념과 틀, 정형성, 중심과 주변으로 구분되는 위계적인 공간 개념을 해체하고 재해석해 공간 구성에 파격을 가져왔다.

피터 아이젠만(Peter Eisenman, 1932~) : 미국 현대건축계를 대표하는 이론파 건축가다. 미국 뉴저지주에서 출생해 코넬 대학교에서 건축학부를 졸업한 후, 컬럼비아 대학교에서 건축 석사를, 케임브리지 대학교에서 건축 석사와 박사를 취득했다. 그는 뉴욕 5를 결성해 모더니즘 건축을 주도하기도 했지만 후에는 반 모더니스트로 전향하여 뉴욕 현대미술관의 해체주의 7인 전시회에 주도적으로 참여하며 해체주의 진영을 이끌었다. 그는 언제나 건축적 논쟁의 중심에 있으면서 미국의 현대건축에 영향을 끼쳤다. 주요 작품으로 웩스너 시각예술센터, 홀로코스트 기념비 등이 있다.

베르나르 츄미(Bernard Tschumi, 1944~) : 스위스 로잔 출신으로 스위스와 프랑스 복수 국적의 건축가, 작가 겸 교육자이다. 1969년 취리히 연방 공과대학교에서 건축학 학위를 취득한 후 영국 건축협회 건축학교와 프린스턴 대학교 등에서 가르쳤다. 1988년부터 뉴욕에 본사를 둔 베르나르 추미 아키텍츠(BTA)를 기반으로 활동했으며, 2002년 파리에 베르나르 추미 도시 건축회사(BtuA)를 설립했다. 1996년 프랑스 정부로부터 건축 그랑프리를 수상했다. 해체주의 7인 전시회에 참여하며 해체주의 건축의 대표적 인물로도 부각되었다. 그의 대표작으로 신예 건축가로 설계 공모에서 당선된 파리의 라빌레트 공원 설계 프로젝트가 있다.

캔틸레버(cantilever) : 건축에서 한쪽 끝은 고정되고 다른 쪽 끝은 받쳐지지 않은 상태로 있는 보이다. 외팔보라고도 한다. 육중한 매스나 구조물이 중력을 거스르듯 들려져 있는 모습으로 나타나는데, 해체주의 건축가들이 자주 구현하고 있다.

보이드(Void) **와 솔리드**(Solid) : 비어 있는 공간을 보이드, 차 있는 공간을 솔리드라고 표현한다. 건축적으로 보면 보이드는 볼륨(형태)이 되고 솔리드는 매스(덩어리)가 된다. 보이드는 비어 있음으로 해서 오픈되어 있고, 통행하거나 소통할 수 있으며, 솔리드는 양감을 느낄 수 있는 채워진 덩어리나 상태로 건축물의 구성이 된다. 그래서 건축물을 만드는 작업은 무엇을 채우거나 비우는 상태의 조합으로 이루어진다. 로비나, 통로, 아트리움 등은 대표적인 보이드의 예이다.

찰스 젱크스(Charles Jencks, 1939~2019) : 하버드대 및 디자인 대학원에서 영문학과 건축학을 전공하고 런던대에서 건축사 연구로 박사학위를 받은 미국 출신의 건축이론가. 건축가이자 조경 설계가로도 활동함. 특히 인문학 이론인 포스트모더니즘의 개념을 건축이론에 도입해 모더니즘의 종말과 포스트모더니즘의 출발을 알림. 현대건축 양식을 이론적으로 정립해 현대 건축계에 개념적으로 커다란 영향을 미침. 주요 저서로 1977년 발표된 '포스트 모더니즘 건축의 언어'가 있다.

탄소중립(Net-zero) : 대기 중 온실가스 증가를 막기 위하여 탄소 배출량을 감소시키고, 흡수량은 늘려서 순배출량이 0이 되는 것을 일컫는다. 대한민국은 2050년까지 탄소중립을 실현하는 것을 목표로 하고 있다.

1장_ 모더니즘에 새 숨결을 불어넣은 구세주들

모더니즘의 사망선고 : 건축 사학자 찰스 젱크스는 《포스트모더니즘의 건축언어》(1977)에서 미주리주 세인트루이스의 실패한 풀루트 이고우 아파트 단지의 철거 폭파를 보며, "1972년 7월 15일 오후 3시 32분에 죽었다."라고 말한다.

에로 사리넨(Eero Saarinen, 1910~1961) : 핀란드 태생의 미국 건축가다. 파리 아카데미 드 라 그랑드 쇼미에르에서 조각을 공부하고 예일대 대학원에서 건축을 공부했다. 경험을 쌓고 건축가 아버지의 타계 후 38세에 자신의 사무실을 차려 본격적인 활동을 시작했다. 건축 사이트의 문화적, 사회적, 역사적 맥락을 고려하면서 사용자의 요구에 부응해야 한다고 생각했다. 디자인 측면에서는 형태와 기능의 조화를 중시했다. 케빈 로치, 로버트 벤츄리, 군나 버커츠, 시저 펠리 등 후에 거장이 된 건축가들이 그의 블룸필드 힐스 사무실에서 일했다. 1962년 사후에 미국 최고의 건축가 상인 미국 건축가협회 AIA 골드메달을 수상했다. 주요 프로젝트로는 제너럴 모터스 기술센터, 세인트루이스 게이트웨이, 밀러하우스, 케네디공항의 TWA 비행센터 등 다수가 있다.

파사드(Facade) : 프랑스어로 건축에서 출입문이 있는 정면을 가리킨다. 건물의 입면이 다양해지면서 파사드는 건물 입면 전체를 의미하기도 한다.

SOM : Skidmore, Owings & Merrill LLP, 약칭으로 미국 시카고에 본사를 둔 건축 설계 및 엔지니어링 회사다. 1936년에 설립된 대형 건축회사로 첨단 상업용 건물에 대해 전문성을 가지고 있으며, 건축계에서는 이른바 인터내셔널 스타일을 주도하고 있다. 대표적 건축으로 시카고 윌리스 타워, 두바이 부르즈 할리파, 뉴욕 제1세계무역센터 등이 있으며, 국내의 63빌딩과 타워팰리스 주상복합 아파트가 있다.

뉴욕5 : 1969년 M. Graves, P. Eisenman, R. Meier가 주요 멤버가 되어 토론 그룹인 CASE(Conference of Architects for the Study of the Environment)의 전시회를 가졌는데, 이때 Gwathmey와 Hejduk이 초대되어 5인 건축가로서 New York Five라 명명되었다. 이들은 모더니즘 거장들의 백색 추상의 모던-리바이벌 지향성을 갖고 활동하였다. 또 1920~1930년대 아방가르드 건축의 공간 단위를 변형시켜 복합공간을 추구한 공통점을 갖고 있으며, 미국 동부라는 한정된 지역에서 소수의 건축가에 의해 5~6년의 짧은 기간 동안만 진행되었기 때문에 양식운동으로까지 발전되지는 못하였다.

AIA 골드메달 : 건축 이론과 운영에 지속적인 영향을 미친 중요한 업적을 인정하여 미국 건축가 협회(AIA)에서 수여하는 상이다. 많은 거장들이 이 상을 수상하였다.

커튼월(curtain wall) : 건물의 하중을 모두 기둥, 들보, 바닥, 지붕으로 지탱하고, 외벽은 하중을 부담하지 않은 채 마치 커튼을 치듯 건축자재를 둘러쳐 외벽으로 삼는 건축 양식이다. 커튼월은 대체로 비구조적인 형태이기 때문에 가벼운 재료들로 만들 수 있고 그로 인해 건설비용을 절감할 수 있다. 유리가 커튼월로 사용되었을 때의 장점은 자연광이 건물 내부로 깊숙이 침투할 수 있다는 것이다. 커튼 벽 외관은 자체 하중 중량 이외에는 건물로부터 구조적 하중을 받지 않는다. 또한 건물의 바닥이나 기둥들 간의 연결을 통해 건물에 입사하는 횡방향 풍하중을 주요 구조물에 전달한다. 초기에는 커튼월 시스템이 강철 프레임으로 만들어졌지만, 현재는 일반적으로 알루미늄 프레임으로 제작된다. 보통 이 알루미늄 프레임은 유리로 채워지는데, 이는 위에서 언급한 채광과 같은 장점뿐만 아니라 건축학적으로도 쾌적한 건물을 제공한다. 하지만, 복사열은 물론 빛으로 인한 눈부심으로 많은 양의 유리를 사용하면 통제하기가 힘들어진다는 단점 또한 존재한다. 이외의 커튼월 재료로는 돌 베니어, 금속판, 루버, 그리고 통제 가능한 창문이나 환기구 등이 있다.

매스(Mass) : 건물의 외부 윤곽이나 형태를 나타내는 말로 이는 건물의 높이, 폭, 길이, 지붕의 형태 등을 포함한다. 주로 건물의 외부적 형태와 구조적 특징을 설명하는 데 사용된다. 복잡한 구조를 가진 건물은 여러 매스로 구성되어 있을 수 있다.

PC 콘크리트 패널 : Precast 콘크리트 패널의 약자로 시공의 편의성과 효율을 위해 공장에서 콘크리트로 패널 형태를 만들어 현장에서 조립해 사용할 수 있는 건축부재다. 조립식 대형 건물을 위해 PC 콘크리트 벽 패널을 사용하면 기계화된 공정을 진행하여 건축물의 시공 수준을 높일 수 있으며, 현장 습식 작업을 줄여 현장 노동력을 절약하고 계절에 구애받지 않아 건설 기간을 단축할 수 있다.

잉고 마우러(Ingo maurer) : '빛의 마술사', '빛의 연금술사'라고 불리는 조명디자인의 거장으로, 1932년 독일 출신 디자이너다. 1966년부터 독일 뮌헨에서 자리를 잡고 본격적으로 조명디자인 사업을 시작해 약 150여 개가 넘는 조명을 디자인했다.

포디움(Podium) : 교단, 강단 등 무언가 혹은 누군가가 올라갈 수 있게 만들어진 것. 높은 곳, 돌출부 등의 뜻의 라틴어 단어에서 유래했다. 올림픽 메달리스트가 올라가는 시상대나 지휘자 등이 지휘를 위해 올라서는 것도 해당된다. 건축에서는 기둥이나 벽을 지지하는 돌출된 토대나 주춧돌을 이르지만 일반적으로 본체 건물을 기반부에서 넓게 받치고 있는 베이스가 되는 저층부를 포디움이라 칭한다.

RIBA의 Royal Gold Medal : 건축가의 평생의 업적을 기리기 위해 영국 국왕으로부터 수여되는 메달로, 건축의 발전에 직·간접적으로 큰 영향을 미친 사람이나 단체에게 수여되는 명예로운 상이다. 영국에서 활동한 많은 건축 거장들이 이 상을 수상했다.

이토 토요(伊東豊雄, 1941~) : 프리츠커상을 수상했으며, 안도 다다오, 야마모토 리켄과 함께 일본을 대표하는 제3세대 건축가이다. 도쿄대 건축학과를 졸업하고 단게 겐조, 이소자키 아라타의 엘리트 계보를 잇는 건축가이기도 하다. 초기에는 미니멀한 건축을 추구했지만 이후에는 센다이 미디어테크 같은 실험적인 건축으로 그만의 건축세계를 열어나갔다. 일제 강점기 아버지의 근무지 조선에서 출생한 것도 특이한 점이다. 안도 다다오와는 여러 가지 면에서 대조를 이루며 선의의 경쟁구도를 형성하고 있다.

후지모토 소우(1971~) : 일본의 제5세대 건축가로 도쿄대를 졸업하고 일찌감치 두각을 나타냈다. 35세에 일본 건축가협회 신인상, 39세에 일본 건축가협회 대상을 수상하고 2013년에는 마커스 건축상 수상과 영국 서팬타인 갤러리에 파빌리온 전시 초청을 받은 바 있다.

알레한드로 아라베나(Alejandro Gastón Aravena Mori, 1967~) : 2016년 프리츠커상을 수상한 칠레 건축가로 공동체를 위한 공공성을 강조하는 사회적 건축가로 잘 알려져 있다. 칠레 북부지역의 30년 된 슬럼가 지역에 100세대의 집을 제공한 킨타 몬로이 프로젝트로 국제적 명성을 얻었다. 미니멀하고 혁신적인 아이디어를 통해 최소한의 건축을 하고 나머지는 서민 거주자들이 자립하고 채워나갈 수 있는 모델을 고안했다. 2009년부터 2015년까지는 프리츠커상 심사위원을 맡았으며, 현재는 심사위원장을 맡고 있다.

그랑 프로제(Grands Projets) : 프랑스 사회당의 미테랑 대통령 집권 시(1981~1995) 프랑스 중앙정부와 파리시가 낙후된 지역을 선정하여 그 지역들의 문제점을 개선하는 도시재생 사업이다. 그 일환으로 대규모 건축

프로젝트가 이루어졌다. 대표적 근대 계획도시이자 정치, 경제, 예술의 중심지였던 파리의 실추된 경쟁력과 위상을 되찾기 위해 현대적인 건축프로젝트를 통해 역사적 전통과 조화시키려 했다. 이 시기에 오르세 미술관, 빌레트 산업과학기술 복합문화공간, 라데팡스 인권선언문, 루브르 박물관의 유리피라미드, 아랍문화원, 바스티유 오페라, 프랑스 국립도서관 등의 프로젝트가 진행됐다.

2장_ 지연을 품고 싶어 히는 건축의 시인들

서펜타인 갤러리(Serpentine Gallery) : 1970년에 개관한 서펜타인 갤러리는 런던 하이드 파크(Hyde Park)와 켄싱턴 가든스(Kensington Gardens) 경계에 위치한 현대 미술관이다. 그러나 현대미술 전시보다 해마다 개최되는 파빌리온 건축 전시로 더 유명하다. 2000년 갤러리 가든에 자하 하디드의 행사용 임시 천막이 관심을 받으며 이후 매년 개최되는 파빌리온 전시로 발전한다. 갤러리 측은 영국에서 건축활동을 하지 않은 세계 유명 건축가들 중 매년 한 명씩을 선정해 파빌리온을 짓게 하고 6월부터 10월까지 전시한다. 여기에 초대된 건축가들은 후에 대부분 프리츠커상 수상을 하게 돼 프리츠커상 수상 코스로도 알려져 있다. 본서에 나오는 프랑크 게리, 렘 쿨하스, 장 누벨, 이토 토요, SANNA 등이 여기에 초대되고 프리츠커상도 수상했다. 2024년에는 한국의 대표적 건축가 조민석이 초대되어 '군도의 여백'이라는 주제의 파빌리온을 전시 중이다.

SANAA : 일본 건축가 세지마 가즈요와 니시자와 류에가 1995년 도쿄에 설립한 건축회사이다. 세지마 가즈요와 니시자와 류에는 개별적으로도 활동하는 일본의 4,5세대의 대표적 건축가이며 이토 토요의 사무실에서 실무 경험을 쌓고 독립했다. 군더더기 없는 단순한 기하학적 형태를 사용하는 것을 특징으로 하는 미니멀리즘과 모더니즘을 추구한다. 2010년 프리츠커상을 수상했으며, 대표적인 작품으로 가나자와의 21세기 현대미술관, 뉴욕 신 현대미술관, 미국 톨레도미술관 유리 전시관 등이 있다. 한국에는 파주 출판단지의 동녘 출판사 사옥이 세지마 가즈요의 작품이다.

메자닌(mezzanine) : 1층과 2층 사이에 있는 개방된 층을 말함. 개방된 복층, 중이층이라고도 일컫는다. 높은 층고를 효율적 공간으로 분할하면서 개방감을 유지하기 위해 사용된다.

캐노피(Canopy) : 차양, 현관, 문턱, 창문, 침대, 제단, 설교단 등의 위쪽을 가리기 위해 지붕처럼 돌출된 덮개를 일컫는 용어이며, 최근엔 건물에 붙어서 돌출되어 형성된 지붕 또는 벽체로 막히지 않은 공간의 지붕을 일컫는다.

포치(porch) : 지붕이 있는 현관이나 차를 대는 곳. 특히 건물의 본체로부터 앞으로 돌출되어 있는 곳으로, 보통 건물의 현관 또는 출입구에 설치되어 방문객이 집주인이 나올 때까지 기다리거나, 입구에서 비바람을 피해 주택의 내부로 들어가게 하는 역할도 한다.

오귀스트 페레(Auguste Perret, 1874~1954) : 벨기에 브뤼셀 출신의 프랑스 건축가로 르 코르 데 보자르에서 공부했으며, 철근콘크리트 구조 건축의 선구자로 불린다. 그는 전후 철저하게 파괴되었던 프랑스 해안 도시 르 브아르의 도시 재건을 맡아 현대적 도시로 재탄생시켰다. 르 코르뷔지에는 그의 사무소에 들어가 본격적으로 철근콘크리트 건축에 대해 배우고 발전시켜 현대건축 5원칙이라는 그의 모더니즘 건축의 중요한 토대를 쌓는다.

알렉산더 리버만(Alexander Liberman, 1912~1999) : 러시아 키예프 출생의 미국 현대화가 겸 조각가. 주로 철을 이용한 대형 작품들을 많이 남겼다.

램프(Ramp) : 높이가 다른 도로, 건물, 공간 등을 연결하는 경사진 통로를 일컬음. 건축에서는 계단 통로 대신 공간의 연결과 이동, 그리고 노약자 등의 이동 편의를 위해 사용된다. 지하, 지상 주차장의 통로도 램프의 예이다. 프랭크 로이드 라이트의 뉴욕 구겐하임 미술관 램프형 전시공간과 노먼 포스터가 구현한 런던 시청사, 독일 의사당 유리돔의 램프가 유명하다.

카를로 스카르파(Carlo Scarpa, 1906~1978) : 베네치아에서 출생한 이탈리아의 건축가, 실내장식가이자 디자이너이다. 국가 건축사 시험을 거부하고 베니스 건축대학 IUAV 교수로서 타계할 때까지 30년을 교수로 재직하며 후학들을 길러냈다. 프랭크 로이드 라이트를 추앙했으며, 역사성과 지역성을 중시하면서 예술적이고 디테일에 강한 건축을 보여준다. 스위스 건축가 마리오 보타가 그의 제자이다.

징크(ZINC) : 아연을 주성분으로 하는 자연친화적이고 내구성이 강한 금속 건축 재료다. 패널 형태로 생산되어 주로 지붕과 외장 마감에 사용된다.

나르텍스(Narthex) : 성당 정면 입구와 본당 사이에 꾸며 놓은 좁고 긴 현관. 초기 기독교 시대에는 본당 안에 들어가지 못하는, 세례를 준비하는 사람들과 회개하러 온 사람들을 받아들이는 유일한 장소였다.

신랑(Nave) : 일반적으로 회중이 서 있는 교회의 중앙 구역이다. 성당의 중앙 회중석, 신자석이라고도 한다. 성당 측랑과는 기둥(아케이드)으로 구분되어 있다.

측랑(Aisle) : 본당에서 가운데 중심 공간인 신랑을 따라 아케이드를 경계로 형성된 양쪽 측면 공간을 일컬음. 초기 성당에서는 좌우 측랑을 남자 또는 여자 성도의 전용석으로 하거나, 성찬 미사 때는 신랑을 커튼류로 막아서 미 세례자들이 섰다고 함.

아케이드(Arcade) : 아치가 있는 개구부 또는 기둥을 열을 지어 연속적으로 만든 것을 가리키며, 성당에서는 신랑과 측랑을 나누며 연속되는 기둥을 아케이드라 한다.

앱스(Apse) : 성당 건축에서 제단 뒤에 있는 반달형 장소. 그 지붕은 반달형으로 둥근 모양을 하고 있다. 이는 로마 시대의 건축양식에서 따온 것인데 4세기 로마 법정의 재판관이 앉는 자리였는데 성당에서는 둥근 벽 쪽에 신부들의 자리가 마련되어 있다.

줄리아노 반지(1931~2024) : 이탈리아 출신의 조각가. 대리석, 화강암, 구리, 철, 강철 등 다양한 재료로 작품을 만들었다. 2002년 프리미엄 임페리얼상을 수상했고 20세기 이탈리아의 미켈란젤로라는 찬사를 받았다.

페터 춤토르(peter zumthor, 1943~) : 스위스 바젤에서 태어나 바젤의 예술 공예학교와 미국의 플랫 인스티튜트에서 산업디자인을 공부했다. 이후 자신의 고향에서 공무원 생활을 잠깐 하다가 자신의 설계사무소를 내고 건축가로서 활동을 시작했다. 초기작 성베네딕트 채플로 주목받기 시작한 이후 그의 대표작 스위스 발스의 온천장으로 찬사를 받으며 프리츠커상까지 받게 되었다. 입지의 특징을 중시하는 지역주의 건축가라 할 수 있다. 최소한의 요소로 표현하려는 미니멀리즘적 특징을 보이며, 고요한 공간을 통해 깊은 사색과 시적인 감정을 환기한다. 그를 은둔의 건축가라 부를 만큼 자신의 세계에 집중하며 영혼이 담긴 건축을 하고 있다.

로툰다(rotonda) : 고건축에서 원형 또는 타원형 평면 위에 돔 지붕을 올린 건물 혹은 내부 공간을 일컫는다. 대표적인 로툰다가 고대 로마에 세워진 판테온이다.

루이스 바라간(Luis Barragan, 1902~1988) : 근현대 멕시코 건축을 대표하는 건축가이자 조경가다. 멕시코 전통과 서구의 모더니즘을 조화시켜 빛과 색의 조율로 서정성 강한 건축을 보여주고 있다. 근대주의적 조형 기법을 마련했으며 유리의 대량 사용을 비판하기도 했다. 색채와 빛을 활용한 실험장으로 쓴 멕시코시티 소재의 바라간 저택은 그를 대표하는 작품이다.

토방(土房) : 한옥에서 방으로 들어가는 문 앞에 좀 높이 편평하게 다진 흙바닥. 여기에 쪽마루를 놓기도 한다. 뜰팡, 퇴방 등 지역마다 다른 사투리로 표현되기도 한다.

차경(借景) : 건축물이 자연을 적극적으로 끌어들여 실내의 내부자와 자연이 조화를 이루게 하는 건축 기법이다. 구체적으로 차경은 창, 문, 누마루 등을 이용해 달성되며, 주로 전통 한옥에서 개방된 문이나, 창, 대청마루 등을 통해 잘 구현되어 있다.

3장_ 하이테크로 모더니즘의 혁신을 이루어 낸 건축가들

유화물감의 사용(oil painting) : 11~12세기 이후 독일과 이탈리아에서 초기 유화 기법이 있었다는 기록이 있다. 그리고 15세기 플랑드르에서 네덜란드의 화가 반 다이크(Van Dyck) 형제가 유화물감을 기술적으로 개량하여 예술적 수준을 높인 그림을 그리게 되었다. 그 뒤로 유럽 각지에 급속히 전파되었으며 그전까지 성행했던 템페라(tempera) 기법을 압도하게 되었다는 것이 일반적 통설이다. 유화물감의 재료의 성분과 기법이 발전하면서 16세기 이탈리아의 베네치아파 화가들에게서 물감의 두꺼운 질감과 필치의 표현 효과 등 근대 유화와 연결되는 수법이 나타나게 되었다. 그 뒤로 유럽의 유화 기법은 다채롭게 발전을 거듭하였고 유화는 서양 회화의 가장 대표적인 기법이 되었다. 1841년에는 짜서 쓸 수 있는 튜브형으로 만들어져서 가지고 다니며 야외 풍경화 등을 자유롭게 그릴 수 있게 함으로써 일대 혁신을 가져왔다.

벅민스터 풀러(Richard Buckminster Fuller, 1895~1983) : 풀러는 '20세기의 레오나르도 다빈치'라는 수식에 걸맞게 철학자, 발명가, 시인, 디자이너, 건축가, 수학자, 과학자 등으로 활동하며 폭넓은 삶을 산 인물이다. 최초의 지구인, 세계에서 가장 먼저 글로벌하게 사고한 사람, 1960~1970년대 미국 청년들의 우상, 미래학의 창시자, '지오데식 돔'의 발명가. 스물여덟 개의 미국 특허와 서른 권 이상의 저서를 지었다. 예술, 과학, 공학 등 여러 분야에서 마흔일곱 개의 명예박사학위를 받고 미국 건축학회와 영국 왕립건축학회 금메달을 포함한 수십 개의 건축 및 디자인상을 수상했다. '지구인'Earthian, '다이맥션'Dymaxion, '시너지'synergy, '우주선 지구호'Spaceship earth라는 신조어도 모두 풀러가 만들어낸 것이다. 기본 철학은 순환과 절약, 'doing more with less' 풀러는 지구의 유한성을 인식하고, 가장 적은 재료로 최대의 효과를 내려면 인간과 에너지, 환경을 어떻게 보완해야 하는가 하는 문제를 푸는 데 일생을 바쳤다. 그런 그의 생각들은 현대 건축가들에게 많은 영향을 주었다,

알토 로시(Aldo Rossi, 1931~1997) : 이탈리아 밀라노에서 태어나 밀라노 공대 건축학과를 졸업했다. 미니멀한 건축을 추구해 모더니즘적 건축과 유사한 면도 있으나 도시의 역사적 집단기억이라는 개념을 내세워 로버트 벤츄리와 함께 반 모더니즘의 대열에 선 건축가다. 그러나 건축의 기능적인 면에서 이탈리아 신합리주의를 정립했다고 평가받는다. 도시의 역사성과 맥락을 중시하며, 미국과는 결이 다른 이탈리아 포스트모더니즘을 이끌어냈다. 이탈리아 최초의 프리츠커상 수상자이기도 하다.

피터 라이스(Peter Rice, 1935~1992) : 아일랜드 더블린에서 출생하여 영국 런던에서 57세를 일기로 요절한 뛰어난 구조엔지니어다. 벨파스트 퀸스대학교(Queen's University of Belfast)와 런던 임페리얼 칼리지(Imperial College London)에서 항공학을 수학하다가 토목공학으로 전공을 바꾸었다. 졸업 후에는 마틴 프랜시스(Martin Francis), 이안 리치(Ian Ritchie)와 함께 RFR사무소를 개설·운영하며 수많은 걸출한 작품으로 세계 건축계에 위대한 자취를 남겼으며, 시드니 오페라하우스 작업 등 협업에 참여하여 독보적인 천재성으로 구조

물의 시공성과 작품의 완성도를 높였다고 평가받는다.

오스카 니마이어(Oscar Niemeyer, 1907~2012) : 리우 데 자네이로 태생의 브라질 건축가로서 태동기 모더니즘 건축에서 가장 중요한 인물 중 한 사람으로 거론되곤 한다. 르 코르뷔지에에게 강한 영향을 받았지만 그의 작품은 단순한 기하학에 기초한 정적인 모더니즘과는 크게 달랐다. 브라질의 행정 수도인 브라질리아를 설계한 것으로 유명하며, 프리츠커상을 수상했다. 그 밖에 자주 언급되는 업적으로는 다른 여러 건축가들과 함께 참여한 뉴욕 소재 유엔 본부가 있다. 철근 콘크리트에 내재된 미학적 가능성에 주목하였으며 20세기와 21세기 초 건축계에 많은 영향을 끼쳤다.

4장_ 새로운 건축문법으로 상상을 현실로 민드는 건축가들

오모테산도 : 도쿄도 미나토구와 시부야구의 거리이자 번화가이다. 세련되고 깔끔한 거리로 관광객들에게 인기가 많은 관광지이며, 각종 명품 브랜드들과 Apple Store, 오모테산도 힐스 등의 여러 상업 시설들이 입점해 있다. 아름답고 세련된 거리에 명품 매장들, 유럽풍 노천카페들이 즐비하고 느티나무 가로수들이 잘 정돈된 상태로 나열되어 있어 도쿄의 샹젤리제 거리라고 불리기도 한다. 이곳은 건축 여행의 핫 플레이스이기도 한데, 안도 다다오의 오모테산도 힐스 재개발 프로젝트를 포함해 명품 플래그쉽 스토어 설계에 많은 일본 국내외 거장들이 참여했다. SANNA, 이토 토요, 마키 후미히코, 헤르초크 & 드 뫼롱, 쿠마 겐고, MVRDV 등의 설계작을 볼 수 있다.

피터 마리노(Peter Marino, 1949~) : 피터 마리노는 전 세계의 고급 리테일 공간, 문화 기관, 주거 프로젝트 디자인 작업으로 잘 알려진 미국 건축가이자 실내인테리어 디자이너이다. 뉴욕시에서 태어난 마리노는 코넬 대학교에서 건축, 예술을 공부한 후 1978년 피터 마리노 아키텍트를 설립하여 건축 여정을 시작한다. 그의 재능은 앤디 워홀에 의해 조기에 인정받았으며 회사 설립을 위한 후원도 받았다. 주로 패션 브랜드들의 플래그쉽 스토어 건축이나 실내인테리어를 많이 해오면서 마리노는 건축 디자인과 현대 미술 작품 사이의 경계를 허무는 작업을 했다. 마리노의 디자인 철학의 핵심은 건축 공간 내의 예술 통합이다. 그의 대담하고 화려한 스타일은 건축계 내에서 고급 건축의 역할과 상업적 및 예술적 고려 사이의 균형에 대한 과제를 던져주고 있다. 국내에서는 서울의 청담동에 지어진 분더샵 플래그쉽 스토어 건축설계와 샤넬과 디올 플래그쉽 스토어의 실내 인테리어 디자인을 통해서 그의 예술적 감각을 직접 경험해 볼 수 있다.

들뢰즈(Gilles Deleuze, 1925~1995)**의 리좀**(Rhizome) : 들뢰즈는 고대 그리스 플라톤의 이데아(Idea)론으로부터 이어지고 있는 절대적, 보편적 존재론을 중심으로 전개된 서구철학에 대해 전면적 해체를 시도한 해체주의 철학자이다. 그에게 있어서 고정 불편의 절대적이고 보편적인 것은 없다. 그는 서양철학사를 고정불변의 절대적 존재를 정점으로 놓고 그를 추구하며 탐구하는 수직적 사상체계로 보고 있다. 이런 사상체계는 이데아가 아닌 우리가 살아가는 현실세계도 이데아를 닮았다는 카피와 그렇지 않은 시뮬라크르의 이분법적 위계를 만들며 작동하고 있다고 파악한다. 모든 것은 본질을 중심으로 위계적 질서 속에서 존재하는 것이 아니라 각각의 다름과 고유성의 차이를 갖고 위계가 없는 수평적 관계 속에서 연결되고, 상호작용을 일으키며 존재한다고 본다. 그래서 그는 오히려 시뮬라크르의 세계에 집중적 관심을 갖는다. 리좀은 식물의 뿌리줄기란 뜻으로, 뿌리는 땅속에서 그때그때 상황에 맞춰 위계적이지 않은 수평적으로 번식하고 뻗어 나가며 확장해 나간다. 그는 그의 철학을 이런 리좀의 특성을 가져와 설명하고 있다. 바로 건축에서 이런 리좀 이론을 차용해서 기존 건축의 고정된 개념 해체는 물론, 위계적이고 고정적이었던 공간 개념까지 해체하고 모든 가능성을 열어놓을 수 있다는 해체주의 건축의 이론 정립을 하게 된다.

아키그램(Archigram) : 아키그램이라는 이름은 건축(Architecture)과 전보(Telegram)의 합성어로, 1960년대 영국 건축계의 현실에 긴급 전보를 날린다는 의미를 담고 있는 신미래주의적 건축운동그룹을 일컫는다. 런던의 AA 스쿨에 기반을 두고 활동한 아키그램은 피터 쿡, 워렌 초크, 론 헤론, 데이스 크롬튼, 마이클 웹 그리고 데이비드 그린이 결성하였다. 1961년 이상향을 묘사한 <아키그램 1>이라는 팸플릿을 선보였는데, 이것이 아키그램의 시작이다. 실제 건물을 설계하지 않고, 좀 더 생동감 있고 활기찬 미래지향적 도시의 드로잉을 통해 새로운 건축이론을 펴며, 정형화된 기존의 모더니즘에서의 탈피를 추구한다. 아키그램은 최첨단 하이테크 기술, 경량 구조물, 인프라스트럭처 등의 주제를 통해 인류의 생존을 위한 기술적 진보를 논한다. 이를 위해 모듈러 건축, 모빌리티, 우주 캡슐 그리고 대량 소비 사회가 연구되었다.

짐 다인(Jim Dine, 1935~) : 미국의 오하이오주 태생의 팝 아티스트이다. 다인은 자신의 신체를 이용한 해프닝 퍼모먼스의 선구자로 미술계에서 주목을 받았다. 음악가 존 케이지와 협업하여 미술가 클라스 올든버그와 앨런 캐프로와 함께 개척한 해프닝은 뉴욕 미술계에서 유행한 추상표현주의의 음산한 분위기와 완전한 대조를 이루는 행위 예술로 평가받는다.

토마스 헤더윅(Thomas Alexander Heatherwick, 1970~) : 런던에서 출생한 영국의 디자이너이자 건축가로 런던을 기반으로 한 디자인 회사인 헤더윅 스튜디오의 창업자이다. 20세기의 레오나르도 다빈치로 불릴 정도로 가구, 제품 디자인, 건물, 도시설계까지 넘나들며 독창이고 뛰어난 결과물들을 내놓고 있다. 새로 바뀐 런던의 2층 버스와 싱가포르 러닝 허브, 뉴욕의 2013 Vessel이 그의 작품이며, 최근 한국의 한강 노들섬 리뉴얼 프로젝트 국제공모에도 당선되어 선보일 예정이다.

플라토(plateau) : 높은 곳의 평평한 땅을 가리키는 말.

삼일빌딩 : 청계천 가에 1970년 완공된 국내 최초의 커튼월 방식을 이용한 최고층 빌딩이었다. 김중업이 설

계했으며, 뉴욕에 미스 반 데어 로에에 의해 최초의 커튼월 방식으로 지어진 씨그램 빌딩(1958)을 참조했다고 한다. 대한민국 개발시대의 상징과도 같은 건물이었으며, 건축사적으로 고층빌딩 건축의 역사적 상징성을 갖고 있는 건물이기도 하다. 2020년 리모델링되었다.

5장_ 지신만의 성을 쌓고 있는 건축가들

조르주 외젠 오스만(Georges-Eugène Haussmann, 1809~1891) : 나폴레옹 3세의 정치적 목적을 위해 파리 개조 사업을 주도했다. 개조 사업은 처음에는 국민들로부터 막대한 공사비용 때문에 비난을 받았으나 준공 이후 영국 등 다른 나라들로부터 찬사를 받으며 파리라는 도시의 경쟁력 기초를 닦은 것으로 평가되었다.

라파엘 모네오(Rafael Moneo, 1937~) : 스페인 투델라 나바라에서 출생해 1954년 건축 공부를 위해 마드리드로 향했으며, 마드리드대학 건축학과 재학 중이던 1960년 덴마크로 건너가 2년간 예른 웃손(Jorn Utzon, 1918~2008)과 함께 헬리백 스튜디오에서 건축 실무 경력을 쌓았다. 1965년에 개인 건축사무실을 열었다. 1966년부터 마드리드대학 건축학과 교수로 부임한 이래 미국 프린스턴대, 하버드대, 스위스 로잔대 등에서 방문교수, 1984년부터 1990년까지 하버드대 건축대학원 학과장을 지냈고, 1990년에 다시 스페인으로 돌아왔다. 이론과 실무를 겸비한 건축가로 1996년에 스페인 최초로 프리츠커상을 수상하고, 2003년에는 RIBA 로열 골드 메달을 수상한다. 현대 기하학의 정밀함 속에서 역사적인 형태를 재해석하고 기존의 환경을 존중하고 보존하면서 대지와 도시 문맥을 고려하는 건축을 해왔다. 주요 작품으로는 메리다 로마 예술 박물관, 스톡홀름 현대미술관, 프라도 미술관 확장안 등이 있다.

파고라(pergola) : 퍼걸러의 일본식 표현으로 골조가 있는 지붕이 있어서 햇빛이나 비를 가리거나 피해서 쉴 수 있는 시설물을 말한다. 퍼걸러는 고정된 지붕이 없으므로 건축물로 보지 않는다. 예를 들면 마당이나 옥상 등에 구조물을 세워 등나무 등과 같은 넝쿨 식물을 올리거나 차양을 치도록 만든 구조물이 파고라다.

에필로그

단게 겐조(丹下健三, 1913~2005) : 일본 현대건축의 아버지, 국가건축가로 불리는 일본의 상징적인 건축가다. 그는 일본의 건축을 세계 건축에 편입시킨 인물이기도 하다. 도쿄제국대학 공학부 건축과에 입학. 우치다 요시카즈, 기시다 히데토, 무토 기요시에게 사사하였다. 1938년 도쿄제국대학 공학부 건축과에서 다쓰노상을 수상하였다. 도쿄제국대학 공학부 건축과 졸업 후 당대 최고였던 마에카와 구니오 건축사무소에서 경험을 쌓는다. 전후 일본 복구에 주도적인 역할을 했으며, 도쿄 건축대학원 단게 연구실을 중심으로 마키 후미히코와 구로카와 기쇼, 이소자키 아라타 등과 같은 최고의 건축가들을 양성해 내며 일본 건축계에 엘리트 건축계보를 형성해 지대한 영향을 끼친다. 히로시마평화기념공원은 전후 그의 상징적 프로젝트이며, 요요기 국립경기장, 말년의 도쿄도 신청사 등 다수의 작품을 남겼다. 세계 건축계의 권위 있는 상인 RIBA 골드메달, AIA 골드메달, 프리츠커상 등을 모두 받았다.

이소자키 아라타(磯崎新, 1931~2022) : 단게 겐조의 제자로서 그의 뒤를 이어 일본의 현대건축을 세계적인 수준으로 끌어올린 건축가 중 한 명이다. 도쿄대학 공학부 건축학과에서 학사, 박사 학위를 취득했다. 그러나 그는 스승 단게와는 다른 건축적 길을 모색했다. 모더니즘으로 대표되던 기능주의, 실리주의 건축을 근본적으로 벗어나 다수의 장식을 다시 사용하였으며, 인류의 문화유산을 특정 지역의 전유물로 가두는 것에 반대해 그것을 인류 공동의 문화적 코드로 사용하고자 그리스·로마로 대표되는 고전적인 양식도 상당 부분 가져와 사용하였다. 그리고 하이테크를 기반으로 한 미래 도시와 공간에 대한 실험적 생각들을 지속적으로 펼쳐 보이기도 했다. 일본의 대표적 건축가 이토 토요가 그의 제자이기도 하다. 대표작으로 오이타 현립 도서관, 미국 로스앤젤레스 현대미술관, 스페인 빌바오의 이소자키 게이트 타워 등이 있다. RIBA 골드메달을 수상했으며 늦은 나이에 프리츠커상을 받았다.

인용출처

1)   건축가, 루스 펠터슨·그레이스 옹 얀, 황의방 옮김. 까치, 2018

2)   건축가, 루스 펠터슨·그레이스 옹 얀, 황의방 옮김, 까치, 2018

3)   현대건축의 이해, 이종국, 계명대학교 출판부, 2015

4)   세계 건축가 해부도감, 오이 다카이로 외, 노경아 옮김, 더숲, 2019 재인용

5)   Perspecta 19호 인터뷰, 케빈 로치

6)   나무위키

7)   건축가 : 프리츠커상 수상자들의 작품과 말. 루스 펠터슨·그레이스 옹 얀, 황의방 옮김. 까치, 2018

8)   백색의 건축가 리차드 마이어, 이성훈, 살림출판사, 2004

9)   조선일보, 2023. 10. 9. 인터뷰 중에서

10) 유현준, 유튜브 셜록현준 인터뷰

11) 인터뷰, SPACE 2023년 11월호

12) 조선일보, 2024. 3. 7. 재인용

13) 프리츠커상 홈페이지 www.pritzkerprize.com

14) 건축신문 인터뷰, 2014. 9. 30.

15) 중앙일보, 2020. 2. 6.

16) 여수시청 회의실 강연, 2009. 5. 22.

17) 건축공간연구원 인용, 2012. 11. 12.

18) 건축:프리츠커상 수상자들의 작품과 말. 루스 펠터슨·그레이스 옹 얀, 황의방 옮김. 까치, 2018

19) 건축-뉴욕과 워싱턴-미국 건축가협회, 93권 7호, 2004

20)   미술관이 된 시자의 고양이, 홍지웅, 미메시스2013

21)   사유원 홈페이지

22)   건축가:프리츠커상 수상자들의 작품과 말. 루스 펠터슨·그레이스 옹 얀, 황의방 옮김, 까치, 2018

23)   건축가:프리츠커상 수상자들의 작품과 말. 루스 펠터슨·그레이스 옹 얀, 황의방 옮김, 까치, 2018

24)   동아일보 인터뷰 중, 2023. 1. 25.

25)   뮤지엄 산 홈페이지

26)   본태박물관 홈페이지

27)   본태박물관 홈페이지

28)   중앙일보, 2022. 1. 8.

29)   2020. 1. 17. 디자인프레스 인터뷰

30)   남양 성모성지의 건축과 예술, 이상각·마리오보타·한만원·승요상 외, 열린집, 2023

31)   2020. 1. 17. 디자인프레스 인터뷰

32)   리움미술관 홈페이지 www.leeumhoam.org

33)   리움미술관 홈페이지 www.leeumhoam.org

34)   매일경제, 2013. 3. 7.

35)   서울극장 강연, 2019. 4. 9.

36)   이타미 준 건축문화재단 홈페이지 http://itamijun.com

37)   렌조 피아노,로버트 아이비와 인터뷰, 건축 기록, 2001. 1. 10.

38)   건축가:프리츠커상 수상자들의 작품과 말. 루스 펠터슨·그레이스 옹 얀, 황의방 옮김, 까치, 2018

39)   건축가:프리츠커상 수상자들의 작품과 말. 루스 펠터슨·그레이스 옹 얀, 황의방 옮김, 까치, 2018

40)   건축가:프리츠커상 수상자들의 작품과 말. 루스 펠터슨·그레이스 옹 얀, 황의방 옮김, 까치, 2018

41)   노먼 포스터의 건축적 사상과 하이테크 건축과 그의 건축물 사례, 2010. 재인용

42)   노먼 포스터, 일본 건축협회 〈건축과 구조〉 투고, 1994. 11.

43)   노먼 포스터, 로버트 아이비와의 인터뷰, 〈건축 기록〉, 1999. 7.

44)   노먼 포스터, 서울경제 인터뷰, 2017. 1. 6.

45)   서울경제, 2017. 1. 6. 49

46)   로빈 포그래빈 인터뷰, 뉴욕타임즈, 2007. 3. 28.

47)   리처드 로저스, 프리츠커상 수상 연설, 프리츠커상 홈페이지
      www.pritzkerprize.com 2007. 6. 4.

48)   케네스 파월, 〈로이드 빌딩, 리처드 로저스 파트너쉽〉, 런던, 파이돈, 1994

49)   뉴욕타임스, 2021. 12. 18.

50)   리처드 로저스 RSHP 홈페이지 https://rshp.com

51)   리처드 로저스 RSHP 홈페이지 https://rshp.com

52) 리처드 로저스 RSHP 홈페이지 https://rshp.com

53) 리처드 로저스 RSHP 홈페이지 https://rshp.com

54) 아메리칸 센터 인터뷰, 〈GA건축 10〉, 1992

55) 인터뷰 〈성취 아카데미〉, 1995. 6. 3.

56) 프랭크 게리 수상 연설, 프리츠커상 홈페이지 www.pritzkerprize.com

57) 후타가와 요시오 〈스튜디오 담화:15인의 건축가들과의 인터뷰〉, 도쿄:A.D.A.에디타, 2002

58) 제니퍼 지글러와의 인터뷰, 〈인터뷰〉, 2000

59) 건축가:프리츠커상 수상자들의 작품과 말. 루스 펠터슨·그레이스 옹 얀, 황의방 옮김, 까치, 2018

60) OMA 홈페이지 www.oma.com

61) OMA 홈페이지 www.oma.com

62) OMA 홈페이지 www.oma.com

63) 리움미술관 홈페이지 www.leeumhoam.org

64) 〈Perspecta〉 37호, 2005

65) 본태 박물관 홈페이지 https://bontemuseum.com

66) 톰 메인 인터뷰, 조선일보, 2017. 6. 8.

67) 건축가:프리츠커상 수상자들의 작품과 말. 루스 펠터슨·그레이스 옹 얀, 황의방 옮김, 까치, 2018

68) 톰 메인 인터뷰, 대한경제, 2015. 10. 30.

69) 톰 메인 인터뷰, 조선일보, 2017. 6. 8.

70) 건축가:프리츠커상 수상자들의 작품과 말. 루스 펠터슨·그레이스 옹 얀, 황의방 옮김, 까치, 2018

71) 조선일보, 2017. 6. 8. 참조

72) 톰 메인 인터뷰, 아주경제, 2017. 5. 29.

73) 톰 메인 인터뷰, 아주경제, 2017. 5. 29.

74) 낙천주의 예술가, 다니엘 리베스킨트, 하연희 역, 마음산책, 2006

75) 건축도시연구정보센터 홈페이지 www.auri.re.kr

76) MVRDV 홈페이지 www.mvrdv.com

77) MVRDV 홈페이지 www.mvrdv.com

78) '도시건축과 건축의 새로운 시각', 용산 CGV 강연 중, 2009. 6. 22.

79) 월간 디자인매거진 블로그, 2011. 10. 10.

80) UN Studio 홈페이지 www.unstudio.com

81) 월간 SPACE 622호, 2019. 9.

82) 크리스티앙 드 포잠박 인터뷰, 워싱턴 타임즈, 1994. 5. 2. 토머스 설리번

83) 건축가:프리츠커상 수상자들의 작품과 말. 루스 펠터슨·그레이스 옹 얀, 황의방 옮김, 까치, 2018

84) 크리스티앙 드 포잠박 인터뷰, 월간 남성지 '루엘', 2016. 5. 23.

85) 크리스티앙 드 포잠박 인터뷰, 월간 남성지 '루엘', 2016. 5. 23.

86) 신시아 데이비슨, 〈ANY〉 13호, 1996

87) 헤르초크 & 드 뫼롱 인터뷰, 중앙일보, 2018. 10. 29.

88) 건축가:프리츠커상 수상자들의 작품과 말. 루스 펠터슨·그레이스 옹 얀, 황의방 옮김, 까치, 2018

89) 월간 SPACE, 2021. 9. 28.

90) 헤르초크 & 드 뫼롱 인터뷰, 중앙일보, 2018. 10. 29.

91) 건축가:프리츠커상 수상자들의 작품과 말. 루스 펠터슨·그레이스 옹 얀, 황의방 옮김, 까치, 2018

92) 건축가:프리츠커상 수상자들의 작품과 말. 루스 펠터슨·그레이스 옹 얀, 황의방 옮김, 까치, 2018

93) 장 누벨 〈GA 다큐멘터리 엑스트라 07〉, 1996

94) 건축가:프리츠커상 수상자들의 작품과 말. 루스 펠터슨·그레이스 옹 얀, 황의방 옮김, 까치, 2018

95) 삼성 리움 뮤지엄 마리오 보타, 장 누벨, 렘 쿨하스 공동기자회견, 2011. 5. 2.

96) '지속을 위한 창의적이고 예술적인 실험과 실천' 리움미술관 주관 토론회, 2022. 12. 27.

97) 쿠마 겐고 홈페이지 https://kkaa.co.jp

98) 쿠마 겐고 어소시에츠 제공

99) 건축이 바꾼다, 박인석, 미터, 2017

100) 전후 일본 건축, 조현정, 도서출판 마티, 2021

사진출처

※ 표기 외 사진은 모두 저자가 촬영한 것입니다.

118	Photo by Oiuysdfg from wikimedia commons
120	Photo by Attila Bujdosó from wikimedia commons
122	Photo by 663highland from wikimedia commons
151 상	Photo by Pino Musi from wikimedia commons
151 하	Photo by Pino Musi from wikimedia commons
152	from wikimedia commons
176 좌	포도호텔 제공
176 우	포도호텔 제공
186	Photo by Jdforrester from wikimedia commons
187 상	Photo by MusikAnimal from wikimedia commons
187 하	Photo by Dave Catchpole from wikimedia commons
196 상	©Ank Kumar from Wikimedia commons
196 중	Photo by Gabriele Giuseppin from Wikimedia Commons
196 하	©UserColin from Wikimedia Commons
209	Photo by Colin from wikimedia commons
210	Photo by cgpgrey from wikimedia commons
223	Photo by IK's World Trip from wikimedia commons
224 상	Photo by david-vives from unsplash
224 하	Photo by GraphyArchy from wikimedia commons
230 상	Photo by Jeffrey Beall from wikimedia commons
230 중	OMA 제공
230 하	Photo by zinsuk Ahn
232	Photo by Philippe Ruault,OMA 제공
236 상	Photo by Hans Werlemann, OMA 제공
249	Photo by Marsupium from wikipidia commons
250	Photo by Rosenthal from wikipidia commons
251	Photo by HeleneBinet from wikipidia commons
254 상	서울시 홈페이지, 서울시 공공데이터 무료 사용 허가 기준에 따른 이미지임
254 하	서울시 홈페이지, 서울시 공공데이터 무료 사용 허가 기준에 따른 이미지임
263	Photo by Alossix Stephen from wikimedia commons
264	Photo by Eric from wikimedia commons
274 상	Photo by Jorge Royan from wikimedia commons
274 하	Photo by Peter Whatley from wikimedia commons
275	Photo by Ken Lund from wikimedia commons

282	Photo by Daria Scagliola and Stijn Brakkee from wikimedia commons
284	Photo by laurenatclemson from wikimedia commons
285	Photo by Ossip van Duivenbode from wikimedia commons
288 좌	Photo by Ossip van Duivenbode, MVRDV 제공
292	Photo by GDS-F_RICHTERS, UN 스튜디오 제공
295 상	Photo by Hufton Crow, UN 스튜디오 제공
295 하	Photo by WeeJeeVee from wikimedia commons
298 상	Photo by Christian Richters, UN 스튜디오 제공
303	한화 홈페이지 보도자료
309 상	from wikimedia commons
309 하	from wikimedia commons
316 상	Photo by CEphoto_ Uwe Aranas wikimedia commons
316 하	Photo by Hackercatxxy from wikimedia commons
317 상	Photo by King of Hearts from wikimedia commons
317 하	Photo by DiscoA340 from wikimedia commons
327 상	서울시 홈페이지 보도자료
327 하	서울시 홈페이지 보도자료
331 상	Photo by jphilipg from wikimedia commons
331 하	Photo by Guilhem Vellut from wikipidia commons
332 상	Photo by Boubloub from wikipidia commons
332 하	Photo by Canaan from wikipidia commons
342 상	Photo by Akonnchiroll from wikipidia commons
342 하	Photo by 江戸村のとくぞうfrom wikipidia commons
343 상	Photo by Kaityu20 from wikipidia commons
343 하	Photo by AsAuSo from wikipidia commons
345	kengo kuma and associates 제공
346 상	제주 롯데리조트 제공
346 중	kengo kuma and associates 제공
346 하	kengo kuma and associates 제공
350 좌	Photo by Namsun Lee, kengo kuma and associates 제공
350 우	Photo by Yongbaek Lee, kengo kuma and associates 제공
351	Photo by Taiki Fukao, kengo kuma and associates 제공
354	Photo by yuhan-du from Unslash
358	Image by DALL·E & JUNG Kyunyoung
359	Image by DALL·E & JUNG Kyunyoung

참고자료

도서

현대건축의 이해, 이종국, 계명대학교 출판부, 2015

20세기 현대건축론, 진경돈·남경우, 서우, 2001

20세기 건축, 김석철, 생각의나무, 2005

근대건축의 흐름, 이해성, 세진사, 2005

근·현대건축, 안우진, 기문당, 2012

서양건축사, 임석재, 북하우스, 2011

서양건축사, WINAND WKLASSEN, 심우갑 역, 아키그램, 2003

현대 건축 : 비판적 역사, 케네스 프램톤, 송미숙 역, 마티, 2017

건축가에게 시대를 묻다, 민현식, 돌베개, 2006

새로운 건축을 향하여, 르 코르뷔지에, 이윤자 역, 기문당, 1987

비어있음의 미학, 솔크연구소, 루이스 칸, 살림출판사, 2010

건축가처럼 생각하기, 할 박스, 허지은 역, 다른세상, 2009

한눈에 보는 현대건축 감상, 김영은·이건하, 씨아이알, 2013

프랭크 로이드 라이트(20세기의 연금술사), 에이다 루이즈 헉스터블, 이종민 역, 2018

건축가 서현의 세모난 집짓기, 서현, 효형출판, 2016

건축가들의 말(프리츠커상 수상자들의 작품과 말), 루스 펠터슨·그레이스 옹얀 편, 황의방 옮김, 까치, 2018년 개정증보판

서양 도시계획사, 보성각 편집부, 보성각, 2004

인물로 보는 서양 근대도시계획사, 김흥순, 박영사, 2021

이성의 명암과 건축이론, 임기택, 스페이스타임, 2014

현상학과 건축이론, 임기택, 스페이스타임, 2014

구조주의와 건축이론, 임기택, 스페이스타임, 2014

건축을 말한다, 안도 다다오, 김선일 역, 국제, 2000

건축의 형태와 디자인, 기시다 쇼고, 백용운 역, 기문당, 2012

작은 건축, 쿠마 켄고, 임태희 역, 안그라픽스, 2015

일본 현대건축, 김기수, 이석미디어, 2000

일본건축의 발견, 최우용, 궁리출판, 2018

전후 일본 건축, 조현정 지음, 도서출판 마티, 2021

건축 조형 디자인론, 김홍기, 2001

초고층빌딩 건축기술, 초고층빌딩 설계·시공기술 연구단, 기문당, 2017

서양 건축 이야기, 빌 리제배로, 오덕성 옮김, 한길사, 2020 개정판

뮤지엄, 공간의 탐구, 이관석, 경희대 출판문화원, 2021

한국건축·중국건축·일본건축, 김동욱, 김영사, 2015

건축, 음악처럼 듣고 미술처럼 보다, 서현, 효형출판, 2014

공간이 만든 공간, 유현준, 을유문화사, 2020

건축4서, 안드레아 팔라디오, 정태남 해설, 그림씨, 2019

건축과 객체, 그레이엄 하먼, 김효진 옮김, 갈무리, 2023

나는 건축가다, 한노 라우테르베르크, 김현우 역, 현암사, 2010

건축을 시로 변화시킨 연금술사들, 황철호, 동녘, 2013

건축 이전의 건축, 공동성·김광현, 공간서가, 2014

건축 재료의 새로운 사고, 국민대 건축대학 엮음; 이공희 외, 공간서가, 2018

한국도시 60년의 이야기 1, 손정목, 한울, 2019

서울 도시계획 이야기 1 : 서울 격동의 50년과 나의 증언, 손정목, 한울, 2007

서울 도시계획 이야기 2, 손정목, 한울, 2020

서울 도시계획 이야기 3, 손정목, 한울, 2022

공간의 위상학=Topology speace, 장용순, ESA, 2022

노먼 포스트의 건축 세계 : 현실주의와 이상주의의 공존, 데얀 서직, 과재은 옮김, 동녘, 2014

피터라이스의 생애와 비전, 윤흠학·전봉수, 나비소리, 2022

안도 다다오, 건축을 살다, 미야케 리이치, 위정훈 옮김, 사람의 집, 2023

낙천주의 예술가 다니엘 리베스킨트, 하연희 역, 마음산책, 2006

건축이 바꾼다, 박인석, 미터, 2017

건축감상법, 이상헌, 발언, 2018

22세기 건축 : 21세기 건축으로 미래를 보다, 송하엽, 효형출판, 2022

공간디자인의 사조 : 건축과 도시, 제프리 브로드벤트, 안건혁 역, 기문당, 2010

왜 세계는 존재하지 않는가, 마르쿠스 가브리엘, 김희상 번역, 열린책들, 2017

호모데우스, 유발 하라리, 김명주 번역, 김영사, 2017

넛지, 리처드 탈러·캐스 R. 선스타인, 안진환 역, 리더스북, 2009

고대예술·중세예술·근대예술·현대예술(형이상학적 해명), 조중걸, 지혜정원, 2015

건축 해부도감, 오이 다카히로·이치카와 코지·요시모토 노리오·와다 류스케, 노경아 옮김, 더숲, 2019

세상을 풍요롭게 하는 도시계획, 칼라죤 편집부, 칼라죤, 2024

남양 성모성지의 건축과 예술, 이상각·마리오 보타 외, 열린집, 2023

미술관이 된 시자의 고양이, 홍지웅, 미메시스, 2013

도시는 무엇으로 사는가, 유현준, 을유문화사, 2024

문화코드-어떻게 읽을 것인가? 2, 브라이언 롱허스트·그레그 스미스 외, 조애리 역, 한울, 2024

웹사이트

https://meierpartners.com

https://davidchipperfield.com

https://www.riken-yamamoto.co.jp

http://itamijun.com/museum

https://www.fosterandpartners.com

https://rshp.com

https://www.rpbw.com

https://www.oma.com

https://www.zaha-hadid.com

https://libeskind.com

https://www.morphosis.com

https://www.mvrdv.com

https://www.unstudio.com

https://www.herzogdemeuron.com

http://itamijun.com

http://www.jeannouvel.com

https://www.christiandeportzamparc.com

https://kkaa.co.jp

k.https://www.pritzkerprize.com

https://www.auri.re.kr

https://www.archdaily.com

https://www.wikipedia.org

https://commons.wikimedia.org

https://unsplash.com/

https://www.leeumhoam.org

https://www.sayuwon.com

https://www.hanwha.co.kr

https://bontemuseum.com

https://namu.wiki

건축가 안도 다다오 1·21·3강, EBS '위대한 수업', 2023

바람이 짓고 자연을 담다, 건축가 이타미 준 그리고 유동룡, SBS, 2023.3.30.